Dieter Kreutzkamp

Die Spur der Wale

Im Kajak von Alaska
durch die Inside Passage

Mit 34 Farbfotos,
40 Schwarz-Weiß-Fotos
und 4 Karten

www.cpibooks.de/klimaneutral

Mehr über unsere Autoren und Bücher:
www.malik.de

Den drei Frauen in meinem Leben:
meiner Mutter Elisabeth
meiner Frau Juliana
unserer Tochter Bettina

Bibliografische Information der Deutschen Nationalbibliothek
Die Deutsche Nationalbibliothek verzeichnet diese Publikation in der
Deutschen Nationalbibliografie; detaillierte bibliografische Daten
sind im Internet über http://dnb.d-nb.de abrufbar.

MALIK NATIONAL GEOGRAPHIC

Aktualisierte Taschenbuchausgabe
August 2012
© Piper Verlag GmbH, München 2010
Umschlaggestaltung: Dorkenwald Grafik-Design, München
Umschlagfotos und Innenteilfotos: Dieter Kreutzkamp
Redaktion: Tamara Trautner, Berlin
Karte: Eckehard Radehose, Miesbach
Satz: Fotosatz Amann, Aichstetten
Papier: Naturoffset ECF
Druck und Bindung: CPI – Clausen & Bosse, Leck
Printed in Germany   ISBN 978-3-492-40450-1

Das Papier wurde aus chlorfrei gebleichtem Zellstoff hergestellt.

Nicht der Mensch ergreift Besitz von
dieser Wildnis, sie ergreift Besitz von ihm.

Weisheit der Tlingit

INHALT

1 Die Handvoll Dinge, die zum Leben reicht   9

2 Mit dem Gesang der Wale   10

3 *Queen of the North*   13

4 Ich schaffe es!   21

5 Am Eis des Harriman Glacier   32

6 Das schönste Camp meines Lebens   43

7 Unter dem Eis schlummert die Glut   51

8 Die Durchquerung des Prince William Sound   61

9 Das Reisen – irgendwann wird's Leben   75

10 Götterdämmerung am Columbia Glacier   80

11 Der schwarze Tod   91

12 »Weiße Nächte« in Valdez   96

13 Der lange Weg zur Glacier Bay   106

14 Flüsse aus Eis   119

15 Wie der Rabe die Welt erschuf   126

16 Alleingang   138

17 Reisenotizen: Die Wale und ich   155

18 Angriff auf die sanften Riesen   173

19 Im Irrgarten des Stikine   177

20 Leben in der Inside Passage   186

21 Reisenotizen: Paddeln im Sturm   200

22 Von Ketchikan nach Prince Rupert   209

23 Haida Gwaii, das verlorene Paradies   224

24 Im Galapagos des Nordens   232

25 Am Rand der Welt   245

26 Ich lebe meinen Traum   254

27 Im Kajak durchs Paradies   261

28 Ein Sommertraum – die Queen Charlotte Islands   272

29 Mein Cousin in Kanada   279

30 Im Labyrinth der tausend Inseln   291

31 Tagebuchnotizen: Durchs wilde British Columbia   306

32 Am Limit: Im Hexenkessel von Cape Caution   316

33 Kilometer 2600: Ziel erreicht!   330

Nützliche Kajakreisetipps   344

Karten
Glacier Bay   40
Inside Passage   150
Queen Charlotte Islands   238
Übersichtskarte   342

1 DIE HANDVOLL DINGE, DIE ZUM LEBEN REICHT

Der Schrei des Weißkopfseeadlers durchdrang die Stille und das Knistern unseres Lagerfeuers, als der bärtige Trapper neben mir unvermittelt wie zu sich selbst sagte: »Eines Tages warf ein Freund allen Ballast über Bord und kam von da an mit nur 20 Dingen zum Leben aus.«

Das Feuer war längst niedergebrannt, die Sterne funkelten, und die silberne Mondsichel spiegelte sich jetzt matt auf dem Eis des höchsten Berges Alaskas. Nordlicht huschte über den Mount McKinley.
Und noch immer schwirrten mir die Worte von Trapper Miles durch den Kopf.

Auch später: »Wie viel oder wie wenig brauchst du wirklich?«

Ich belud meinen Kajak mit dem Notwendigsten, verabschiedete mich von meinen Freunden und begann eine Expedition ins Ungewisse. Vielleicht würde ich die Antwort dort finden.

Meine Route sollte dem Zug der Wale folgen: von Alaskas Prince William Sound über die Glacier Bay, durch die Fjorde der Inside Passage und die kanadischen Queen Charlotte Islands bis nach Vancouver im Süden.

2 MIT DEM GESANG DER WALE

Der Wal hielt geradewegs auf mich zu.

Die Abendsonne tauchte die Insel am Rand des Stillen Ozeans in weiches Licht, es war, als würde sie auf dem Wasser schwimmen. So wie die Eisberge, die vom Sawyer Glacier am Ende der tiefen, als Tracy Arm bezeichneten Bucht krachend ins Meer gestürzt waren, jetzt aber gemächlich vor mir trieben.

Genau dazwischen glitt der Wal voran, er sprang hoch, machte übermütig Kapriolen, legte sich auf die Seite, dass seine schmale Brustflosse wie ein Segel aus dem Pazifik ragte.

Und aus der Tiefe drang der Gesang der anderen Buckelwale: Unwirklich. Rätselhaft. Mystisch. Mehr als 20 mussten es sein. Beim Abtauchen sah ich ihre Schwanzflossen, und ihr Atem schwebte als meterhohe weiße Fontäne über dem Meer.

Unbeirrt hielt der Wal seine Richtung, nur noch hundert Meter lagen zwischen uns.

Hätte Moby Dick nicht eine Rechnung mit Kapitän Ahab zu begleichen gehabt, wäre das Buch über den weißen Wal vielleicht nie geschrieben worden. Aber Moby Dick zerstörte nun mal das Walfangschiff *Pequod*, tötete die Besatzung bis auf einen Mann, und so glaubte die Welt nach Herman Melvilles Roman an die zerstörerische Wut dieser Meeresgiganten. Zu Unrecht.

Um dennoch ganz sicherzugehen, klopfte ich mehrmals kräftig mit dem Paddel gegen den Kajakrand. Das sollte er hören! Er würde ausweichen!

Ich sehe, wie der Buckelwal abtaucht, zeitlupenhaft, geräuschlos,

Wale kommen von Hawaii und Mexiko, um beim sommerlichen Schlemmen vor der Küste Alaskas dabei zu sein.

so unspektakulär sanft, wie das bei 30 Tonnen Lebendgewicht möglich ist. Genau in meine Richtung. Nur ein leichtes Kräuseln bleibt auf der Meeresoberfläche zurück.

Im Süden verschmolz der durch dünne Schleierwolken schraffierte Himmel mit dem hellblauen Meer. Fast mediterran. Doch der türkisfarbene Schimmer täuschte nicht darüber hinweg, dass das Wasser eiskalt war. Von den schneebepackten Coast Mountains im Osten schoben sich blaue Gletscher wie Zungen die Täler hinab. Millionen Tropfen formten dort tausend Rinnsale, sammelten sich zu vielen Hunderten reißenden Gebirgsflüssen, frästen Täler, um sich irgendwann ungestüm in eine der namenlosen wilden Buchten des Pazifiks zu ergießen. Sie überschwemmten das Meer mit Nährstoffen, damit die Tiere hier aus dem Vollen schöpfen konnten: allen voran am Ufer die hungrigen Braun- und Schwarzbären und im Wasser Abermillionen Lachse, Pelzrobben, Seeotter und Delfine. Die Wale schwammen von Hawaii und Mexiko bis hierher, um beim großen Schlemmen vor der Küste Alaskas dabei zu sein. Einen Sommer lang gab es Plankton und Krill in Hülle und Fülle.

Seit sieben Stunden saß ich in meinem Seekajak inmitten dieser Meeresriesen, die sich mit einer spielerischen Leichtigkeit und Eleganz bewegten, die ich mir nicht hätte vorstellen können.

Jetzt war er bei mir! Ich sah ihn nicht, doch ich hörte, wie er singend unter meinem Boot hindurchtauchte: ein Lied aus einer anderen Welt, wie ein Seufzen, das mich an das ferne Trompeten eines Elefanten in der Savanne erinnerte. Und die anderen antworteten aus der Tiefe; mal gurgelnd, mal wie mit einem Zirpen, dann wieder lang gezogen klagend oder schmetternd wie eine Barocktrompete.

Unvermittelt sprang »mein« Wal. 30 Tonnen schraubten sich 50 Meter neben mir hoch, den Kopf voran drehte er sich und krachte mit dem Rücken aufs Meer.

Ich war der einzige Mensch hier.

Nach einer fünf Kilometer breiten Meerespassage erreichte ich eine kleine Insel, vor der ein weiterer *humpback whale* seine Bahn zog. Und wenn er den mächtigen Kopf hob, um Luft aus dem Blasloch zu pressen, sah ich sein Maul das Wasser nach Nahrung durchkämmen. Unbeeindruckt davon dösten zwei Seehunde auf Uferfelsen, in den Baumspitzen wachten sechs Weißkopfseeadler.

Der Gesang der Wale wurde leiser. Nordwind kam auf. Er peitschte Wellen über den Bug meines Kajaks und nahm dem Moment das Mystische. Er peitschte auch die Wolken über den Coast Mountains fort und legte ihre Gletscher frei. Eishauch kroch über die Inside Passage.

3 QUEEN OF THE NORTH

Die *Queen of the North* liegt in 427 Meter Tiefe. So wie sie sank, ruht sie tief unten auf ihrem Kiel, als warte sie nur darauf, eines Tages ihre Reise fortzusetzen. Im Frachtraum stehen noch immer jene 16 Autos, die ihre Besitzer am 22. März 2006 für die 15-stündige Reise vom kanadischen Prince Rupert nach Port Hardy auf Vancouver Island an Bord gefahren hatten.

Im Dunkel der Nacht, »*at approximately 12:43 a.m.*«, so die offizielle Pressemitteilung von *BC Ferries* vom selben Nachmittag, rammte das Flaggschiff der Küstenflotte etwa 130 Kilometer südlich von Prince Rupert im Wright Sound nahe Gil Island einen Felsen und sank.

»Menschliches Versagen«, würde es später heißen. Das 125 Meter lange, einst in Bremerhaven gebaute Schiff war vom Kurs abgekommen. 99 der 101 Passagiere wurden gerettet.

Die *Queen of the North* stand am Anfang meiner Begeisterung für die Inside Passage. Das war vor 20 Jahren:

Sechs Uhr morgens. Adler kehren vom Fang an ihren Horst zurück. Der Nebel lichtet sich. Ein neuer Tag in Port Hardy am Nordende von Vancouver Island beginnt.

Amerikaner, ein paar Kanadier, vor allem jedoch Europäer rüsten sich derweil für eine der begehrtesten Touren Kanadas, die Fährfahrt durch die Inside Passage nach Prince Rupert. Für mich ist dies die erste Etappe einer langen Schiffsreise mit dem Ziel Skagway/Alaska. In anderthalb Wochen will ich dort sein; das heißt aber auch sechsmal umsteigen und die Benutzung von fünf Schiffen.

Die Flagge mit dem kanadischen Ahornblatt knattert im Morgenwind. Noch ist es kalt, ein paar abgehärtete Passagiere auf dem Sonnendeck ver-kriechen sich in warme Jacken. Dann tuten Schiffshörner. Leichtes Vibrie-ren erfasst die Queen of the North, *und Port Hardy, benannt nach einem Vizeadmiral, der nach der Schlacht von Trafalgar den sterbenden Lord Nelson in den Armen gehalten haben soll, bleibt zurück.*

So schrieb ich damals über meine erste Schiffsreise hier. Es war der Beginn einer langen Beziehung, fast möchte ich schwärmerisch sagen: Liebe. Die Wucht der Eindrücke haute mich buchstäblich um. Die Landschaft begeisterte mich so sehr, dass ich die Reise später mit den »Blauen Kanus«, den alaskanischen Fähren, nach Norden und Westen fortsetzte und irgendwann in den fernen Aleuten ankam.

Die Bilder von damals sind heute fast unverändert. Bis auf das der *Queen of the North,* das vom neuen Flaggschiff *Northern Expedition* er-setzt wurde.

Inside Passage ist die Bezeichnung für eine durch Hunderte kleine und große Inseln in die Westküste Nordamerikas eingebettete Was-serstraße, die bei Seattle im US-Staat Washington beginnt und hoch oben im Norden, am Ende des alaskanischen Pfannenstiels, dem Pan-handle, bei Skagway endet. Eine der abwechslungsreichsten Schiffs-passagen unserer Erde: Mal führt sie durch schmale Kanäle, dann wieder ist es wie eine Fahrt über große mit Inseln gespickte Seen. Nur auf wenigen Abschnitten wird offenes Meer berührt. Es ist eine Reise durch das Land der weiten Wälder, der größten Weißkopfseeadler-kolonien, entlang schnee- und gletscherbedeckten Bergen und durch die markantesten Facetten der Geschichte Alaskas und Kanadas.

All das sah ich, an die Reling der großen Fähren *Columbia, Mata-nuska, Taku* und *Malaspina* gelehnt. Wann immer es möglich war, ging ich an Land: in Ketchikan, Petersburg und Sitka, der einstigen

Hauptstadt Russisch-Alaskas. Sie war Zentrum des Pelzhandels, und hier wurde Alaska später vom russischen Zaren zum Spottpreis von 7,2 Millionen Dollar an die USA verschleudert, um als 49. Stern auf dem *star spangled banner* zu leuchten.

»Du warst da doch schon überall!«, versuchte Juliana mich von meinem Alleingang abzuhalten. Sie war besorgt. Ich widersprach.

Man sagt, die Inside Passage sei tausend Meilen lang, rund 1600 Kilometer. Stimmt, legt man die relativ gerade Schiffsroute von Seattle oder Vancouver bis Juneau oder Skagway im Norden zugrunde.

Doch während ich nächtelang über Karten brütete, Pläne schmiedete, Routen austüftelte, wieder verwarf und über Alternativen nachdachte, wurde mir klar, auf was ich mich da tatsächlich einließ.

Die Inside Passage besteht aus unzähligen oft nebeneinander verlaufenden Wasserwegen, zahllosen felsgesäumten Fjorden und vielen zehn, 20, nicht selten 50 Kilometer breiten Wasserwegen. Sie machen die West Coast zu einem verzwickten Labyrinth. Alle Inseln und Buchten eingerechnet, umfasst allein der alaskanische Abschnitt 24 000 Küstenkilometer, der kanadische 25 000.

Für mich würde es eine Reise von mehr als zweieinhalbtausend Kilometern werden. Dies ist eine der wildesten, ursprünglichsten und reichsten Regionen der Welt. Die First Nations, also die Küstenindianer wie Haida, Tsimshian, Tlingit oder Heiltsuk, wissen das längst. Seit gut 10 000 Jahren ist dies ihre Heimat.

»Was ist, wenn ...«, hob Juliana an. Ich kam ihr zuvor:

»... ich auf Felsen abrutsche und mir die Knochen breche, mein Boot in Wellen umkippt oder mich hungrige Bären fressen?«

Wir hatten diese Diskussion hundertmal geführt. Dies würde nicht mein erster Alleingang sein. Natürlich war mir klar, dass sie

Bedenken hatte. Ein Alleingang ist um ein Vielfaches gefährlicher als eine Reise zu zweit.

Letztlich löste Juliana das Problem auf ihre Art, indem sie sagte: »Ich begleite dich das erste Stück!«

Blieb noch die Frage des Transportmittels: Mit meinem alten Traum, den Walen entlang der Westküste in einem Segelboot zu folgen, brauchte ich Juliana gar nicht erst zu kommen. Fürs Segeln ist sie nicht zu haben. Dabei sind Abschnitte der Inside Passage bei Seglern durchaus beliebt, auch wenn sie ihre Jachten wegen der in den Fjorden ungünstigen Winde zumeist mit Motorkraft bewegen müssen.

»Wie wär's mit einem Kanu?«, schlug Juliana vor.

Damit waren wir bereits 10 000 Kilometer durch Kanada gepaddelt. Aber auf dem offenen Meer ist ein Kanu eher etwas für Lebensmüde.

»Es kommt nur ein Kajak infrage«, sagte ich.

Flüsse faszinieren mich. Man gleitet auf ihnen wie schwerelos durch eine andere Welt. Hektik und Lärm der Welt »da draußen« werden einfach von den Ufern verschluckt. Stattdessen lauscht man dem Schnattern der Stockenten, dem Jubeln der Feldlerchen, dem Trompeten der Schwäne und dem Rascheln der Bisamratten im Schilf.

Juliana und ich waren im Kanu von der Ostflanke der Rocky Mountains bis zur Hudson Bay gepaddelt: Ich hatte dabei die Endlosigkeit kennengelernt, eine Weite, die alles mir bis dahin Bekannte sprengte. Von den Zentren der kanadischen Provinzen Saskatchewan und Manitoba bis zum Nordpolarmeer sind es *as the crow flies*, also Fluglinie, 1500 Kilometer. Die Flüsse und Seen Kanadas lassen mich seitdem nicht mehr los. Das ist meine Welt.

Nordöstlich der Rocky Mountains beginnt der von Menschen nahezu unberührte Canadian Shield, eine Landschaft, deren felsige Oberfläche durch die Eiszeiten modelliert wurde. Gletscher formten die Becken für Millionen Seen und den Lauf späterer Flüsse, das heutige Kanu-Dorado.

Viele Sommer lang durchstreiften wir diese Region, nur wir beide. Andere Menschen trafen wir fast nie. Während dieser Kanureisen verlor ich die Angst vor der Stille und der Einsamkeit in der Wildnis. Jeder Paddelschlag brachte mir dieses Leben näher.

Die Lieder der *voyageurs*, jener Kanumänner der Hudson's Bay und North West Companies, die im Auftrag von Pelzhändlern hier eindrangen, sind seit 150 Jahren verstummt. Doch das vibrierende Lachen des *loon*, des Eistauchers, liegt wie damals als Ruf der Wildnis über den Seen und Flüssen. Und die Sonnenuntergänge im *land of the midnight twilight* brachten meine Seele stärker zum Klingen als jene, die ich an Südseestränden erlebte.

Wir setzten unsere Entdeckung Kanadas fort und paddelten ununterbrochen 88 Tage lang im Kielwasser des Forschers Alexander Mackenzie. Dabei folgte unser kleines, gelbes Kanu historischen Routen auf legendären Flüssen wie dem Athabasca, Slave und Mackenzie. Mit dem ersten Schnee erreichten wir das Nordpolarmeer. Ein Jahr später durchquerte ich Alaska allein im Faltboot auf dem Yukon River bis zum Beringmeer. Und nun die Westküste.

»Unser Zweierfaltboot scheidet aus«, stellt Juliana klar.

Ich widerspreche nicht, obwohl dem Arzt Hannes Lindemann 1956 in einem Serienfaltboot sogar eine Soloüberquerung des Atlantiks gelang. Körperlich wie mental eine Bravourleistung.

Doch Juliana würde bereits nach wenigen Wochen heimfliegen, und ich wäre den Rest der Zeit mit einem beladenen Zweierfaltboot allein unterwegs. Zu riskant!

»Lass uns zwei Seekajaks nehmen«, greife ich meine alte Überlegung wieder auf.

»Bin noch nie im Einer gefahren ...«, gibt sie zu bedenken.

Zum Glück bleiben ja noch ein paar Wochen zum Üben.

Der Kajak sollte geräumig, leichtläufig und schnell sein, dabei stabil auf dem Wasser liegen. Wir entschieden uns für den »Baikal« des Bootsbauers Lettmann, ein klassisches Glasfaserboot: knapp fünfeinhalb Meter lang, robust, im Notfall dank Super-Epoxi schnell reparierbar und mit einer beachtlichen Tragfähigkeit von 210 Kilo. Dieses Modell hatte sich schon bei Expeditionen in Patagonien und am Baikalsee bewährt.

Ich schmunzelte, als ich an meinen Vorsatz dachte, Ballast über Bord zu werfen und mich auf 20 Dinge zu beschränken ...

Mitte der Siebzigerjahre wollte ich drei Jahre lang um die Welt reisen. Am Ende wurden es acht. Wir erkannten schon nach den ersten Monaten in Afrika, dass man so viel Schönheit und Vielfalt langsam und in kleinen Happen genießen muss – wie der Gourmet das Menü eines Sternekochs.

Juliana schwante wohl, dass es jetzt ähnlich ausgehen könnte. Dabei hatte ich nur gesagt: »Wenn wir schon in Nordkanada und Alaska unterwegs sind, könnten wir neben der Inside Passage doch noch ein oder zwei andere Highlights mitnehmen!«

Ihr Blick drückte eine Mischung aus Zweifel und Fassungslosigkeit aus. Aber sie kannte ihren Pappenheimer und sagte nicht Nein!

»Den Prince William Sound zum Beispiel.«

Sie sagte noch immer nichts. Ich war ermutigt:

»Und die Glacier Bay!«

Sie fand meine Ideen gut. Es blieb dabei.

Seit Jahren wartet unser Wohnmobil, ein robuster Pick-up-Camper, im Okanagan Valley, 400 Kilometer östlich von Vancouver, auf uns. Der Truck würde mein rollendes Basiscamp sein, allein schon um die Boote und Ausrüstungsgegenstände zu transportieren.

Jetzt war noch das Anfahrtsproblem zu lösen. Von Vancouver bis Whittier, dem kleinen Hafen am Prince William Sound, sind es auf dem Landweg 4000 Kilometer!

Es ging mir bei dieser Reise nicht allein ums Abenteuer.

Mich interessierte, ob sich die letzten naturbelassenen Lebensräume entlang der Westküste in unserer immer enger werdenden Welt behaupten können.

Ich stieß auf Zahlen, die nachdenklich stimmen: 1970 lebten 72 000 Menschen in Alaska, heute sind es fast zehnmal so viele. Und die Bevölkerung im Großraum Vancouver verdoppelte sich in den letzten 30 Jahren auf 2,2 Millionen.

Menschen dringen mit Buschflugzeugen und schweren Motorbooten immer tiefer in die Wildnis ein. Ich kenne dort Regionen, in denen sich die Reichen gegenseitig mit ihren extravagant designten Ferienhäusern überbieten. Und es vergeht kein Sommertag, an dem nicht ein riesiges Kreuzfahrtschiff mit mindestens 2000 Passagieren vor dem spektakulärsten Küstengletscher Alaskas liegt.

Als 1989 der Supertanker *Exxon Valdez* auf das Bligh Reef prallte und das auslaufende Öl Teile des Prince William Sound in eine schwarze Todeszone verwandelte, war ich in Alaska. Der Schock saß bei allen dort tief.

Ich wollte wissen, ob die Zeit die Wunden der Tankerkatastrophe hatte heilen können.

In der nordwestlich der Inside Passage gelegenen Glacier Bay stellte der amerikanische Naturschützer John Muir bereits vor über hundert Jahren einen so dramatischen Rückgang der Gletscher fest

19

wie nirgendwo sonst auf Erden. 1925 wurde die Glacier Bay zum Naturschutzgebiet erklärt, heute ist sie ein Nationalpark.

Was geschah seitdem? Beschleunigt die fortschreitende Erderwärmung den Rückzug der Gletscher?

Auf ganz andere Weise dramatisch waren die Veränderungen auf den Queen Charlotte Islands im Stillen Ozean, die wegen ihrer Biodiversität »Galapagos des Nordens« genannt werden. Bis in die Siebzigerjahre wurde dieser Archipel wegen seiner wertvollen Zedernbestände schonungslos von *logging companies* abgeholzt und ausgeplündert. Dann begann unter dem Druck der Öffentlichkeit ein Umdenken, und fast ein Fünftel von Haida Gwaii, so der indianische Name, wurde Nationalpark.

Ich wollte die Inseln besuchen und mehr vom Leben der First Nations erfahren. Ihren ausdrucksstarken Motiven wie Rabe, Adler, Wal und Bär begegnet man in British Columbia heute wieder auf Schritt und Tritt. Nicht zuletzt auf den weit über Kanada hinaus bekannten Totempfählen.

Das Abenteuer West Coast hatte viele Facetten. Man macht eine große Reise nicht nur aus einem Grund.

4 ICH SCHAFFE ES!

Eine zwei Meter hohe Welle hätte mich nicht schmerzhafter treffen können als der Anblick unserer neuen Kajaks. Die Schutzhüllen am Kiel waren abgerissen und halbzentimetertiefe Schleifspuren ließen nur einen Schluss zu: Ein Flughafenarbeiter hatte die Boote über die Rollbahn vom Vancouver Airport gezerrt.

Wir hatten die Kajaks umwickelt, sorgfältig verklebt und mehrsprachige »Vorsicht zerbrechlich«-Sticker darauf verteilt. War die Sprache jenes Flughafenarbeiters nicht dabei? Oder hatte er einen schlechten Tag gehabt, Zoff mit seiner Frau, Ärger mit den Kindern? Oder war's einfach nur null Bock auf den Job?

All diese möglichen Erklärungen halfen nicht, meine Laune zu verbessern.

Die chinesische Flughafenangestellte nahm den Schaden auf. Ein indischer Gepäckträger mit gelbem Turban beförderte unsere Kajaks gegen saftiges Trinkgeld zum Mietwagenschalter, wo uns ein Mexikaner das japanische Auto vermietete. Vancouver ist international ...

Die Olympiastadt hatte sich für uns fein gemacht, aus blauem Himmel knallte die Sonne. Wie blank geputzt lag die Millionenmetropole vor uns.

Meine Stimmung wurde schlagartig besser.

Wahrscheinlich konnte ich den Schaden an den Booten mit Diolen-Glasfaser selbst beheben. Unterwegs würden die Boote sowieso Kratzer bekommen.

Die letzte Nacht war atemlos gewesen. Morgens um zwei waren endlich alle Seesäcke gepackt, vier Stück à 23 Kilo! Dazu zwei Kajaks und Paddel. Auf meinem Rücken musste noch der schwere Fotorucksack Platz finden ... Wieder dachte ich an die 20 Dinge, auf die ich mich eigentlich beschränken wollte, schmunzelte und biss die Zähne zusammen.

Der Großteil unseres Gepäcks war fürs Überleben: Neoprensocken, Thermounterwäsche, Schwimmwesten, die Lenzpumpe, um ein vollgelaufenes Boot schnell leer zu kriegen, Rettungsleine, Kompasse, wasserdichte Jacken ...

Noch am Tag vor dem Aufbruch hatte ich zwei hochwertige Goretex-Trockenanzüge gekauft. Bei einer Kenterung im drei Grad kalten Wasser würden diese völlig dichten *dry suits* unsere Überlebenszeit von sieben auf 15 Minuten erhöhen.

Ich weiß nicht, mit wie vielen Flugzeugen ich schon geflogen bin. Aber ich weiß, dass ich die nächsten 20 oder 30 Flüge genauso intensiv genießen werde wie den ersten, einen Rundflug über die Victoriafälle des Sambesi. Ich mag das Aufbruchgefühl, und ich mag es, frei wie ein Vogel zu sein.

Jetzt drückte ich mir wieder am Fenster die Nase platt und sah, wie die Tragfläche den Dunstschleier zerteilte. Als über den Wolken aus stahlblauem Himmel die Sonne leuchtete, stießen wir mit einem Glas tiefrotem kalifornischem Merlot an.

»Gute Reise!«, sagte ich.

»Auf eine sichere Reise!«, antwortete Juliana. »Du schaffst es!«

Mit jedem Schluck wurde die innere Distanz zu Deutschland größer. Endlich unterwegs!

Island versteckte sich unter Wolken. Während die Sitznachbarn über Grönland den Film verfolgten, erfreute ich mich am Bild der treibenden Eisberge.

Über Labrador fühlte ich mich daheim: Kanada! Und wie so oft spürte ich eine innere Unruhe westlich der Hudson Bay: Angestrengt suchte ich unten im Labyrinth der unzähligen Wasserarme »unseren« Churchill River. Ich fühlte mich gut.

Man findet schwerlich einen idealeren Ort für die Vorbereitung einer Expedition als Vancouver. Hier liegen tausend Freizeitmöglichkeiten gleich vor der Haustür. Und so stöberten wir auf der Suche nach den letzten Kleinigkeiten durch Kajak-Shops und Outdoorläden. Am West Broadway entdeckten wir »Mountain Equipment CO-OP«, das Mekka aller Outdoorfans, ob Bergsteiger, Wanderer, Kanute oder Kajaker. Wir klemmten uns kistenweise gefriergetrocknete Mahlzeiten mit Namen wie »Beef Stroganoff« und »Rice & Chicken« unter die Arme und fuhren, unsere zwei Kajaks auf dem Mietwagendach, 400 Kilometer ins Okanagan Valley zu unserem Camper.

Alle Autos, mit denen wir auf Reisen gehen, haben einen Namen. Dieser Pick-up-Camper heißt Johnny. Warum? Weil sein Vorgänger Jimmy hieß und unsere Tochter Bettina meint, ein wenig Abwechslung könne nicht schaden. Und »Johnny« sei genauso originell wie »Jimmy«.

Die erste Etappe vom Okanagan Valley zum Prince William Sound hatten wir zügig hinter uns gebracht. Ich lenkte Johnny von Bord der Fähre *Malaspina* in den Hafen von Haines/Alaska. So wie die anderen Schiffe des Alaska Marine Highway ist auch dieses nach einem Gletscher benannt.

Als Alaska-Veteran weiß ich natürlich, dass hier an der Schnittstelle von Pazifik und Beringmeer alles eine Nummer größer ist als anderswo. Das gilt auch für den in den Wrangell-St. Elias Mountains gelegenen Malaspina Glacier. Amerikaner machen Flächensuperlative gern an ihrem kleinsten Bundesstaat Rhode Island fest.

Mit 4000 Quadratkilometern Fläche und 65 Kilometern Breite ist der Malaspina Glacier so groß wie dieser Zwerg unter den US-Bundesstaaten und mit 600 Metern Dicke außerdem ein Schwergewicht.

Tristes Regengrau bedeckt den Hafenort Haines. Es ist fast dunkel, obwohl meine Uhr erst 21 Uhr anzeigt.

»Wir sollten noch ein Stück fahren«, schlage ich vor.

Um zügig voranzukommen, hatten wir von Prince Rupert aus die Fähre genommen und so die Anfahrt auf dem südlichen Alaska Highway eingespart. Aber noch immer ist der Weg zum Startpunkt des Kajakabenteuers weit: 1400 Kilometer. Zunächst durchs Yukon Territory, dann auf dem Alaska Highway bis Tok, von dort weiter über Anchorage nach Whittier am Prince William Sound.

Mit alaskanischer Elle gemessen ist das allerdings kaum mehr als ein Katzensprung.

Du setzt dich zu sehr unter Zeitdruck, denke ich. Es liegt doch der ganze Sommer vor dir ...

Andererseits bestimmt Julianas vorgegebener Zeitplan die Eckpunkte der ersten Etappe. Und je schneller wir jetzt vorankommen, umso mehr Zeit bleibt für die Durchquerung des Prince William Sound.

Seekajakabenteuer lassen sich nicht auf den Tag genau planen. Eine Woche lang Sturm, und der schönste Zeitplan ist Makulatur.

Außerdem wollte ich anfangs nur mit halber Kraft fahren. Wir würden uns behutsam Paddelschlag für Paddelschlag vorantasten, um Wind, Wetter und Ausrüstung – und uns selbst – zu testen. Eine Zusatzinvestition, die sich später auszahlen sollte.

Man mag über meinen Vergleich schmunzeln. Doch Jahr für Jahr werfen beim Iditarod-Hundeschlittenrennen viele *musher* zu früh das Handtuch. Was ist der Grund? Die Teams sind doch kraftvoll und mit besten Voraussetzungen in Richtung Nome gestartet?

Aber sie waren zu temperamentvoll. Sie wollten zu schnell zu viel erreichen.

Es ist eine kleine Kunst, Kraft richtig zu dosieren, um an passender Stelle Gas geben zu können.

Zudem mussten wir lernen, mit den Gezeiten umzugehen. Der Tidenhub, der Wasserstandsunterschied zwischen Ebbe und Flut, beträgt an der Westküste bis zu acht Meter. Was das im Kajakalltag bedeutet, ahnte ich zu diesem Zeitpunkt nur.

Bei Haines verließen wir das nordwestliche Ende der Inside Passage und fuhren nordwärts. Zwei Elche, die unsere Fahrbahn kreuzten, waren die einzigen weiteren Verkehrsteilnehmer.

Kurz vor Mitternacht überquerten wir die Grenze zwischen Südostalaska und Kanada. Die Vegetation war karg, und mit jedem Höhenmeter ging unsere Zeitreise zurück in den Winter. Die Bergspitzen versteckten sich in Wolken, und bald versank das Hochland in düsterem Grau. Im Okanagan Valley waren wir bei sonnigen 30 Grad gestartet, aber jetzt begann es zu regnen, und die Scheibenwischer kämpften gegen das Wasser an. Ihre Nase fast an die Scheibe gedrückt, rief Juliana gegen ein Uhr morgens: »Da ist ein Übernachtungsplatz!«

Ich lenkte den Truck auf die Stellfläche. Die Nacht war kohlrabenschwarz.

Als die Sonne beim zweiten Becher Morgenkaffee durch die Nebel bricht, entdecke ich im Grau des letzten Winters doch noch den Frühling: blaue Glockenblumen, daneben den ersten gelben Löwenzahn. Und aus dem kniehohen Busch zwängen sich fast unmerklich grüne Triebe. Auch das Schneehuhn hat sein Gefieder von Weiß auf

Braun gewendet. Doch der Hauch des Winters ist hier selbst im Sommer spürbar. Östlich der Straße beginnt das größte Eisfeld der Erde außerhalb der Pole, 400 Kilometer breit. Die Glacier Bay zählt ebenso dazu wie der Malaspina Glacier und der knapp 6000 Meter hohe Mount Logan, Kanadas höchster Berg.

Aus unserem Camper wehte der Duft von Schinken und Eiern. Dann hörte ich meinen Lieblingsruf: »Frühstück ist fertig!«

Noch vor 30 Jahren war die Fahrt auf dem Alaska Highway ein Abenteuer. Man klebte auf die Stoßstange seines malträtierten Autos einen *bumper sticker* mit der Aufschrift: »*Alaska or bust!*« Und war man in Fairbanks oder Anchorage nach harter Schotterpistenfahrt heil angekommen, klopfte man sich auf die Schulter: »*We made it!*« Die Straße hatte einen geadelt.

Das ist Schnee von gestern.

Der 1942 wegen der japanischen Angriffe auf Pearl Harbour als Militärstraße in nur 231 Tagen aus dem Boden gestampfte Alaska Highway ist heute bestens ausgebaut und so glatt, dass die sommerliche Armada der *snowbirds,* der pensionierten Amerikaner in ihren 100 000-Dollar-*Motorhomes*, sorgenfrei zwischen Kalifornien und Alaska pendeln kann. Der Kick des Abenteuers ist zwar dahin, aber das großartige Landschaftserlebnis blieb. Und irgendwie ist es doch noch ein besonderer Moment, nach 2446 Kilometern in Fairbanks anzukommen und sagen zu können: »*I survived the Alaska Highway!*«

Bei Tok verlassen wir den Alaska Highway und sind auf der Zielgeraden nach Anchorage.

Unser Pick-up-Truck wird mein rollendes Basiscamp. Hier vor den Gletschern von Hyder/Alaska.

Alaska ist ein Paukenschlag der Natur. Kaum eine Region der Welt vereint so viele Superlative und Gegensätze in sich: in seinen Ausmaßen, seinem extremen Klima. Mit seiner schroffen Topografie und seiner geologischen Unruhe fordert es den Menschen immer wieder neu heraus. Wer außerhalb der drei größeren Städte lebt, fühlt sich der Natur in all ihren Dimensionen ausgesetzt, und gleichzeitig ist man ihr so nahe wie kaum irgendwo auf der Welt. Große Braunbären spazieren nicht selten durch die Gärten von Anchorage.

Legte man die Karte des 49. US-Bundesstaates auf jene Europas, so würde Alaska von Oslo im Norden bis nach Istanbul im Osten und im Südwesten weit über Lissabon hinaus reichen. Überall in dieser Weite leben und überleben ein paar Menschen; die einen, um ihr Einzelgängertum zu pflegen, andere, um sich selbst zu begegnen, wieder andere – wie die Inupiat, Yupik, Aleut, die Haida- und Atha-

27

basca-Indianer –, weil schon ihre Vorfahren dort lebten. Viele ernähren sich in der ansonsten menschenleeren Wildnis von dem, was Mutter Natur ihnen bereitet.

Zwei dieser besonderen Menschen trafen wir anderntags im Wald bei Chickaloon. Beide wurden weit weg von Alaska geboren: Kathi in Bayern, Bill in Florida. Aber Alaska bot dem Paar die Plattform, um sich und das *survival,* das Überleben in einer Urnatur, zu testen.

»Eigentlich«, sagt Bill nachdenklich, »tun wir dies, weil wir lieben, was wir tun! Für mich beinhaltet das Wort *survival* auch *struggle,* Überlebenskampf. Und das ist nicht mein Ding. Ich versuche stattdessen, den Menschen durch meine Unternehmungen vorzuleben, dass mit einem Lächeln vieles möglich wird: ›*Do it with a smile!*‹ Wenn du das Abenteuer richtig angehst, brauchst du es dir nicht zu erkämpfen. Und sollte ich das eines Tages nicht mehr hinbekommen, wird's Zeit, mit dem Abenteurerleben aufzuhören.«

Seit gut 30 Jahren arbeitet Bill Merchant als *wilderness guide,* anfangs in Wyoming, später in Alaska.

Aber nicht so sehr dieser Teil seines Lebenslaufs faszinierte mich. Deshalb fragte ich ohne Umschweife: »Wie kalt war es bei deiner letzten Fahrradtour?«

»Oft 40 Grad minus, und tagelang waren wir eingeschneit.«

Da unterbricht uns Kathi: »Ich hoffe, ihr mögt Kümmelbrot zum Abendessen?«

Und so setzen wir uns zur bayerischen Brotzeit an ihren Tisch, etwa 130 Kilometer östlich von Anchorage in einem Holzhaus im Wald bei Chickaloon, einem weit zersiedelten 200-Seelen-Dorf.

1996 kommt Kathi als 21-Jährige erstmals nach Alaska.

»Zünftig, allein, nur mit einem Rucksack«, sagt sie. Sie findet Gefallen an der »Eisbox Amerikas«, wie Alaska auch genannt wird.

»Die endlose Wildnis ließ mich nicht mehr los.«

Vier Jahre später begegnet sie Bill.

2002 erfüllt sich Kathi ihren Traum und wandert von Bayern nach Alaska aus. Bill und Kathi werden die Organisatoren einer der härtesten Sportarten: des Alaska Ultra Sports, eines Winterrennens quer durch Alaska. Ob zu Fuß, auf Skiern oder per Fahrrad bleibt den teilnehmenden Athleten überlassen.

Im März 2008 nehmen Kathi und Bill selbst daran teil. Die 1860 Kilometer lange Strecke von Anchorage bis Nome legen sie mit ihren speziell ausgerüsteten Fahrrädern in gut drei Wochen zurück.

»Die Durchquerung Zentralalaskas war schon hart, oft war der Schnee verweht«, sagt Kathi. Häufig schoben die beiden ihre Mountainbikes, manchmal schafften sie nur ein bis zwei Kilometer pro Stunde. »Das steckte ich noch gut weg, aber an der Küste erlebte ich eine noch härtere Gangart«, erinnert sie sich. »Sieben Tage lang blies ein Sturm bei minus 35 Grad. Wir brauchten dicke Gesichtsmasken, nur ein kleiner Spalt für die Augen blieb frei.«

Das Ziel fast schon zum Greifen nahe, saßen sie im schwersten Sturm in der Topkok Cabin, einer Schutzhütte, fest.

Einige Jahre vor Kathis Fahrt war ich mit zwölf Schlittenhunden allein auf dem Weg zum Beringmeer ebenfalls dort gewesen. Ein heulender Orkan hatte derart dichten Schnee vor sich hergetrieben, dass ich nicht einmal mehr die Leithunde meines eigenen Teams sehen konnte. Der über den Boden peitschende Flugschnee verschluckte alles: die Sicht und sämtliche Geräusche. Es blieb nur das bedrohliche Heulen des Sturms.

»Und jetzt waren wir in der Hütte und warteten darauf, dass das Unwetter nachlässt. Das zerrte an meinen Nerven!«, erinnert sich Kathi. »Du liegst auf einer hölzernen Pritsche, starrst Löcher in die

29

Wand und liest Notizen von Iditarod-Rennteilnehmern wie: ›Seit vier Tagen vom Schneesturm eingeschlossen, kein Futter mehr für die Hunde und keinen Kaffee für uns.‹«

Zu den beeindruckendsten Momenten gehörte ihre Ankunft im Dorf Shaktoolik: »Hier am Beringmeer erlebte ich den großartigsten Sonnenuntergang meines Lebens, er war wie eine psychedelische Show, ein Farbspiel aus Nordlicht und Fata Morgana, das geheimnisvoll durch den waagerecht peitschenden Schnee leuchtete.«

»Als wir anderntags Shaktoolik verließen«, erinnert sich Bill, »blies der Wind immer noch mit 80 Stundenkilometern. Letztlich war die Sicht gleich null. Uns blieb nur das Notbiwak im Schnee. Wieder mal faszinierte Kathi mich; Wind und Schnee jaulten über uns hinweg, doch sie kuschelte sich in ihren Schlafsack auf dem Eis. Binnen 15 Minuten war sie eingeschlafen.«

Nach 25 Tagen erreichten die beiden Nome am Beringmeer. Kathi war die erste Frau, der dieser Wintermarathon gelang.

Was für eine Nacht… Die Gespräche über unsere verrückten Abenteuer hatten uns erhitzt. An Schlaf war nicht zu denken. Als ich unseren Pick-up-Camper dennoch sehr früh am Morgen startete, standen die beiden bereits vor ihrer Haustür und winkten uns zu.

Wir fuhren nach Anchorage. Das Finale unserer Vorbereitung stand bevor: Die Gezeitentabelle fehlte noch, ein *marine radio* für Notfälle und ein paar frische Lebensmittel. Und die ganze Zeit klangen mir Bills letzte Worte im Ohr:

»Ich träume davon, eines Tages die Antarktis mit dem Fahrrad zu durchqueren … Ich arbeite daran!«

Gespräche wie diese in der *cabin* im Wald von Chickaloon sind wie eine mentale Aufrüstung, ein Adrenalinkick, vielleicht vergleichbar

30

Kathi und Bill radelten im Schnee bei 40 Grad minus 1860 Kilometer durch Alaska zum Beringmeer.

mit dem, den sich Henry Maske holte, wenn er zu den Klängen von »*Conquest of Paradise*« in den Boxring stieg.

Sehr pointiert brachte der Atlantiküberquerer Hannes Lindemann das auf den Punkt: »Mit der Vorstellung vom Erfolg beginnt bereits der Erfolg. Daher musste ich mir vor der Faltbootfahrt den Vorsatz ›Ich schaffe es‹ so tief verankern, dass mir praktisch keine andere Wahl blieb, als Erfolg zu haben.«

5 AM EIS DES HARRIMAN GLACIER

Whittier kann keinen Schönheitswettbewerb gewinnen.

Die schroffen Kenai Mountains waren bei unserer Ankunft in tief hängende Wolken gehüllt, und so blieben für das Auge nichts weiter als schmucklose Schuppen und andere Zweckbauten. Davor verliefen die Schienen der Alaska Railroad bis zum Meer.

Ich staune über ein 14-stöckiges Hochhaus, gebaut, damit alle Ortsbewohner unter einem Dach leben könnten. Eine zwar ganz nette, aber hier doch verrückte Idee. Was soll's, Whittier ist nun mal eine auf dem Reißbrett entstandene Siedlung. Und die Zeit hat die Planung längst überholt.

»Heute lebt im Begich Tower die Hälfte unserer Einwohner«, sagt ein Angler, während er zwei kiloschwere Lachse auf die Ladefläche seines alten Dodge wirft. Er steigt ein, gibt Gas, dass der löchrige Auspuff wie ein Maschinengewehr ballert, und braust davon.

»Willkommen am Prince William Sound«, sage ich und nehme Juliana in die Arme. Während bei mir die Anspannung nachlässt, spüre ich, wie sie bei ihr wächst. Die Gewissheit, morgen erstmals allein im Boot zu sitzen, macht ihr Angst.

Der gelbliche Schein einer Straßenlaterne spiegelte sich im regennassen Asphalt. Links davon befand sich die tiefe Meeresbucht vor der, durch eine Mole getrennt, der Bootshafen lag. Auf der glatten Wasseroberfläche spiegelten sich ein Dutzend Motorboote. Die Berghänge dahinter waren noch schneebedeckt. Der Himmel war grau und konnte alles verheißen; vor allem Regen, für den der Prince William Sound im Sommer berüchtigt ist.

Man mag rätseln, ob der Poet John Greenleaf Whittier sich darüber gefreut hätte, dass die US-Armee 1943 ein unscheinbares Militärcamp am Ende einer aus dem Boden gestampften Bahnlinie nach ihm benannte. Aber diese Frage zu stellen ist müßig, denn zu dem Zeitpunkt war der Dichter bereits ein halbes Jahrhundert tot.

Whittiers Bedeutung als westlichster eisfreier Hafen im Sund wuchs nach dem Zweiten Weltkrieg. Ohne umständlichen Straßentransport konnten Güter, Autos und Menschen schnell und preisgünstig von Valdez nach Anchorage befördert werden. Nachdem der Tsunami vom Karfreitag 1964 Valdez fast ausgelöscht hatte, war Whittier vorübergehend der wichtigste Hafen. Und der Ort boomte während des Baus der Alaska-Pipeline: Mitte der Siebzigerjahre lebten hier etwa 1200 Menschen. Gerade mal 120 sind es heute. Ein paar kommen während der Sommermonate dazu. Vor allem seit man mit dem eigenen Auto durch den düsteren, engen Eisenbahntunnel fahren darf. Eine richtige Straßen gibt es noch immer nicht.

Im Camper bekam ich jetzt kaum noch einen Fuß auf den Boden. Überall stapelten sich rote, blaue und gelbe wasserdichte Packsäcke mit Ausrüstung und Lebensmitteln.

Zum Abendessen würden wir uns hauptsächlich gefriergetrocknete Mahlzeiten in Wasser aufkochen, aber dafür sollte jeder Reisetag mit einem leckeren selbst gemixten Müsli beginnen. Zwei volle Tage hatte Juliana dafür hinten im Camper jongliert und dabei aus Trockenfrüchten, Nüssen, Mandeln, Sonnenblumenkernen und Haferflocken köstliche Portionen zubereitet. Tagsüber wollten wir hauptsächlich von *trail mix* leben: Erdnüssen, Mandeln, und Haselnüssen gemischt mit Trockenfrüchten und Schokolade.

Bevor ich mich schlafen legte, schaute ich noch einmal aus dem Fenster. Es war, als läge ein Hauch von Mitternachtssonne über dem Prince William Sound. Trotz Nebel und Wolken war die Nacht hell.

Morgen früh um neun Uhr würde uns ein gewisser Captain Mike mit seinem Charterboot in den Harriman Fjord bringen, wo die Reise beginnen sollte. Mit einem Quäntchen Glück könnten wir die Strecke nach Valdez in zwölf bis 14 Tagen schaffen.

Bereits um sechs pulsiert das Leben in Whittier.

Ein Truck rollte mit seinem Anhänger rückwärts die Bootsrampe hinunter, zwei Männer ließen das Boot zu Wasser, schnappten sich ihre Angelruten, stiegen ein und brausten davon.

Captain Mike's Coffee Shop hatte bereits geöffnet. Ein Toyota fuhr vor, der Fahrer stieg aus, um sich einen Kaffee zu holen. Er ließ seinen Motor laufen. Der lief auch noch, nachdem sich der Mann wieder hinters Lenkrad gesetzt hatte und in aller Ruhe seinen Kaffee trank ...

Während Juliana sich im Haus des Hafenmeisters für vier Dollar heiß duschte, lernte ich Captain Mike persönlich kennen. Eigentlich heißt der stoppelbärtige Mittvierziger mit dem freundlichen runden Gesicht Mike Bender. »Meine Vorfahren kamen aus Deutschland«, sagte er lachend. Das war vor 200 Jahren ...

Mike half uns, die Kajaks auf dem Dach seiner Bootskajüte zu verstauen. Die Morgennebel rissen auf und gaben den Blick auf die Berge frei. Schneefelder reichten bis unmittelbar ans Meer. Darüber schäumten Wasserfälle.

»Wie wird das Wetter, Mike?«

»Übers Wetter redet hier keiner«, winkte er ab. »Freut euch, dass es heute nicht regnet!«

Wenn sich ein auftauchender Seeotter schüttelt, ist das ein Zeichen für baldigen Regen, glauben die hier lebenden Chugach.

Demnach müsste es hier immer pladdern.

Im Sommer fällt der Niederschlag als Wasser, im Winter als Schnee, was auch die unglaubliche Gletscherkonzentration erklärt. Die Urbewohner hatten sich bei ihren Jagdexkursionen im Baidarka, dem

Paddelboot, darauf eingestellt und trugen regendichte Jacken aus den Innereien von Bär und Pelzrobbe.

Endlich war unser Gepäck verstaut. Mike betankte noch schnell sein Boot, und schon brummten wir durch den winzigen Fischereihafen in Richtung Meer. Ein paar Trawler waren mit ihrem Fang zurückgekehrt. Auf den Booten *Anna B* und *Ushagat* ordneten stämmige Kerle riesige Fischernetze und hievten große Körbe mit fangfrischem Fisch an Land. Vor allem Lachs ist der Reichtum der Westküste.

Mike brauste jetzt mit 30 Knoten durch den Prince William Sound. Er schaute von seinen Instrumenten auf. Der eben noch tief hängende graue Himmel war nun von hellen Höhenwolken überzogen.

»*Folks* ...«, sagte Mike augenzwinkernd, »bei solchem Wetter könnt ihr mit drei bis vier Tagen guter Sicht rechnen.«

»Ohne Regen?«

Darauf wollte Mike sich nicht festlegen lassen.

Es war ein eigenartiges Gefühl damals. Das Wasserflugzeug hatte mich samt Faltboot nördlich des Polarkreises, 500 Kilometer vom nächsten Dorf entfernt, am Noatak River abgesetzt.

Als es so still war, dass ich mein eigenes Herz schlagen hörte, beschlich mich ganz kurz ein mir bis dahin fremder Gedanke: »Das Band zur Außenwelt ist abgeschnitten. Du bist ganz allein ...«

Jetzt türmten sich am Rande des Harriman Fjord jene blauen, roten und gelben Vorratssäcke, die mir noch Stunden zuvor im Camper den Weg versperrt hatten. Das von Mikes Schiffsschraube aufgewühlte Wasser hatte sich längst beruhigt, und das Wummern seiner Motoren war verklungen. Da schoss mir wieder dieses »Du bist allein ...« durch den Kopf. Aber dann spürte ich Julianas Hand ...

Die erste Lektion der Reise lernte ich schnell: Dieses Meer lässt dir keine Zeit für Sentimentalitäten.

Es war auflaufendes Wasser, die Flut stieg. Bis wir alles geordnet und sicher verstaut hatten, mussten wir die Kajaks dreimal von der unaufhaltsam höher kriechenden Wasserlinie wegziehen.

Das Meer hält uns von nun an auf Trab.

Der Harriman Fjord gehört wie andere Teile des Prince William Sound zum Chugach National Forest. Eine Wildnis, so groß wie Mecklenburg-Vorpommern. Riesige Areale davon sind mit Eis bedeckt.

Allein die Zunge des Harriman Glacier ist zwei Kilometer breit. Knapp zehn Kilometer unterhalb davon drängt von Westen her das Eis des Surprise Glacier in den Fjord und gleich daneben das des Serpentine Glacier.

Ich stand schon an vielen »schönsten Plätzen« unserer Welt – den spektakulären Wasserfällen wie Iguacu und Victoria Falls, am Mount Everest und am Kilimandscharo. Nie verlernte ich das Staunen.

Doch hier war es mehr ...

Hier war ich Teil eines monumentalen Bildes: Das Blaueis des Harriman Glacier war der Rahmen. Den Hintergrund bildeten graublaue Berge und schneebedeckte Täler. Und im Zentrum dieses Kunstwerks in Türkis, Zartgrün und Grau leuchteten zwei Farbkleckse in Gelb und Orange – unsere Kajaks.

Wie von Mike vorhergesagt, hoben sich die Wolken und gaben den Blick auf die gegenüberliegenden Berghänge frei: senkrecht aufsteigend, von Gerölllawinen zerfurcht. Wie Polster dazwischen grüne Flecken, wo sich eine anspruchslose Vegetation behauptete. Und überall glitzerten wie silberne Fäden hundert Meter hohe Wasserfälle. Dieses Bild war die Reise um die halbe Welt wert.

Könnte ich höher fliegen als ein Adler und blickte von dort oben auf den von Fjorden und tief eingeschnittenen Armen geformten Prince William Sound, sähe ich eine rund hundert Kilometer tiefe und ebenso breite Meeresbucht, vor deren Öffnung im Südosten wie riesige Wellenbrecher die beiden lang gestreckten Montague- und Hinchinbrook Islands liegen.

Während sie den Prince William Sound vor dem Golf von Alaska zu schützen scheinen, umklammern riesige Eisfelder wie Sargent- und Chugach Icefield den Sund fast durchgängig von Ost über Nord nach West. Der größte ist der Columbia Glacier.

Bei meinem Flug sähe ich zwischen Bergen, Eisfeldern und Meer dichte, fast unzugängliche *temperate rainforests.* Sie sind die nördlichsten gemäßigten Regenwälder auf Erden und beheimaten eine Vielfalt von Pflanzen und Tieren.

Mein Auge streifte lediglich fünf Ansiedlungen: Valdez, Cordova und Whittier sowie die winzigen *native villages* Tatitlek und Chenega Bay. Diese Gegend ist eine bis auf diese Handvoll Orte unberührt erscheinende Wildnis, in die Weiße erst nach 1741 vordrangen, dem Jahr, als der Däne Vitus Bering im Auftrag des russischen Zaren hier durchkam.

Seitdem versucht der Mensch, dieser Natur seinen Stempel aufzudrücken: Er schürfte nach Kupfer und Gold, dann baute er eine Ölpipeline quer durch Alaska bis zum eisfreien Hafen Valdez. Doch diese »Stempel« waren unbedeutend ... verglichen mit dem vom 24. März 1989, als aus der am Bligh Reef zerschellten Wand des Supertankers *Exxon Valdez* 40 Millionen Liter Erdöl in den Prince William Sound liefen.

Es klang von fern wie das Grummeln eines Gewitters. Eis, das ins Meer stürzt, dachte ich, während ich mein Paddel ins Wasser stieß. Zu erkennen war auf diese Entfernung nichts.

In meinem Bauch flatterten Schmetterlinge, endlich geht es los! Ein Kribbeln, vielleicht wie das bei den *mushern* Anfang März in Anchorage beim Start zum 1860 Kilometer langen Iditarod-Rennen.

Die Hundegespanne benötigten bis zur Ziellinie in Nome zehn oder 14 Tage. Vor mir lagen 100, vielleicht 120 oder mehr Tage auf dem Wasser. Das kann keiner vorhersagen! Es ging mir auch nicht um eine Notiz im Buch der Rekorde. Ich war offen fürs Unvorhergesehene, würde Schlenker nach rechts und links machen und so frei sein wie der Wal auf seiner Sommerreise durch die Inside Passage. Und bitte schön ... sollte ich es nicht in einem Sommer schaffen, würde ich einen zweiten dranhängen. Ich hatte einen Batzen Zeit im Reisegepäck.

Vancouver, mein Ziel, schien mir in diesem Moment weiter weg, als es tatsächlich war. Dort hatten schon vor Wochen die Sommerblumen geblüht. Hier malten die kalten Nächte vereinzelt noch Eisblumen an die Fensterscheiben, und an schattigen Hängen lag Schnee. Mein Bordthermometer zeigte fünf Grad Celsius.

Das eisgraue Wasser des Fjords ist still. Ich stelle mir vor, dass es 500 Meter tief ist und unten Orcas, Killerwale, Jagd auf Pelzrobben machen. Doch oben sehe ich weder die einen noch die anderen. Nicht mal der spitze Schrei eines Adlers ist über dem Fjord zu hören.

Paddelschlag um Paddelschlag kommen wir dem Harriman Glacier näher. Doch das Bild narrt. Wir sind weiter weg, als es scheint. Die gewaltigen Dimensionen verzerren Perspektiven und erschweren das Einschätzen von Entfernungen. Die zwei Kilometer breite und fast hundert Meter hohe Gletscherzunge wirkt längst nicht so kolossal, wie sie tatsächlich ist ...

Ein Kirchturm als Messlatte für Distanzen wäre schön, denke ich und schmunzele über die verrückte Idee. Laut- und scheinbar schwerelos brechen fußballtorgroße Stücke aus dem Eis, sacken in Zeitlupe in sich zusammen und verschwinden im brodelnden Wasser. Sekunden später erst erreichen die Geräusche zu diesem Bild uns als dumpfes Poltern.

38

Die Konturen werden klarer; auch die der blauen Eishöhle von der Größe eines Zweifamilienhauses, aus deren Mitte ein turbulenter Gletscherbach schäumt.

»Abstand halten!«, warnt Juliana.

»Nur noch ein Stückchen näher ran!«, bitte ich. Bis an die Gletscherkante zu paddeln, wäre russisches Roulette. Plötzlich abbrechende Stücke würden auch zehnmal größere Boote von jetzt auf gleich zertrümmern.

Das Bild wirkt friedlich, doch trotz seiner Pastellfarben nicht harmonisch. Seine Monumentalität wühlt auf. Und wie als Antwort auf meine Empfindungen bricht ein mit grauem Geröllstaub gepuderter Eisberg von der Größe einer Hausfassade ab und verschwindet tosend im Meer. Nervös kabbeln Wellen gegen unsere Kajaks.

Der Harriman Glacier ist kein glatter Eisklotz; seine Reise von den Bergplateaus zum Meer hat ihn gestaucht, zerrissen und stellenweise wie eine Treppe gestuft, dazwischen fräste sie Schlünde, unter denen eisiges Wasser gurgelt. Hier ist er aquamarinblau und dort, wo sein Eis wie ein Baumkuchen in dünnen Lagen übereinandergestapelt ist, schmutzig grau.

Vorsichtig lege ich am Gletscherende an. Schwarz und glatt sind die handtellergroßen Steine, wo ich den Kajak an Land ziehe. Beim Versuch, über die steile Uferbank hochzuklettern, rutsche ich auf den noch kürzlich unter Schnee begrabenen Pflanzen des vergangenen Sommers aus. Alle tot, grau. Doch dann entdecke ich zwischen Schneeresten wie Hirtenstäbe gebogene Farnwedel. Daneben sprießen maiglöckchenartige Pflanzen. Der nasse Boden riecht modrig.

In wenigen Tagen schon werden diese Schattenblümchen weiß blühen, kurz danach leuchten ihre Beeren hellgrün und bald rot. Der im Sommer rastlos hier herumstromernde Bär wird der Einzige sein, der Geschmack daran findet.

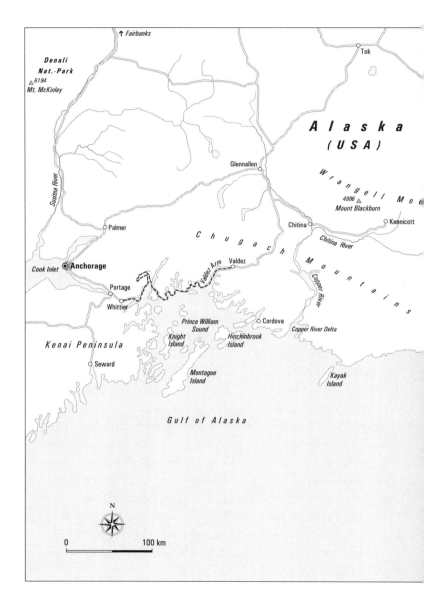

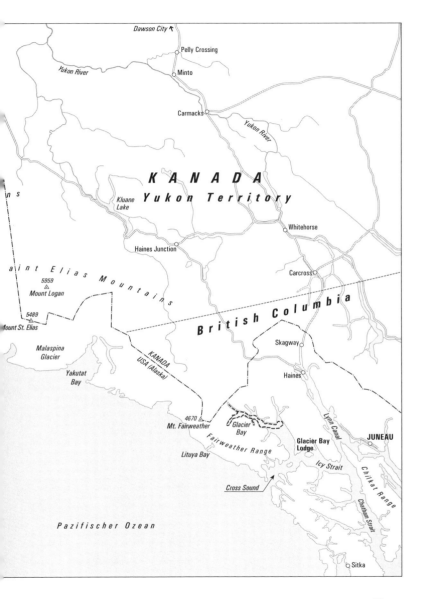

Für die *natives* waren Schattenblümchen Heilpflanzen. Die Haida nutzten ihre über dem Feuer erhitzten Blätter als Pflaster bei Schnittverletzungen, die Squamish legten sie auf entzündete Augen. Andere Küstenvölker tranken den aus ihren zerstampften Wurzeln bereiteten Tee als Medizin.

Die länglichen, eierförmigen Blätter öffneten sich erst zaghaft. Doch in wenigen Tagen würde das Leben auch hier explodieren.

Fünf Stunden nach unserem Aufbruch im Kajak entdeckte ich unterhalb des Mount Doran ein einladend schneefreies Ufer.

»Unser Platz für die Nacht!«, rief ich und steuerte mein Boot um die von der auslaufenden Flut freigelegte Felsspitze herum in eine kleine Bucht. Das Wasser war so klar, dass ich metertief sehen konnte.

Der Boden war zwar feucht, zum Glück aber so eben, dass wir das Zelt darauf errichten konnten. Also streckte ich den Daumen nach oben. Juliana verstand, paddelte ans Ufer und zog ihren Kajak an Land.

In der Bucht gegenüber schob sich der Surprise Glacier ins Meer, ein Stück nördlich davon der Serpentine Glacier, und hoch über uns an der Flanke des Mount Doran hing der Toboggan Glacier. All das sah ich mit einem einzigen Blick. Was für ein Platz!

6 DAS SCHÖNSTE CAMP MEINES LEBENS

Ich fühlte mich beobachtet und sah mich wachsam um ...

Es ist mir zur zweiten Natur geworden, den Blick schweifen zu lassen, den Boden nach Bärenspuren, Bärenlosung und abgeknickten Zweigen abzusuchen und an den Bäumen nach Kratzern von Bärenkrallen Ausschau zu halten.

Ein Gewehr hatten wir nicht dabei, dafür je eine Flasche *bear spray*, ein hochwirksames Pfefferspray auf Chilibasis. Unmittelbar vor unserem Aufbruch las ich dazu in der Zeitschrift *Alaska* einen Artikel von Stephen Herrero, der Koryphäe auf dem Gebiet der Bärenforschung: »*Bear Spray is Better Than Bullets*«, lautete die Überschrift: Bärenspray wirkungsvoller als Kugeln! Es entspricht auch meiner Überzeugung, im Ernstfall nicht aufs Töten, sondern auf Abschreckung und Abwehr zu setzen.

Man muss eine Pfefferspraykanone allerdings richtig handhaben. Das erfuhr ein Pilot im Katmai National Park, der die Schwimmkufen seines Wasserflugzeugs »zum Schutz gegen Bären«, wie er später sagte, »vorsichtshalber« mit Pfefferspray eingesprüht hatte. Am nächsten Morgen war sein *float plane* von Braunbären angeknabbert. Ähnliches erlebte auch ein Angestellter des *U.S. Fish and Wildlife Service*, der sein neu gebautes *outhouse* vorsorglich mit *bear spray* einsprühte. Er dachte, was zur Verteidigung gegen Bären funktioniert, muss auch prophylaktisch wirken.

Er hatte die Rechnung ohne die Neugier der Bären gemacht! Ihre scharfen Bärenklauen und -zähne machten sein Plumpsklo zu Kleinholz.

Bärenspray ist weder ein Deodorant noch ein Geruchskiller, sondern eine Waffe. Und für den Fall, dass die *Bear-Spray*-Kanone gezogen werden muss, gibt es ein paar wichtige Verhaltenstipps.

»Achte immer auf den Wind!«, hatte mein alter Kumpel John aus Fairbanks mir ans Herz gelegt. »Damit der Gegenwind dir den Chilisaft nicht ins Gesicht pustet. Bären lieben gut gewürzte Touristen!«

Den Teebecher in der Hand, kletterte ich auf einen rundbuckligen Felsen. Ich spürte, dass irgendwo etwas oder jemand war …

Aber zehn Schritte vor mir stand nur das gelb-orange Zelt, daneben hantierte Juliana mit unserem Primus-Gaskocher. Zum Kochen ging sie ans Ufer. Das laute Fauchen des Primus drang zu mir, wurde jedoch gleich vom Trommeln ins Wasser polternder Eisstücke übertönt. Ein grauer Himmel lastete auf den Bergspitzen. Ein Bild in »Molltönen«, doch meine Empfindungen waren »Dur«.

Auf der gegenüberliegenden Fjordseite schob sich der von Norden und Süden durch zwei Eisströme gespeiste Surprise Glacier ins Meer. Auch der Harriman Glacier war hier noch gut erkennbar. Und reckte ich den Hals, sah ich im Nordosten den Serpentine- und den Coxe Glacier.

Ich setzte mich auf den Felsen, blickte übers Camp und nippte am Früchtetee. Er war so heiß, wie ich ihn gern mag, und ein Bär war zum Glück nicht in Sicht! Aber warum ließ mich das Gefühl nicht los, beobachtet zu werden?

»*Black bears* begegnest du hauptsächlich im Westen und Nordosten des Prince William Sound sowie auf den Inseln. *Brown bears* leben vorwiegend im Süden«, hatte Captain Mike verraten. Doch da Bären immer hungrig sind und mühelos, auch im Wasser, große Entfernungen überwinden, war das allenfalls eine grobe Orientierungshilfe.

Auch bei der Sicherung unserer Lebensmittel waren wir auf Bärenbesuch eingestellt. Denn zu gut kannte ich die alte indianische

44

Die riesigen *coastal brown bears* sind allgegenwärtig. Niemals haben wir Lebensmittel im Zelt – das lockt Bären an.

Weisheit: »Eine Fichtennadel fiel zu Boden; der Adler sah sie und der Hirsch hörte sie. Aber der Bär roch sie!«

Es war kalt geworden. Wir waren mit hochwertigstem Fleece, Neopren und Goretex ausgerüstet: Möglich, dass wir mal kentern würden, und mit Kälte und Dauerregen war immer zu rechnen. Doch da ich im Herzen ein *voyageur* bleiben werde, einer jener Nordlandpaddler vergangener Zeiten, verzichtete ich selbst hier nicht auf meine rot-schwarz karierte Holzfällerjacke. Sie ist zwar »nur« aus Baumwolle, dafür aber nicht kaputt zu kriegen, und sie gibt mir in der Wildnis das Gefühl, hier hinzugehören. Man muss ja nicht alles rational erklären können ...

Ich sah mich erneut um, trank noch einen Schluck Tee und schlenderte auf einen Baum zu, der seine toten Äste mutlos in den grauen

Abendhimmel reckte. Zwei Stunden vor Mitternacht, und noch immer war es hell. Der Baum stand am Rand einer Senke, an deren Rändern winzige Rinnsale glucksten.

Plötzlich entdeckte ich im eisigen Fjordwasser einen Seeotter.

Das also war der heimliche Beobachter! Rücklings lag er auf dem Wasser, hielt den Kopf hoch und umklammerte mit den Vorderpfoten einen Seeigel.

»Abendessen ist fertig«, rief Juliana in diesem Moment. Ich erhob mich wohl etwas zu ruckartig, denn der possierliche Seeotter tauchte mit einem lauten Platsch ab.

Es sah bestimmt merkwürdig aus, wie wir oberhalb der Wasserlinie stehend unser Abendessen aus Tüten löffelten. Auch später, während meines Alleingangs, kochte und aß ich nur in der *tidal zone*, dem Uferbereich zwischen Ebbe und Flut. Der Bären wegen. Die Flut entsorgt alle Essensreste sofort.

Eine ungeschriebene Wildnisregel lautet: »Nimm keine Lebensmittel, Sonnencreme oder Zahnpasta, weder Kaugummi noch Schokolade mit ins oder ans Zelt! Sie sind Bärenköder! Halte das gesamte Camp sauber!«

Bäume, in die wir die Beutel bärensicher hätten hochziehen können, gab es hier kaum. Daher deponierten wir unsere wasserdichten Lebensmittelsäcke vom ersten Abend an mindestens 50 Meter vom Zelt entfernt.

In dieses Lebensmitteldepot kommt alles, was für Bärennasen attraktiv sein könnte: neben Essbarem auch Medikamente, die Waschtasche und unsere »Küche«, eigentlich nur ein Beutel mit Kocher, Topf, Pfanne, Pfeffer, Salz. Sollte ein Bär das Versteck finden und sich über unsere Lebensmittel hermachen, wäre das zwar schlimm, aber nicht so fatal, wie wenn das Fressbare ihn auf unsere Fährte locken würde …

Unser Lagerfeuer brannte mit kleiner Flamme. Ich geizte mit Holz, denn die wenigen Zweige, die ich brechen konnte, waren hart und zerstachen mir die Finger. Mitternacht war längst vorbei, aber noch lag über dem Harriman Fjord so viel Helligkeit, dass ich Details des Surprise Glacier erkennen konnte.

Juliana saß mir gegenüber, das Kinn auf eine Hand gestützt, und schaute über das Wasser. Sie hob den Kopf: »Wer oder was war eigentlich Harriman, dass ein solches Naturwunder nach ihm benannt wurde?«

Hätte Eisenbahnmagnat Edward Harriman 1899 nicht so viel Stress am Hals gehabt, dass ihm die Ärzte rieten, kürzer zu treten, hätte der Fjord heute vermutlich einen anderen Namen.

Harriman war keiner, den die wissenschaftliche Neugierde trieb. Er war Boss der *Union Pacific-* und *Southern Pacific Railroad* und wollte hier vor allem einen Braunbären erlegen. Seitdem man im Jahr zuvor weltweit den Klondike-Goldrausch mit großem medialem Tamtam zelebriert hatte, blickte fast jeder nach Alaska. Auch Harriman.

Als einer der mächtigsten und reichsten Männer Amerikas chartert er 1899 den Dampfer *George W. Elder* und geht am 30. Mai desselben Jahres in Seattle mit seiner Frau Mary und den Kindern an Bord. Sein persönliches Interesse gilt in erster Linie dem Kodiakbären, aber ganz im Geist des auslaufenden 19. Jahrhunderts empfindet er sich auch als Mäzen. Und so hat Harriman 25 der namhaftesten nordamerikanischen Wissenschaftler eingeladen, ihn zu begleiten.

Es ist ein hochkarätiges Team: Geologen, Biologen, Zoologen, Gletscherexperten, Geografen, und natürlich ist auch ein Fotograf dabei. Zusammen mit der Besatzung unter Kapitän Doran sind 126 Menschen an Bord.

Von Ende Mai bis Ende Juli 1899 ist das Schiff unterwegs. Nur zwei Monate – doch die Wissenschaftler (unter ihnen der renommierte Naturforscher John Muir) entdecken in dieser Zeit neben

Hunderten bis dahin unbekannten Tier- und Pflanzenarten auch andere Naturgeheimnisse.

Die Reise geht als Harriman-Alaska-Expedition in die Geschichte ein.

Ich legte etwas Holz nach. Die Flammen leckten gierig darüber, ein paar Funken stoben. Es war jetzt absolut windstill, nur das Ächzen und Dröhnen der Gletscher war zu hören. Eine effektvoll inszenierte Sinfonie von Urlauten.

Feuerschein tanzte über Julianas Gesicht.

»Dieser Küstenstreifen war damals ja kein völlig unbekanntes Gebiet mehr«, sagte Juliana. »Erforschten die Wissenschaftler noch andere Gegenden?«

»Zwei Wochen hielt sich die Expedition im Prince William Sound auf. Zeit genug, um neben dem Harriman Glacier auch andere zu erkunden. Als ehemaliger Student der Columbia University gab Edward Harriman dem größten Gletscher den Namen Columbia Glacier. Harrimans Gäste wollten ihm in nichts nachstehen und benannten zwei am Ende des College Fjord liegende Riesengletscher nach Amerikas Eliteuniversitäten Harvard und Yale. So heißen sie bis heute!«

Ein Uhr morgens, und noch immer war es hell. Am Surprise Glacier polterte und rumpelte es nach wie vor. Der Verstand riet mir, in den Schlafsack zu kriechen und früh aufzustehen. Aber ich blieb …

Ich fühle wie die meisten Alaskaner, die nach dem düsteren Winter im Sommer »durchmachen« wollen. Häufig sah ich in den Dörfern noch um drei Uhr morgens Kinder wie wild durch die Gegend tollen.

Irgendwann kroch ich doch ins Zelt, warf aber schnell noch einen wachsamen Blick auf die Büsche am Fuß des Mount Doran. »Kein Bär«, brummte ich beruhigt und zog den Reißverschluss zu.

»Übrigens ist der Name ›Mount Doran‹ auch eine Reminiszenz an die Harriman-Alaska-Expedition. Doran hieß ja der Schiffskapitän.«

Keine Reaktion. Juliana schlief bereits. Ich griff noch nach meinem Diktiergerät, um meinen Tagebucheintrag für heute mit »Das schönste Camp meines Lebens« zu betiteln.

Der Chor der kalbenden Gletscher sang das Wiegenlied zur ersten Nacht.

So tapsig wie ein Bär nach dem Winterschlaf kroch ich am nächsten Morgen zum Zelteingang und öffnete den Reißverschluss. Juliana war schneller, huschte raus und war als Erste an der Feuerstelle.

Unser Zelt stand auf einer kleinen Anhöhe, von der aus man sowohl den Fjord als auch die Gletscher sehen konnte. Das Camp war dreigeteilt: hier das Zelt, dort zwischen den Felsen oberhalb der Gezeitenlinie unsere Lebensmittel. Und auf der entgegengesetzten Seite die festgebundenen Kajaks.

Der Morgen war windstill und gletscherkalt. Das Graublau der Berghänge fand sich auch in den Farben des Himmels. Zum Glück blieb es trocken. Beim Anziehen spürte ich, wie die kalte Nässe in meine Zehen biss, dann aber hatten die von gestern noch nassen Neoprensocken sich erwärmt. Die Füße kribbelten.

In Berichten über den Prince William Sound liest man, dass es hier durchaus zwei Wochen lang am Stück regnen kann. Doch danach sah es heute nicht aus.

Zufrieden mit uns und der Welt sammelte ich trockene Zweige, entfachte ein Feuer und breitete daneben meine Karte im Maßstab 1:105 600 aus. Juliana beugte sich vor und folgte meinem Finger, der die geplante Tagesroute nachzog.

GPS hatten wir nicht. Ich vertraue lieber mir selbst als Hightech, denn schon ein kleiner Defekt würde genügen, um uns orientierungslos stranden zu lassen. Mein einziges Zugeständnis an die

49

Die Westküste ist ein Labyrinth der abertausend Wasserwege: Zuverlässige Karten und gute Ausrüstung sind überlebenswichtig.

digitale Gegenwart war der Spot-GPS-Tracker, ohne den Juliana und unsere Tochter Bettina meinem bevorstehenden Alleingang nie zugestimmt hätten.

Ich hatte versprochen, täglich den Okay-Knopf zu drücken. Minuten später würden sie eine E-Mail bekommen und auf einem Satellitenfoto sehen, in welcher Bucht Alaskas oder Kanadas ich gerade mein Nachtlager aufschlug.

Auf meinem Spot Messenger befand sich auch ein 911-*Button*, der Notruf. Den allerdings dürfte ich nur in akuter Lebensgefahr drücken ...

7 UNTER DEM EIS SCHLUMMERT DIE GLUT

Tausend Eisstücke treiben auf uns zu. Manche handklein, andere größer als ein Kajak. Vorsichtig paddeln wir durch das Eislabyrinth in das Surprise Inlet hinein.

Abends notiere ich:

Ein urzeitliches Tal voll unheimlicher Laute. Da das Eis im Salzwasser winzige Sprünge kriegt, liegt millionenfaches Knistern in der Luft. Das Ohr nimmt es als feines Zischeln und geheimnisvolles Wispern wahr.

Aber über allem liegt auch diese Mollstimmung aus diffusem Grau. Ich wünsche mir zwar Sonne, aber das Grau untermalt die Landschaft viel besser als ein heiterer Sonnentag.

Die Eisformationen werden bizarrer. »Ein Schwan«, Juliana tippt mit der Hand auf eine grazile Eisfigur, so hauchdünn, dass man durch sie hindurchschauen kann. Ein Elefant mit einem Biber auf dem Rücken treibt vorbei. Der Phantasie sind keine Grenzen gesetzt.

»Wie von einem Eisschnitzer modelliert ...« Ich streiche mit meinen Fingern übers Meer: »Und in zwei Tagen werden diese Skulpturen nur noch eine Handvoll Wasser im Stillen Ozean sein.«

Als ich meine Lippen lecke, schmecke ich fast kein Salz. Das Gletscherwasser hat das Salzwasser verdünnt. Und da ist kein Berghang, von dem nicht mindestens vier oder fünf Wasserfälle herabstürzen.

Es wäre reizvoll, noch tiefer in das Surprise Inlet hineinzupaddeln, doch das Treibeis knirscht und kratzt an den Kajakwänden.

»Dass nur kein Wind aufkommt!«, höre ich Juliana.

»Nur noch ein kleines Stück ...« Mich interessiert immer das am brennendsten, was hinter der nächsten Ecke liegt ... Wir stupsen die Eisblöcke zur Seite und arbeiten uns Meter um Meter voran.

51

Dass dabei Vorsicht angebracht ist, wissen wir seit einem nicht ungefährlichen Erlebnis in Nord-Manitoba. Es war Mitte Juni, und der eisige Atem der Hudson Bay hatte an den Ufern des Churchill River noch vereinzelte Eis- und Schneepolster zurückgelassen. Doch völlig unvorbereitet stießen wir am Nordende des Southern Indian Lake auf Eisschollen, die uns den Weg versperrten.

Behutsam wagten wir uns mit dem Kanu vor. »Vermutlich ist der See weiter oben eisfrei!«, spekulierte ich.

Auf einmal bewegte sich die Luft, und plötzlich lag ein leises Glöckchenklingeln über dem Eis.

»Wie Heiligabend!«, sagte ich.

Das Lüftchen wurde zum Wind, der Wind zum Sturm. Die Eisschollen klingelten jetzt nicht mehr, sondern knallten mit brutaler Gewalt gegen unsere Nussschale. Nur mit Glück erreichten wir eine rettende Insel.

Ich sehe Julianas versteinertes Gesicht.

»Lass uns umkehren«, sage ich.

Sie nickt erleichtert, und wir steuern die Boote in den Harriman Fjord zurück.

Es war unser zweiter Tag im Prince William Sound, und doch war schon etwas Routine eingekehrt. Als Kartenleser und Navigator paddelte ich vorn. Zumeist blieben wir sicherheitshalber in Rufnähe zueinander. Doch dies war ein windstiller Tag ohne Regen. Und das Meer war bis auf winzige Wellen ruhig.

»Wie geht's deinen Oberarmen?«

»Bestens!«, sagte Juliana.

Wir hatten uns im Sportstudio fit gemacht. Was jetzt noch an Oberkörpermuskulatur fehlte, würde spätestens in zehn Tagen aufgebaut sein. Wichtiger war mir, wovon ich bei Atlantiküberquerer

Hannes Lindemann gelesen hatte – die mentale Motivation. Die Vorstellung: »Du schaffst es!« Bei ihm hatte der formelhafte Vorsatz gelautet: »Kurs West!«

»Kurs Vancouver!«, rief ich Juliana zu, und sie winkte übermütig mit dem Paddel zurück.

Point Doran ist ein Landvorsprung, an dem Harriman Fjord und Barry Arm sich teilen. Nördlich davon reihen sich drei aus unterschiedlichen Richtungen kommende Gletscher fast nahtlos aneinander: der Coxe-, der Barry- und der Cascade Glacier.

Als Harriman und seine Leute hier stoppten, schwärmte John Muir: »Diesem majestätischen Fjord im Abendsonnenschein zu folgen und dabei zu sehen, wie die Gletscher nach und nach ... donnernd ihre Eismassen in die Wellen krachen ließen, war ... die aufregendste Erfahrung der gesamten Reise.«

Unser Bild war längst nicht so romantisch. Statt roter Abendsonne graue Eiszeitatmosphäre. Aber all das passte zu der Gletscherwand, die am Ende der Bucht wie ein erstarrter Wasserfall hundert Meter tief zu fallen schien.

Dieses Land hat seit Harriman nichts von seiner Schönheit eingebüßt. An die *Exxon-Valdez*-Ölpest, die seine ökologische Belastbarkeit auf die Zerreißprobe stellte, dachte ich in diesem Moment nicht.

Wachsamkeit bei Point Doran: »Beim Gezeitenwechsel gibt's dort gefährliche Strömungen!«, hatte Mike gewarnt. Doch wohlbehalten erreichen wir die östliche Seite der Gletscherbucht. Einen Moment lang reißt der Himmel auf und lässt leuchtendes Blau sehen, doch schon huschen wie mit dem Lineal gezogene Wolken vor die Berge.

»Zeit fürs *lunch*!«, ruft Juliana.

Ich schaue auf die Uhr, lache: »18 Uhr! Andere Leute essen jetzt Abendbrot!«

Oberhalb des Ufers stehen ein Dutzend von Wind und Wetter weiß-grau polierte Stämme. Ebbe und Flut haben ihr ausladendes Wurzel-werk freigelegt: oberkörperdicke, verschlungene Hauptwurzeln, von denen sich armdicke Nebenwurzeln im schwarzen Geröllboden fest-krallen. Hinter diesem Geisterwäldchen wachsen junge Fichten.

Juliana interessiert sich mehr fürs Essen und reicht mir den Ther-moskannenbecher mit heißem Cappuccino: »Wie beim Italiener ...« Sie schmunzelt, denn sie weiß, dass ich Tütengetränke daheim nicht anrühren würde. Aber in der Wildnis ändern sich Vorlieben und Ge-wohnheiten. Hier ist gut, was praktisch und nahrhaft ist.

Den Becher in der Hand, schlendere ich zum Meer. Verflixt, un-sere Kajaks liegen schon wieder auf. Man kann förmlich zusehen, wie die Ebbe das Wasser in Richtung Stiller Ozean abzieht. Liegt aber der voll beladene Kajak erst mal ganz auf den Steinen, wird das Zu-rückschieben schwer – vor allem aber brutal für die empfindliche Bootshaut.

So behutsam wie möglich schiebe ich die Kajaks zurück und gehe zu Juliana, die auf einer verschlungenen Baumwurzel Polska Kiel-basa zerschneidet, eine in Alaska und Kanada überall erhältliche Dauerwurst.

Mich interessiert zwar auch die Wurst, aber mehr noch, warum diese Baumriesen hier tot am Ufer stehen. Es muss für sie eine Zeit mit optimalen Lebensbedingungen gegeben haben ... Was ist ge-schehen?

John Bagoy, einer der wenigen, die Anchorage noch als Dorf mit zweieinhalbtausend Einwohnern erlebten, erzählte mir die Ge-schichte, wie sich 120 Kilometer östlich von Anchorage die Pazi-fische Platte unter die Nordamerikanische Kontinentalplatte schob und am Karfreitag 1964 fast fünf Minuten lang die Welt hier aus den Angeln hob.

»Ich war an jenem 27. März früher als sonst von der Arbeit nach Hause gekommen und schaltete gerade den Fernseher ein, als die Erde bebte. Es war 17:36 Uhr. Ich stürzte auf den Fußboden und kam nicht wieder hoch. An diesem Tag verlor ich meinen Elektrogroßhandel.«

Johns Geschäftsgebäude brach buchstäblich auseinander und brannte aus. Und Anchorages Fourth Avenue, eine der Hauptstraßen, sackte drei Meter tief ab.

In nur wenigen Sekunden entstand ein Schaden von 750 Millionen Dollar, eine Summe rund hundertmal so groß wie 1867 der Kaufpreis für das gesamte Alaskaterritorium! Nach ersten Angaben hatte das Beben die Stärke 8,4 auf der Richterskala, später korrigierte man den Wert auf 9,2. 115 Alaskaner starben an diesem Tag durch das Erdbeben, davon 106 durch den nachfolgenden Tsunami. Die Tatsache, dass es an einem Feiertag geschah und Schulen, Geschäfte und Ämter geschlossen waren, verhinderte Schlimmeres. Als Folge der Naturkatastrophe riss die Erdoberfläche auf 400 Kilometern Länge auf. Teile von Montague Island im Prince William Sound hoben sich um zehn Meter, bei Portage senkte sich das Land um knapp drei Meter. Verheerend war der Tsunami für viele der kleinen Indianer- und Eskimodörfer am Meer. Besonders schlimm traf er das Dorf Chenega, von dem nichts blieb außer den Holzstümpfen, die die 20 Häuser gestützt hatten. Chenega war für immer verschwunden und mit ihm 23 seiner rund 70 aleutischen Bewohner.

Es gab eigentlich nur eine Erklärung: Dort, wo Juliana jetzt auf toten Baumwurzeln Wurst schnitt, hatte sich der Boden bei jenem Karfreitagsbeben gesenkt und damit den Bäumen die Lebensgrundlage entzogen.

Sie schob mir ein Stück Polska Kielbasa zu. »Guten Appetit!«

Ich lehnte mich gegen einen der weißgrauen Baumstämme und

55

versuchte mir vorzustellen, wie die bis zu 67 Meter hohe Tsunami-welle über diese Küsten gerast war.

»Wo begann das Beben?«

»Das Epizentrum lag unweit von hier im Prince William Sound in 22 Kilometern Tiefe«, hatte ich in Erinnerung.

Der Tsunami tötete aber auch Menschen in Kalifornien und Oregon. Selbst auf Hawaii und im fernen Japan spürte man die Auswirkungen.

Unter diesem Eis schlummert die Glut aus dem Inneren der Erde. Dass Alaska am pazifischen *ring of fire*, dem Feuergürtel zwischen den Kontinentplatten, liegt, sieht man überall: Die 2000 Kilometer lange Aleutenkette bildet mit 70 Vulkanen die größte Ansammlung aktiver Feuerberge, und die Explosion des Mount Katmai mit dem Ausbruch des Novarupta im Jahre 1912 war die gewaltigste Vulkaneruption des 20. Jahrhunderts.

Wie so oft in Alaska spürte ich auch hier, in einer der wildesten, bizarrsten und faszinierendsten Gegenden unserer Erde zu sein.

Wir schoben die Boote ins Wasser und fuhren in den hellen Abend. Vom Harriman Fjord aus würden wir auf mehr oder weniger direktem Weg bis Valdez paddeln, wohin Captain Mike unseren Pick-up-Camper per Fähre nachschicken wollte. Wobei der »direkte Weg« im Prince William Sound ein Zickzackkurs um Inseln und sich verzweigende Wasserstraßen ist.

Diese Nacht brennt sich in die Erinnerung ein.

Dass wir trotz später Stunde noch 20 Kilometer paddelten, hat nichts damit zu tun, dass ich auf Teufel komm raus vorankommen wollte. Die Bilder und Stimmungen und die Freude, endlich auf dem Wasser zu sein, hielten uns auf Trab.

Während wir vom »Rastplatz der toten Bäume« südwärts paddelten, ließen wir die großen Eisfelder hinter uns. Ich war tatendurstig

Beim Karfreitagserdbeben von 1964 senkte sich hier der Boden und entzog auch den Baumriesen die Lebensgrundlage.

wie schon lange nicht mehr. Meine Arme bewegten sich so leicht, dass ich die Paddelbewegung gar nicht wahrnahm. Das Boot glitt schwerelos übers Wasser. Wo wir unser Nachtlager aufschlagen würden, war mir egal. Irgendwo würde sich schon ein Platz oberhalb der Gezeitenlinie finden.

Leise pfiff ich »*Solitary Man*« von Johnny Cash zum Rhythmus der Paddel. Der Barry Arm würde nach ein paar Stunden Paddelei in eine zehn Kilometer breite und nach Süden hin offene Wasserstraße – den Port Wells – übergehen. Bei starkem Wind und Seegang könnte die Weiterreise dort zur Tortur werden. Aber nicht heute.

Es war eine perfekte Nacht.

Ich sehe, wie Juliana kraftvoll, aber zu schnell paddelt. Ich habe Mühe, mitzukommen.

»Dosiere deine Kräfte!«

Eine Sekunde lang hält sie inne, sieht zu mir: »Du weißt doch, das ist meine Art, Stress abzubauen!«

Seit ich vorschlug, diese Nacht noch den fünf Kilometer breiten College Fjord zu überqueren, steht sie »unter Dampf«.

Sie paddelt konzentriert und sicher, ihr Boot liegt stabil im Wasser. Da ist nichts, was sie ängstigen könnte, doch sie hadert noch mit der Tatsache, allein im Boot zu sitzen.

Um das zu verstehen, muss man sich die Dimensionen vor Augen halten: Der zehn Kilometer lange College Fjord öffnet sich in den doppelt so breiten Port Wells, der sich über die Knight Island Passage auf dem 147. Längengrad Richtung Südpazifik fortsetzt. Und wenn mein Finger nach langer Reise auf der Weltkarte das nächste Land berührt, steht dort »Tahiti« ... Zu wissen, am Rande der schieren Unendlichkeit zu sein, nur auf sich gestellt, bedingungslos den Elementen ausgeliefert, kann Angst machen.

Ich empfinde anders.

Aber dadurch ergänzen wir uns. Ich weiß, dass Juliana extrem belastbar ist und in ein paar Tagen auch auf dem Meer »Fuß gefasst« haben wird.

Die Landzunge unterhalb des Mount Curtis heißt Pakenham Point. Merkwürdige Laute empfangen uns dort: Rufe, dann wieder lange, schwache Schreie. Im Wasser wuseln Köpfe, kleine Knopfaugen schauen uns putzmunter an. Trotz des fahlen Lichts erkenne ich Details: dreieckige Nase und spitzer Mund, der von einem Bart, fast so schön und struppig wie der von Handballbundestrainer Heiner Brand, umrahmt wird. Die meisten liegen auf dem Rücken, dass ihre Bäuche wie Kugeln im Wasser zu treiben scheinen: eine Seeotterkolonie.

Bisher hatten sich diese possierlichen Gesellen nur vereinzelt gezeigt, hier aber waren wohl hundert versammelt. Die Weibchen liegen auf den Rücken und halten ihren Nachwuchs zärtlich wie Menschenmütter in den Armen. Da zeigt Juliana nach vorn. »Sieh mal, der schlägt auf seinem Bauch eine Muschel mit einem Stein auf!«

Der Himmel war so weißgrau wie das Meer und das Perlenband der fernen Bergkette. Alles war still und bewegungslos. Nur die Seeotter sprühten vor Leben, vor allem die »Halbstarken«. Doch wann immer uns einer von denen zu nahe kam, pfiffen ihn die Alten zurück.

Julianas Boot spiegelte sich im Wasser. Nur wenn eine Welle der übermütig planschenden Seeotter ihren Kajak erreichte, zitterte das Spiegelbild.

Irgendwo in einer fernen Bucht lag Whittier, und sicherlich befand sich in den Fjorden auch das eine oder andere Boot. Aber hier waren nur wir und diese fabelhaften Tiere. Vor dem Hintergrund, dass russische und später amerikanische Pelzhändler die Seeotter fast völlig ausgerottet hatten, ist es ein Geschenk der Natur, dass sie sich während der letzten 100 Jahre des Schutzes deutlich vermehrt haben. Wenngleich die Bestände schwanken, wie hier im Prince William Sound, wo allein durch die Ölkatastrophe 3500 elendig zugrunde gingen.

»Die älteste Beschreibung des Seeotters ist die schönste. Ein Deutscher aus Bad Windsheim in Mittelfranken hat sie geschrieben«, sagte ich leise zu Juliana.

Die Seeotter sahen uns entspannt im Wasser liegend an. Auf dem Bauch des einen ruhte ein anderer, und wie ein doppelköpfiges Wesen schauten die beiden mit großen Augen in den Nachthimmel. Wir waren für sie keine Eindringlinge, obwohl wir nur drei Bootslängen von ihnen entfernt waren.

»Wie hieß er?«, flüsterte Juliana.

»Georg Wilhelm Steller. Er begleitete Vitus Bering auf dessen zweiter Kamtschatka-Expedition.«

Im Juni 1741 begann die Reise, an deren Ende Berings Tod durch Skorbut stand. Beringstraße, Beringmeer und die Insel, auf der er starb, tragen noch heute seinen Namen. Aber Steller blieb der Ruhm, unweit des Prince William Sound, auf Kayak Island, als erster Weißer alaskanischen Boden betreten zu haben.

»Am liebsten lagern die Tiere familienweise – das Männchen mit seinem Weibchen, den halb erwachsenen Jungen und den ganz kleinen Säuglingen. Das Männchen liebkost das Weibchen durch Streicheln, und sie stößt ihn im Scherz und treibt Kurzweil mit den Jungen wie die zärtlichste Mutter. Die Liebe der Eltern zu ihren Jungen ist so groß, dass sie sich um ihretwillen sogar in die augenscheinlichste Todesgefahr begeben. Wenn die Jungen ihnen genommen werden, beginnen die Eltern laut zu weinen, fast wie kleine Kinder. Sie spielen auch mit dem Kinde wie eine liebreiche Mutter; sie werfen es in die Höhe, fangen es wie einen Ball, stoßen es ins Wasser, damit es schwimmen lerne«, fasste Steller vor mehr als zweieinhalb Jahrhunderten seine Beobachtungen während der Kamtschatka-Expedition zusammen.

Stellers Name lebt fort; unter anderem in der Bezeichnung der inzwischen ausgestorbenen Stellerschen Seekuh, des Steller-Seelöwen und Steller Jay, des Diademhähers. Schulen in Anchorage/Alaska wie auch in seiner Geburtsstadt tragen seinen Namen. Der Forscher aber starb bereits wenige Jahre nach der Expedition 37-jährig auf der Rückreise nach Sankt Petersburg.

8 DIE DURCHQUERUNG DES PRINCE WILLIAM SOUND

Der schwere Himmel riss auf, und letzte Sonnenstrahlen fielen auf die Bergspitzen am fernen Ufer. Aber schon zog der Himmel sich wieder zu, und die Konturen der anderen Seite des fünf Kilometer breiten Fjords verschwammen mit dem Grau des Meeres.

»Komm!«, hörte ich Juliana sagen, »lass uns die Überquerung noch heute Nacht wagen.«

Ich peilte über den Kompass eine ferne Hügelspitze an, bestimmte den Kurs, und langsam paddelten wir von der Seeotterkolonie fort.

Pakenham Point ist das Ende einer 400 Meter langen Landspitze, die wie ein ausgestreckter Finger nach Süden weist. Vermutlich schaffen die hier aufeinandertreffenden Gezeitenströme von Barry Arm und College Fjord optimale Lebensbedingungen für die Seeotter, deren Pelze einst mit Gold aufgewogen wurden. Noch immer verfolgten die schnauzbärtigen Tiere im Wasser jede unserer Bewegungen. In diesem Moment ließ ich verblüfft das Paddel sinken ... Aus dem kalten Nebelschleier hinter Pakenham Point schob sich wie in Zeitlupe ein hell erleuchtetes Kreuzfahrtschiff.

»Eine Fata Morgana!«, sagte Juliana.

Nein, Realität.

Ich stelle mir vor, wie dort Hunderte Menschen mit einem Glas Wein in der Hand aus den Fenstern schauen. Einige Passagiere tanzen in Abendkleidung zur Musik der Bordkapelle. Die Landung von Außerirdischen hätte uns nicht weniger umgehauen. Scheinbar geräuschlos glitt das riesige Luxusschiff durch die Nacht. »*Icebergs are very common*«, steht auf unserer Landkarte. Gerade wegen der Gletscher und treibenden Eisberge ist dieser wilde West-Coast-Abschnitt bei Traumschiffreisenden beliebt. Dies würde nicht unsere letzte Begegnung mit ihnen sein. So geisterhaft, wie er aufgetaucht war, verschwand der Luxusliner in einem der im Südwesten gelegenen Fjorde.

Wortlos paddelten wir weiter. Für die fünf Kilometer über den College Fjord benötigten wir genau eine Stunde. Es ging auf 23 Uhr zu. Höchste Zeit, einen Schlafplatz zu finden.

Das Dämmerlicht erschwerte die Suche. Und die Hoffnung, schnell ein ähnliches Fleckchen wie vergangene Nacht zu finden, wurde enttäuscht. Dreimal legte ich an einer der Küste vorgelagerten Inseln an, stieg aus, suchte, holte mir immer wieder kalte Füße und zog den Kajak über scharfkantige Steine zurück ins Meer.

Die flachen Ufer lagen im Bereich der Gezeiten, stünden schon bald unter Wasser und kamen fürs Campen nicht infrage. Also kletterte ich über umgestürzte Bäume und glitschige Moose steile Uferhänge hoch ins Inselinnere. Ich betrat Flecken, auf die wohl nie zuvor jemand einen Fuß gesetzt hatte. Dies war Wildnis pur. Ineinander verhakte und in mehreren Lagen übereinanderliegende Äste machten ein Durchkommen fast unmöglich. Mindestens eine Stunde wäre nötig, um einen Platz in der Größe unseres Zeltes frei zu räumen. Und damit wäre die Frage, wo wir Boote und Ausrüstung sicher unterbringen konnten, noch nicht beantwortet ...

Da entdeckte ich den mächtigen Baum zur Linken ... Jemand hatte unter seinen Wurzeln eine Höhle gegraben.

Eine Bärenhöhle! Reflexartig fuhr meine Hand zum Bärenspray. Mein Herz klopfte, dennoch pirschte ich mich dichter heran. Natürlich sagte mir der Verstand, dass der Bär längst fort sein musste. Nur im Winter hatte er hier auf der Bärenhaut gelegen.

Knips sicherheitshalber die Stirnlampe an!, riet mir mein Instinkt. Man weiß ja nie ...

Das Licht fiel ins Innere des Loches, an dessen Rändern ich Fellbüschel fand. Der Bär selbst war fort. Trotzdem brach ich die Suche nach einem Camp hier ab.

Wir paddelten noch die kleine Ewigkeit von einer Stunde weiter, bis wir endlich auf einer schmalen Insel einen über der Hochwasserlinie liegenden Übernachtungsplatz fanden.

Mitternacht. Während ich die Boote entlade und das Zelt aufbaue, bereitet Juliana das Abendessen zu. Bei Schokomousse aus der Tüte sind alle Lebensgeister wieder erwacht.

Und dann sehen wir den auf- und abtauchenden Buckel eines Wals. Still steht seine meterhohe Atemfontäne über dem Meer. Vermutlich ist der riesige Meeressäuger hier auf Krill oder Hering gestoßen, die Belohnung für seine lange Anreise von Mexiko oder Hawaii. Bis August wird er hier bleiben, sich den Bauch vollschlagen und dann die Rückreise ins warme Winterquartier antreten.

»Komm, lass uns diesen Moment genießen«, sage ich zu Juliana und nehme ihre Hand.

Was für ein Platz! Vergessen sind die anderthalbstündige Campsuch-Odyssee und die Plackerei beim Aufbau. Aber gerade derartige Tiefs schärfen die Empfindung für die Einmaligkeit eines solchen Moments.

Um vier Uhr weckt mich heftig prasselnder Regen. Als Juliana drei Stunden später den Zelteingang öffnet, jubelt sie: »Blauer Himmel und Sonnenschein!«

Als 14-Jähriger stellte ich auf der Kegelbahn unseres Dorfes stundenlang Kegel auf, um jene 180 Mark zusammenzukratzen, die meine erste richtige Kamera kosten sollte: eine Agfa-Super-Silette LK. Stolz wie Oskar trug der »Kegeljunge« sie damals nach Haus. Die Dias, die ich im Lauf der Jahre damit aufnahm, überdauerten die Zeit genauso wie dieser erste Fotoapparat.

Endlich Sonne. Juliana nutzt den ›Haushaltstag‹ fürs Trocknen der Neoprensocken und -handschuhe.

Die Leidenschaft fürs Fotografieren begleitet mich seither, nach anfänglichem Zögern inzwischen auch mit Digitalkamera.

Es verwundert also nicht, dass Julianas Worte mich elektrisieren. Im Nu bin ich draußen, um Bilder zu knipsen. Da entdecke ich auf den blassgrauen Ästen eines toten Baumes einen Weißkopfseeadler. Behutsam pirsche ich mich heran, fokussiere und drücke den Auslöser. Der Himmel ist azurblau; Petrus hat sämtliche Vorhersagen über den Haufen geworfen und die Pessimisten Lügen gestraft. Nichts von dem düsteren Zauber der vergangenen Nacht ist geblieben.

Juliana hängt derweil unsere Paddelhandschuhe und Neoprensocken zum Trocknen auf. »Haushaltstag« nennt sie das und krempelt das Innere der Regenjacken nach außen. »Zauberhaft wie ein Morgen unter Palmen«, schwärme ich später ins Diktiergerät, wobei die

Palmen in unserer Realität von Wind zerzauste und mit langen Farn-
bärten behängte Fichten sind. Aber die Sonne scheint.

Wenn ich die Bilder dieser ersten Wochen mit Juliana Revue passieren
lasse, sehe ich sie zumeist zwischen roten und schwarzen Lebens-
mittelsäcken vor der blauen »Küchenplane« hantieren. Morgens bereitet sie uns Kaffee und abends Tee, Hühnerbrühe oder Kakao.

Jetzt füllt sie Müsliportionen in Schälchen, während sie nebenher
in der Pfanne *bannock* backt, Sauerteigfladenbrot nach Rezepten der
alaskanischen Goldsucher. Über uns kreischen Möwen, und just in
diesem Moment hält ein Motorboot auf unsere Insel zu. Eine Frau
und ein Mann legen an und steigen aus.

Der drahtige weißbärtige John und seine sportliche Frau Sue sind
Mitte 50. Während der Sommermonate arbeiten sie für die US-Küs-
tenwache.

»Unser Schiff liegt ein paar Meilen von hier vor Anker«, berichten
sie. Von dort aus patrouillieren die beiden mit einem Motorboot die
Küstengewässer. »Falls mal Fischer ...«, John schmunzelt, »... oder
Kajaker in Not sind.« Auf seine Frage nach unserem *marine radio*
zeige ich John das Sprechfunkgerät.

»Solltet ihr je in Seenot geraten, drückt *channel 16*. Jeder Kapitän
hat diesen Kanal eingeschaltet.«

Und dann beglückwünschen sie uns: »*Lucky people!* Ihr bringt den
ersten Sommertag dieses Jahres.«

Als das Brummen des Motorbootes verklungen ist, bleiben nur das
Kreischen der Möwen und das ferne Tosen der Wasserfälle. Es war
gut, dass die Berichte über den Prince William Sound mich auf Regen eingestimmt hatten. Umso intensiver genieße ich diesen uner-
wartet sonnigen »Ferientag«. Dabei verdränge ich erfolgreich, dass
wir eigentlich am frühen Nachmittag aufbrechen wollten.

Sue und John von der Coast Guard statteten uns mit ihrem Motorboot einen Besuch ab.

Als wir um 18 Uhr die Boote ins Wasser schieben, kriechen über die Berge im Westen erste scharfkonturige Gewitterköpfe, Fratzen mit langen Nasen, die im Wirbel der Höhenwinde rasch ihre Formen verändern und nun wie Wolkenwürste über den Bergen liegen. Wetterveränderung liegt in der Luft ...

In diesem Moment fällt ein Adler wie ein Stein aus dem Himmel. Unmittelbar über der Wasseroberfläche fängt er sich und schwebt mit wohl kalkuliertem Gleitflug zentimeterdicht darüber hinweg. Nachdem er seine Krallen in einen großen Fisch geschlagen hat, fliegt er mit schwerem Flügelschlag davon.

Weder Motorengeräusch noch menschliche Laute stören die Stille, die nur vom Tosen der Wasserfälle unterbrochen wird.

Abrupt ändert sich das Bild, als wir die Esther Passage erreichen, eine nur mehrere Hundert Meter breite Meerenge.

Strömung, stellen wir erstaunt fest. Die Ebbe saugt das Wasser hier mit Kraft ab wie durch einen Canyon. Unsere Boote werden immer schneller, und als später Wind aufkommt und in die Strömung greift, klatschen Wellen über die Kajakspitzen.

Aufmerksam betrachtet Juliana das Ufer, sie möchte anlegen. »Vergiss es!«, rufe ich ihr zu. »Steilküste!«

Jetzt, bei ablaufendem Wasser, beträgt der Abstand zwischen uns und dem Grün dort oben fünf Meter.

Als wir die als Waterfall Cove bezeichnete Bucht erreichen, zähle ich dort elf malerische Wasserfälle. Und als hätte auf einmal jemand mit dem Finger geschnippt, springen ein gutes Dutzend Lachse aus dem Wasser!

Wo Fische sind, können Weißkopfseeadler nicht weit sein. Zwei *bald eagles* lassen von einer Fichte ihr spitzes, keckerndes Kreischen hören. Wie aus Stein gemeißelt steht am Ufer der *great blue heron*, ein Kanadareiher. Nichts an seinem schlanken Körper verrät, dass er uns beobachtet. Reglos streckt er den gebogenen Hals über dem blaugrauen Gefieder übers Wasser und wartet mit stoischer Geduld darauf, dass irgendwann der ahnungslose Fisch kommt. Doch schon wird die Esther Passage breiter, bis sie schließlich in das Herz des Prince William Sound mündet.

Seit gut fünf Stunden sind wir unterwegs. Nur noch eine Stunde bis Mitternacht. Der Himmel ist jetzt tristgrau, hier und da entladen sich regenschwere Wolken. Der Zauber des Vormittags ist längst verflogen.

Erinnerungen machen sich oft an Bildern fest. Bei denen von East Flank Island sehe ich rote und blaue Lebensmittelsäcke wie große Weihnachtskugeln an bemoosten Zweigen hängen. Wir hatten keinen geeigneteren bärensicheren Platz gefunden ... Ich weiß, das ist ein Kompromiss in Sachen Sicherheit, denn insbesondere Schwarzbären klettern so flink wie Affen. Aber Lehrbuchweisheit und die Realität der Wildnis klaffen oft auseinander. Wir zogen unsere Säcke auch nicht – so wie es im Outdoorhandbuch steht – über ein zwischen Bäume gespanntes Seil in die Höhe. Angesichts unserer Lebensmittelmengen und der unübersichtlichen Ufer gibt man solche Versuche schnell auf.

Eiskalter Wind wehte über den Landnacken. Um Körperwärme zu speichern, hatten wir die Schwimmwesten noch anbehalten, als wir die Kajaks über die Uferkante hochzogen. Auch dabei wurde uns nicht warm.

Das von der Ebbe trockengelegte Ufer war mit Abermillionen centgroßen glatten Kieseln bedeckt. Oberhalb davon wuchsen Dutzende blauer Schwertlilien und zarte karmesinrote Akeleien. Diesem *red columbine* war ich überall im amerikanischen Westen begegnet: in den Bergen Wyomings, in Kalifornien und nun auch hier im Prince William Sound. Ihr süßer Blütennektar lockt sogar solch große Naschkatzen wie Bären an. Doch Finger weg von den Wurzeln und Samen, die sind giftig.

Unsere Kajaktour hatte uns vom Harriman Fjord aus schnell in eine andere Welt ohne Gletscher gebracht. Nur auf den fernen Bergspitzen leuchtete Schnee.

Wir schwiegen erschöpft. Sechs Stunden hatten wir gegen Wind und Wellen gekämpft und nur einmal gestoppt, um zehn Liter Trinkwasser zu fassen. Die Menge gibt Unabhängigkeit, falls das Wetter uns an einem Küstenabschnitt ohne *creek* stranden lassen sollte.

Ich zähle nicht zu denen, die aus Sicherheitsgründen zum Gürtel auch noch Hosenträger tragen. Doch mit vorausschauendem Planen war ich bislang immer gut gefahren. Ich kam schon 15 Tage völlig ohne Essen aus, aber nicht ohne Trinken.

In dieser Nacht ließ der Himmel allerdings viel zu viel Wasser auf uns prasseln. Der Regen begann, als ich den Zeltreißverschluss hinter uns zuzog. Und er pladderte bis zum darauffolgenden Mittag. Manche Regionen des Prince William Sound sind Niederschlagsweltmeister. Auch Valdez gehört im Winter mit 14 Metern Schnee dazu.

Ich schaffe es nicht mal, länger als einen Tag am schönsten Strand zu faulenzen, und noch schwerer fällt es mir, untätig im Schlafsack zu liegen. Da wir in Whittier das letzte Mal geduscht hatten, standen wir früh auf, liefen wie Adam und Eva durch den prasselnden Regen und sprangen ins eiskalte Meer. Der Regen war unsere Frischwasserdusche, dann trockneten wir uns ab und krochen zitternd in die Schlafsäcke. »Mutprobe bestanden«, lachte Juliana.

Es waren sechs Grad Celsius.

Ich wollte auf dieser Reise herausfinden, wie viel ich zum Leben benötige. Der erste bilanzierende Blick sagte: Viel zu viel!

Juliana hatte unsere wasserdichten Packsäcke aneinandergereiht: »Zehn auf deiner Seite, acht Säcke plus Kleinkram bei mir.«

Auch wegen des geringeren Packmaßes hatten wir statt Kunstfaser- lieber Daunenschlafsäcke mitgenommen. So hatten wir schon mal Platz gespart. Ein Beutel war für die Thermarest-Matratzen, der andere fürs Zelt. Da waren die »Küche« und die »Apotheke«. Jeder von uns bekam seine gesamte Kleidung in nur einem Packsack unter. Das meiste trugen wir sowieso am Körper.

Aber hatten wir nicht zu viele Lebensmittel dabei? Während wir die Ausrüstung ziemlich genau bemessen konnten, war uns das bei den Lebensmitteln schwergefallen. Und wie viel Reserve sollten wir mitnehmen?

Ein Viertel mehr als der abzusehende Bedarf, war meine Faustformel. Bei einer 12-tägigen Sund-Durchquerung wären das bei zwei Personen 30 Tage à vier Mahlzeiten pro Tag, eine davon der *trail mix*

69

für zwischendurch. Also schleppten wir die abenteuerliche Menge von 120 Essensportionen mit. Dazu kam noch Schokolade für den schnellen Energieschub.

Aus eigener wie auch der Erfahrung anderer weiß ich, welch zentrale Rolle das Essen unter extremen Bedingungen spielt. Oft nicht so sehr, um den Magen voll zu kriegen, sondern für das Stimmungsbarometer: als Belohnung, Leckerei, Zeitvertreib oder hübsche Vision. Meistens geht's dabei um Süßes.

Auf unserer 88-tägigen Kanureise zum Nordpolarmeer schmiedeten wir manchmal schon vormittags Pläne fürs Abendessen: welcher Pudding zuzubereiten sei oder ob ich wieder mal im trockenen Lehm des Ufers einen »Backofen« ausheben sollte, um darin Kekse zu backen. Und als wir nach langer Radtour durch Australien auch noch Tasmanien umradelten, kauften wir eines Mittags ein Töpfchen Schlagsahne, ließen es in einem nassen Tuch vom Fahrtwind kühlen, um uns am Abend zum Nachtisch damit zu belohnen.

Nette Erinnerungen an Momente, die noch dazu viel Spaß brachten. Ich las einen Artikel mit der Überschrift »Die geheime Macht des Essens«, wonach die Gedanken des Menschen täglich rund 220-mal ums Essen kreisen ...

So weit geht meine Liebe zum Schlemmen dann doch nicht. Ich blickte auf unsere Vorratssäcke und fand, dass wir uns für gutes Mittelmaß entschieden hatten. Kein Grund zur Besorgnis also ...

Das Zuladevolumen unserer Lettmann-Kajaks begeisterte mich, neben all den Packsäcken bekamen wir auch locker unsere beiden großen digitalen Spiegelreflexkameras sowie die handliche Kompaktkamera unter.

Die Beschränkung aufs Notwendigste war mir wichtig. Der Atlantiküberquerer Hannes Lindemann zog das noch viel konsequenter durch: Er überlebte auch durch aufgefangenes Regenwasser und

Fische, die er roh verzehrte. Gleichwohl hatte er auf seiner 72-tägigen Reise auch einen Fotoapparat und eine Filmkamera dabei. Kameras waren für ihn genauso unverzichtbar wie für mich!

Wir führten weder ein Fläschchen Wein noch Hochprozentigeres mit uns. Kein Radio und auch kein Buch. Unsere Handys steckten ausgeschaltet neben Pässen und Geld in einer wasserdichten Box.

Auf meinem Bootsdeck lag unter dem Packnetz ein Paddel-*Float*, um gegebenenfalls den Kajak nach einer Kenterung stabilisieren zu können. Auch den Wurfsack hatte ich griffbereit. Alles Dinge, die für ein solches Abenteuer unentbehrlich sind.

Wir hatten uns aufs Wesentliche beschränkt!

Gestern war unser Zeitplan durch Sonnenschein aus den Fugen geraten, heute durch den Dauerregen. Aber am Nachmittag ließ er plötzlich nach, und wir beschlossen, doch noch aufzubrechen.

Ich kenne Menschen, die mit den Hühnern aufstehen und zu Bett gehen. Dazu gehöre ich nicht. Die hellen Sommernächte hier kommen meiner Natur sehr entgegen. Und so fand ich es ganz normal, als wir gegen 16 Uhr zu packen begannen. Eine Stunde später waren wir auf dem Wasser.

Erst taucht der lange Pat auf, der dicke Patachon folgt. So tauften wir die beiden Seelöwen, die – wie einst die gleichnamigen Slapstickkomödianten – uns mit neugierig wackelnden Köpfen beäugen. Blitzschnell verschwinden sie wieder, um Augenblicke später zwei Meter hinter Julianas Boot erneut aufzusteigen. Einen Meter über dem Wasser verharren sie. Mächtige, fast furchterregende Erscheinungen. Und ebenso plötzlich tauchen die 1000-Kilo-Brocken senkrecht ab. Nur zwei Kreise bleiben zurück.

Dank seiner Gletscher und Berge, seines Vogelreichtums und seiner Vielfalt zu Land und unter Wasser könnte der Prince William Sound allemal ein Nationalpark sein. Auch, um diese Schätze für kommende Generationen zu erhalten ...

Naturschützer schlagen ja bereits Alarm, da Pats und Patachons Artgenossen immer weniger werden. Während ihre Population in Nordwestsibirien stabil blieb, sank die Zahl der Steller-Seelöwen in Alaska während der letzten 40 Jahre um gut 70 Prozent. Über die Gründe rätselt man, denn der Mensch, neben dem Orca ihr einziger Feind, rückt ihm nur selten zu Leibe. Die Urbewohner der Küste aßen Seelöwen und nutzten ihr Fell als Bekleidung und zur Bespannung ihrer Baidarkas und Kajaks. In der traditionellen chinesischen Medizin galt der Penis des Steller-Seelöwen als potenzsteigerndes Aphrodisiakum, und im 19. Jahrhundert verkaufte man seine Schnurrbarthaare als Pfeifenputzer. Auch Lachsfischer stellten ihnen nach. Doch dies allein erklärt nicht den extremen Rückgang der Population, zumal diese Tierart in den USA, Kanada und Russland heute geschützt ist.

Also bleiben Vermutungen: Klimawandel, zunehmende Bejagung durch den Orca und die Belastung der Meere. Als am wahrscheinlichsten gilt die Überfischung seines Lebensraums. Der *Alaska-pollock*, der Pazifische Pollack, wie wir ihn nennen, steht neben dem Hering ganz oben auf der Speisekarte dieser Seelöwen. Doch auch die Fischereiindustrie entdeckte in den Siebzigerjahren diesen nur zwischen Alaska und Sibirien lebenden Fisch als Speisefisch. Sie verpasste ihm den Phantasienamen »Alaska-Seelachs«, obwohl er nicht mal entfernt mit dem Lachs verwandt ist. Als Trendfisch findet er seitdem als tiefgefrorenes Fischstäbchen, als Fischchip und Krebsfleischimitat und in unzähligen weiteren Zubereitungsformen weltweit in den Fast-Food-Ketten Verwendung. Das führte zum dramatischen Rückgang der *Alaska-pollock*-Bestände.

Die Erträge des industriell angelegten Fischfangs sanken von einem Jahr aufs andere um 50 Prozent. Einerseits ruft das bei den Fischern Existenzangst hervor, andererseits warnen Naturschützer wie Greenpeace, dass die Basisnahrung für Steller-Seelöwen, Seehunde und Wale fehle und das Beringmeer-Nordpazifik-Ökosystem am Rande des Kollapses stehe.

Pat und Patachon blieben weiterhin auf Tauchstation, als ginge sie das alles nichts an. Uns bleibt die Hoffnung auf die Einsicht der internationalen Politik, die Überfischung zu stoppen und so den Lebensraum der beiden zu sichern.

Der Chugach National Forest mit dem Prince William Sound ist – nach dem dreimal so großen und ebenfalls in Alaska liegenden Tongass National Forest – der zweitgrößte in den USA. Die US-Forstverwaltung wirbt für diese Wildnisse mit dem Slogan »land of many uses«. Im »Land der vielen Nutzungsmöglichkeiten« sind Holzfäller, Fischer und andere Akteure zugelassen. Auch Ölmagnaten. Sie machten Valdez 1977 zum Endpunkt der Alaska-Pipeline und zum Hafen der Erdölindustrie.

Der Prince William Sound ist keine völlig geschützte Wildnis wie Yellowstone und die anderen bekannten Nationalparks, obwohl der Naturfreund in mir das wünschte. Erste kleine Schritte in diese Richtung wurden durch die Schaffung von wilderness study-Gebieten allerdings gemacht. Denn auch über dem Wasser ist Vielfalt; von den knapp 500 Vogelarten Alaskas lebt die Hälfte hier, davon 6000 Weißkopfseeadler. Ihre Population erholte sich nach dem Exxon Valdez-Desaster als Erste. Und 20 Millionen Zugvögel machen den Prince William Sound und das angrenzende Copper River Delta zu einem der bedeutendsten Durchzugs- und Brutgebiete Nordamerikas.

Wir taten, was die alten Kanumänner empfohlen hatten, nämlich sich ungeachtet der Tageszeit nach dem Wetter und den Elementen zu richten. Nach dem Wind und Dauerregen blieb es am Spätnachmittag still, und ruhig war es auch am Abend. Also paddelten wir in die Nacht hinein. Nur das tiefe Atmen des Meeres war zu spüren, wenn es sich wie eine mächtige Brust hob und senkte. Wir ritten und rollten mit ihm nach Osten. Nirgendwo sonst waren wir so unmittelbar dem offenen Golf von Alaska ausgesetzt gewesen wie hier. Als das Meer später still wurde, schrieb ich in mein Tagebuch: »Wir gleiten durch flüssiges Silber.«

Bei Ragget Point legten wir an, um uns zu strecken und heißen Tee aus der Thermoskanne zu trinken. Die wie Sandwiches übereinanderliegenden Gesteinsschichten ragten schroff und pittoresk in den Himmel. Ich kletterte hinauf und sah mich um. Die unter mir in der *tidal zone* liegenden Ufer waren von gelbgrünem Seetang bedeckt. Die nächste Flut würde sie ebenso unter Wasser setzen wie unseren Rastplatz. Laut Gezeitentabelle betrug die heutige Differenz zwischen Ebbe und Flut viereinhalb Meter.

Von Ragget Point bis zum Übernachtungsplatz auf Olson Island sind es 15 Kilometer Luftlinie. Doch diese Direktroute führt über offenes Wasser. Aus Sicherheitsgründen meide ich nach Möglichkeit Überquerungen von großen Flächen. Also folgten wir Ufern und Inseln. Dadurch kamen wir zwar auf eine deutlich längere Gesamtstrecke, verringerten aber gegenüber der ungeschützten Passage das Risiko.

Mein Blick streifte 40 Kilometer über offenes Meer, bis er im Süden auf die Spitze der großen Knight Island traf. Dort türmten sich grauschwarze Gewitterwolken. Braute sich ein Sturm zusammen, würden uns die Wellen von der Seite erwischen … Zum Glück blieb es ruhig. Still paddelten wir durchs Paradies.

9 DAS REISEN – IRGENDWANN WIRD'S LEBEN

Ein deutsches Abenteuer- und Reisemagazin brachte über uns vor Jahren eine Story mit einem doppelseitigen Aufmacherfoto: Juliana hockt am Lagerfeuer und bereitet am Ufer eines Flusses unser Abendessen zu. Die Überschrift zu dem Artikel lautete: »*Das Reisen – irgendwann wird's Leben*«.

Als das Bild vor drei Jahrzehnten entstand, waren wir bereits sechseinhalb Jahre lang ohne Unterbrechung auf abenteuerlichste Weise rund um die Welt gereist. Als ich jetzt Juliana sah, dachte ich an das Foto und freute mich, noch immer die Abenteuerlust von damals zu spüren. Besonders aber freute ich mich, dieses Leben mit ihr zu genießen.

Juliana saß am Ufer von Olson Island und goss heißes Wasser über mein Kakaopulver. Abends sage ich gern, der erste Schluck davon sei das Schönste des ganzen Tages. Die Entspannung nach der Anspannung. Die Belohnung für die Knochenarbeit und dafür, dass alles glatt lief und ein Tag mit neuen Eindrücken heil überstanden ist. Es war keine Flut von Eindrücken, so als würde man in einem mit Menschen, Hühnern und Ziegen rappelvoll bepackten Bus durch Ostasien rumpeln, wo einem jede Minute neue Gesichter begegnen und Reisenachbarn Geschichten erzählen... und dann plötzlich auch noch eine heilige Kuh oder ein Arbeitselefant den Weg kreuzt. Nein, der Kajakreisende nimmt die langsam wechselnden Eindrücke in fast meditativer Stille und Beschaulichkeit auf.

Denn wir haben nur uns, und das Bild ändert sich erst, wenn wir das Steuerruder nach rechts oder links drücken und sich im Rhythmus des Paddelns mit der Richtung auch der Blickwinkel ändert.

Diese Bilder hämmern nicht auf uns ein, sie wandeln sich nur in Zeitlupe.

Morgens fühle ich ähnlich wie abends, wenn mein »schönster Moment« der erste Schluck des fast noch kochend heißen Bohnenkaffees ist und ich über den Becherrand in unsere menschenleere Bucht schaue. Tagsüber im Boot empfinde ich oft ebenso, wenn wir still – Gespräche würden stören – »live im schönsten Naturfilm der Welt« sind. Eine Übersättigung bei den »schönsten Momenten« gab's in meinem Leben nicht.

Das mag altmodisch klingen. Genauso wie die Tatsache, dass ich nicht verlernt habe, für diese Momente dankbar zu sein. Auch dafür, dass wir beide seit mehr als 40 Jahren bei fast allen Abenteuern gemeinsam durch dick und dünn gehen und solche Augenblicke miteinander teilen. Ich erwarte deshalb meinen anstehenden Alleingang mit gemischten Gefühlen ...

Wir begegneten uns vor langer Zeit in einem kleinen norddeutschen Dorf; Juliana die unbeschwert Heitere, eher Anpassungsfähige. Ein sportliches, junges Mädchen unter 20. Ich, damals wie heute begeisterter Motorradfahrer und Sportler, eher ernst und sehr zielorientiert – trotz anstehender Beamtenkarriere – darauf hinarbeitend, eines Tages all das hinzuschmeißen, um mir meinen Jugendtraum zu erfüllen: die Welt bereisen, Abenteuer erleben, fremden Kulturen begegnen, die längsten Flüsse befahren und alle Wüsten durchqueren.

Vielleicht hätte sie mir den Laufpass gegeben, wenn ich davon schon am ersten Tag erzählt hätte. Als ich ihr später von meinen Träumen vorschwärmte, tat sie es nicht. Und heute, viereinhalb Jahrzehnte später, tut sie es immer noch nicht.

Juliana hätte all das von sich aus nie unternommen. Und wer weiß, ob ich hier in dieser wilden Bucht von Olson Island säße, wenn sie damals nicht entweder Interesse an mir oder an dem Abenteuer mit mir gehabt hätte ...

Das Leben geht oft verschlungene Wege. Unseres verlief gradlinig in dem Sinne, wie es mir damals auf meiner 250er-BMW mit Beiwagen vorschwebte. Vielleicht lag es auch daran, dass unser persönlicher Aufbruch mit dem Aufbruch einer ganzen Generation zusammenfiel, damals, Ende der Sechzigerjahre: 1971 durchquerten Juliana und ich die Sahara, ein Jahr später rollten wir mit einem alten VW-Bulli auf dem Hippie Trail nach Indien, Nepal und Goa. Ich leckte dabei Blut. Juliana gab wenig später ihren Beruf als Kindergartenleiterin auf, ich quittierte den meinen als Regierungsamtmann in der Landesverwaltung. Die bürgerliche Existenz bedeutete uns damals nicht viel. Was wir besaßen, stellten wir bei der Familie unter und machten uns auf den Weg: Fast acht Jahre dauerte dieses Nonstop-Abenteuer in allen Winkeln der Welt. Juliana meisterte jedes Extrem genauso gut wie ich, und schwächelte mal der eine, half ihm der andere auf die Beine.

Auch als ich bald nach der Geburt unserer Tochter Bettina vorschlug, fünf Jahre gemeinsam mit Kind auf die zweite Weltreise zu gehen, winkte Juliana nicht ab. Wir lebten in Blockhütten am Yukon River, durchquerten Alaska mit Schlittenhunden und Neuseeland mit Pferd und Wagen. Sie tat es auch nicht, als wir später mit und ohne Tochter weitere Abenteuer in Amerika, Australien, Afrika und Europa erlebten.

Solche Gedanken huschten mir durch den Kopf, während ich sah, wie ihre flinken Hände am Lagerfeuer mit Töpfen und Bechern hantierten.

Geduld ist die Tugend des Seekajakfahrers. Vor allem, wenn er noch 2000 oder 3000 Kilometer vor sich hat. An guten Tagen freuen wir uns über eine Stundenleistung von fünf Kilometern. Manchmal schaffen wir mehr, in anderen Situationen weniger. Ich führe darüber nicht Buch, weiß nicht mal genau, wie lang die Strecke bis zum Ziel Vancouver ist.

Der Weg ist mein Ziel. Das mag zwar platt klingen, es ist aber so.

An ruhigen Tagen ist Langstreckenpaddeln wie Meditieren, man hat Zeit, sich seinen Gedanken zu überlassen. So wie heute. Ich beobachte, wie Julianas Boot das Wasser glatt durchschneidet und ihre Arme sich im Rhythmus des Paddelns drehen, als hätten sie nie etwas anderes gemacht.

Unendlich langsam nur verändert sich das Bild. Plötzlich stutze ich. Einen halben Kilometer vor mir gischtet es, als wäre ein schwerer Gegenstand aus großer Höhe ins Wasser gefallen.

»Was ist das?« Juliana legt ihr Paddel aufs Bootsdeck.

Die Antwort gibt das Meer: Ein riesiger Leib schießt empor und kracht erneut mit voller Wucht auf. Zwischen dem Wunsch, näher dran zu sein, und dem Respekt vor der Monumentalität bin ich hin und her gerissen. Ein Wal!

Und so, wie sich der massige Körper völlig aus dem Wasser herauskatapultiert, muss es ein Orca sein! Ich meine, seine schwarzweiße Körperzeichnung zu erkennen.

Der Orca heißt bei uns Schwertwal, gehört allerdings zu den kleineren Zahnwalarten, den Delfinen. Und wie diese ist er außerordentlich intelligent. Als größter Delfin jagt er auf geradezu raffinierte Weise auch andere Waltiere. Daher nannten ihn die Seeleute früher auch Mord- beziehungsweise Killerwal. Aber diese Bezeichnung greift zu kurz – man nennt schließlich auch einen Metzger nicht gleich »Killer«, nur weil er als Nahrung für die Menschen Tiere tötet. Der Orca verschlingt zwar ganze Robben, aber in Freiheit sind tödliche Angriffe auf Menschen nicht nachgewiesen.

Wir erwägen, dichter ranzupaddeln, um zu fotografieren, verwerfen die Idee aber. Bei unserer Ankunft wäre er vermutlich längst abgetaucht. Außerdem spüre ich: Du bist ein Nichts gegenüber der Kraft und schieren Masse dieses Meeresriesen!

Es ist ein gewaltiger Unterschied, einen springenden Wal aus sicherer Distanz vom Deck eines *Whale-Watching*-Schiffes oder nur wenige Zentimeter über der Meeresoberfläche in einem winzigen Diolen-Glasfaserkajak zu erleben. Und das eine Paddelstunde von der nächsten Insel entfernt...

Zwischen der mexikanischen Baja California und Alaska gibt es einige der besten Walbeobachtungsmöglichkeiten auf Erden. Man sieht hier den Grauwal ebenso wie den Pazifischen Nordkaper. Häufig zeigt sich der Buckelwal. Mit etwas Glück kann man auch auf den Pottwal oder den Finnwal und den unangefochten größten, den Blauwal, treffen. Mit gut 130 Tonnen Gewicht bringt er so viel auf die Waage wie 1600 Menschen. Nie lebte ein größeres und schwereres Wesen auf Erden, doch der Mensch schaffte es während der letzten vier Jahrhunderte, ihn fast auszurotten. Unter anderem mit Explosivgeschossen und Walfangmutterschiffen, die als schwimmende Fabriken die Meeressäuger gleich auf hoher See verarbeiten. Alle Großwale wie Blau-, Grau- und Buckelwal wurden so fast ausgerottet. Leer gefischte Meere und internationaler Druck führten 1986 zum weitgehenden Stopp des kommerziellen Walfangs. Für wissenschaftliche Zwecke gibt es Ausnahmen. Während Verständnis dafür besteht, dass die indigenen Völker wie die alaskanischen Eskimo, die Tschuktschen in Sibirien und die grönländischen Inuit in bestimmten Quoten für den Eigenbedarf Wale jagen können, ist der Widerstand Norwegens, Islands und Japans gegen das Walfangverbot nicht nachvollziehbar.

Das Bild des springenden Orca ließ mich nicht los. Noch ahnte ich nicht, wie nachhaltig mich diese Begegnung tatsächlich berührt hatte.

79

10 GÖTTERDÄMMERUNG AM COLUMBIA GLACIER

»Der Mensch denkt, aber der Wind lenkt«, ist die Erkenntnis dieses Tages. Und so werfen wir kurzerhand alle Pläne, heute noch den Columbia Glacier zu erreichen, über den Haufen.

Da mir die Bilder des springenden Orca noch tief in Erinnerung sind, maule ich nicht, als ein auffrischender Wind unsere Absicht durchkreuzt, die am Südrand von Glacier Island liegende Seelöwenkolonie zu besuchen. Stattdessen quälen wir uns um Granite Point herum, einen Landzipfel in Form des italienischen »Stiefels«. Eine Tour weiter in den offenen Prince William Sound hinein wäre bei diesem Wetter lebensgefährlich.

Wind und Wellen dreschen an dieser eigenwilligen Landspitze auf uns ein. Ich nenne das den »Kap-Hoorn-Effekt«. Wie die Skipper dort haben wir Mühe, unsere Kajaks stabil zu halten. Ein entspannt im Wasser schaukelnder Seeotter beobachtet, wie wir die Sache meistern.

Der Seegang wird heftiger. Julianas Kajak versinkt in Wellentälern, die so tief sind, dass ich nur noch ihren Oberkörper sehe. Der Columbia Glacier kündigt sich durch Eiseskälte und immer größere Eisberge an. Dieser hat die Gestalt eines geflügelten Drachens.

Ich lege das Paddel zur Seite. Vorsichtig tasten sich meine Hände unter die Bootsabdeckung, finden die Kamera in ihrer Schutztasche, ziehen sie langsam hoch. Juliana ist jetzt zwischen mir und dem »Drachen«. Ein tolles Motiv, wenn doch nur die Sonne schiene ... Dennoch bringt der blaugraue Eisklotz etwas Farbe ins Bild. Auf 20 Meter wagen wir uns an ihn heran, hören sein Knistern, Stöhnen und Brechen – die Symptome seiner Selbstauflösung. Ohne Vorwarnung dreht er sich mit einem Seufzer um, bis sein Unterteil nach oben ragt. Wellen klatschen gegen die Kajaks.

»Was hältst du von dem Camp?«, frage ich und zeige auf eine mit Kieseln bedeckte Bucht.

»Wir sind aber nicht allein!« Juliana tippt mit dem Paddel in Richtung Ufer, auf dem 100 große weiße Vögel in unsere Richtung blicken.

»Donnerwetter, Trompeterschwäne!«

Noch zu Beginn des 20. Jahrhunderts waren sie durch starke Bejagung weltweit fast ausgerottet. Dank konsequenter Schutzmaßnahmen vergrößerten sich die Bestände wieder. Ihr Überleben verdanken sie aber auch Alaskas Unzugänglichkeit. 3000 haben sich vor Jahren ins Copper River Delta zurückgezogen. Heute sieht man dort während der Frühjahrs- und Herbstzüge Abertausende Trompeterschwäne.

Nur aufgewirbelte Daunen bleiben zurück, als die Schwäne laut flügelschlagend nach Osten ziehen.

Wer mit leichtem Urlaubsgepäck in die Karibik oder nach Mallorca fliegt, wird unsere Kleidung gewöhnungsbedürftig finden; vom Hals bis zu den Knöcheln stecken wir in warmer langer Unterwäsche. Darüber Funktionshose, Polartec-Shirt und Regenjacke. Sobald wir im Kajak sitzen, tragen wir Schwimmwesten und Spritzdecken. Und doch ist uns nicht zu warm, als wir auf den Wellenspitzen ans Ufer surfen. Dort ist alles nass, auch das Feuerholz. Nur mit Tricks und viel Geduld gelingt es mir, ein Lagerfeuer zu entfachen. Vor dem Grau des Meeres, über dem das Blaugrau des Nachthimmels steht, zucken endlich die Flammen. Feierabend!

Wir fühlen uns gut! Und während ununterbrochen Eisberge an uns vorbei treiben, singen wir: »*Non, je ne regrette rien ...*« Zwar nicht so schön wie Edith Piaf, aber in der Tat bereuen auch wir nichts.

Je näher wir der Columbia Bay kommen, umso dichter wird der

Gegenverkehr; viele der jetzt bei Ebbe auf uns zutreibenden Eisberge sind so groß wie Einfamilienhäuser.

»Unvorstellbare Mengen«, sage ich, während wir interessiert einen 50 Meter langen und zehn Meter hohen bizarr ausgehöhlten Eisberg umrunden.

»Bin im Fotorausch«, notiere ich später. Die Sonne ist durchgebrochen, und auf einmal treiben nicht mehr blassgraue, sondern aquamarinblaue Eisjuwele übers Meer. Ächzend, raschelnd, knisternd und tropfend schwimmen sie in Richtung Golf von Alaska.

Als ich später mit meinen Tagebuchnotizen fortfahre, denke ich an die »gute alte Zeit«, als ein Diafilm nur 36 Fotos zuließ, notiere aber: »Ohne die schier unbegrenzte Speicherkartenkapazität meiner Digitalkamera wäre ich völlig aufgeschmissen.« Dass wir für die zehn Kilometer lange Strecke vom Beginn der Columbia Bay bis zur Gletscherzunge bei bestem Paddelwetter zweieinhalb Stunden benötigen, hat auch mit meiner Fotoleidenschaft zu tun.

Auf unserer Karte findet sich an der Gletscherzunge die Anmerkung: »*lunch*«.

Als Edward Harriman 1899 den Columbia Glacier nach seiner Universität benannte, reichte die Gletscherzunge weit über den von mir markierten Punkt hinaus. Alles deutet darauf hin, dass an unserem Rastplatz noch vor wenigen Jahren Eis war. Vegetation gab es nicht. Ein kurzes Stück landeinwärts lag eine Geröllwand, eine Moräne, dahinter eine wassergefüllte Senke und dann erneut Moränen. Und so ging's weiter ... nach dem nächsten See das nächste Geröllfeld, hinter dem sich ein Meeresarm mit unzähligen Eisbergen befand: blaues Eis, graues Eis, haushohe Brocken. Auf vielen lagen mitgeschleppte Felsstücke, die bald auf Nimmerwiedersehen im Meer versinken würden.

Juliana schaute sich kurz um, speicherte das Bild im Kopf ab und

Wenn die Winde sich nachts gelegt haben, paddeln wir durch ein stilles, eisiges Paradies. Kein Mensch außer uns ist hier.

widmete sich zielstrebig unserem Mittagessen: Brot, Käse, Wurst, Zwiebel und Knoblauch.

»Lass dir Zeit«, sagte ich, denn ich wollte noch die Bucht erkunden.

»Pass auf, dass du nicht ausrutschst und dir die Knochen brichst!«, rief sie hinter mir her.

Glatte Steine und kleine Findlinge bedeckten den Boden. Vorsichtig bahnte ich mir meinen Weg.

Wo das Gletschereis einst Geröll zu anthrazitfarbenem Sand zermahlen hatte, entdeckte ich Elchfährten und Otterspuren. Ich stoppte bei einem riesigen Haufen frischer Bärenlosung. Das war ein Monsterbär ... Wie bei jedem Landgang hing die Flasche mit *bear spray* am Gürtel. Adler schrien, und irgendwo trompeteten Kanadagänse. Daneben gingen Abertausend Eisblöcke wie unter schwerer Last ächzend auf ihre letzte Reise. Ich setzte mich auf einen Felsen und versuchte, über die kilometerlange Eiskette hinweg zum anderen Ufer zu sehen. Ein Bild in einer Dimension, wie ich sie nie zuvor erlebt hatte.

Der Columbia Glacier ist ein Riese unter den Gletschern Alaskas, wenn auch nicht der größte. Von mehreren Seiten gespeist, schiebt sich das tausend Quadratkilometer große Eisfeld von den Chugach Mountains in den Prince William Sound. Bis in die Achtzigerjahre behielt der Gletscher seine Länge von 66 Kilometern bei. Dann legte er den Rückwärtsgang ein: 1995 schrumpfte er auf 57 Kilometer Länge, Ende 2000 waren es 54, und heute ist er »nur« noch 50 Kilometer lang. Außerdem wurde er um 400 Meter schmaler.

Allein von 1982 bis 1994 verlor er 40 Kubikkilometer Eis!

Der U.S. Geological Survey hatte schon lange ein wachsames Auge auf ihn geworfen, denn während andere *tidewater glacier* zurückgingen, behielt der Columbia sowohl Größe als auch Volumen bei. Jetzt aber war auch er dran …

1982: Er schmilzt und kalbt schneller, als Schneefälle Eis nachliefern können. Während Besucher zuvor bis unmittelbar an die Gletscherzunge heranfuhren, müssen sie heute wegen Abertausender treibender Eisberge zehn Kilometer davor stoppen.

»Solche Zyklen kommen in der Geschichte von Gletschern immer wieder vor«, behaupten Experten. Sie hingen von den Veränderungen des *glacier terminus*, der Gletscherzunge, während der Vorwärtsbewegung ab. Ein unabhängig von der allgemeinen Erderwärmung auftauchendes Naturphänomen.

Während der Columbia Glacier kleiner wird, rücken die nur 50 Kilometer entfernten Harvard- und Meares Glacier wieder vor. Auch der Yale Glacier beendete vor Jahren seinen rasanten Rückzug.

Ich saß auf meinem Fels und hatte die verlockende Aussicht auf Brot, Käse und Wurst vergessen.

Mit kaum wahrnehmbarer Geschwindigkeit trieben die Eisberge vorbei, umso eindringlicher ihre unheimlichen Geräusche. Bis 1982 bewegte sich der Gletscher täglich um fünf Meter vor, im Winter 1994 stellten Forscher dann fest, dass er pro Tag 30 Meter vorangaloppierte. Denn er war einer der schnellsten Küstengletscher der Erde.

Vielleicht dauert es ein Menschenleben, bis der Columbia Glacier zur alten Größe von 1980 zurückgekehrt ist. Falls die Erderwärmung ihm nicht doch noch einen Strich durch die Rechnung macht ...

Wie auch immer, bis dahin werden noch unzählige weitere Eisstücke von oft mehreren Millionen Tonnen Gewicht abbrechen und als *icebergs* durch die Columbia Bay in die Valdez Strait, die Route der Öltanker, treiben. Und sie werden sich dabei langsam, aber unaufhaltsam Stück für Stück, Tropfen für Tropfen auflösen ...

Der Abend war bitterkalt. Die Wassertemperatur lag an der Gletscherzunge knapp über dem Gefrierpunkt, was uns aber nichts ausmachte. Wir waren warm angezogen und hätten eigentlich nach dem *lunch* in die Kajaks steigen und lospaddeln können.

»Lass uns die Trockenanzüge anziehen«, schlug Juliana stattdessen vor. »Vorsichtshalber!«

Wir würden uns durch die Eisberge entlang der gut fünf Kilometer breiten Gletscherzunge nach Osten vorarbeiten, um dort auf Heather Island die Nacht zu verbringen.

Es war zwar eisig, aber nichts deutete auf starken Wind oder Wellen hin, was den Einsatz der *dry suits* zwingend notwendig gemacht hätte. Aber ich spürte, dass es Juliana angesichts dieser Eisschrankatmosphäre wichtig war, auf der sicheren Seite zu sein.

Wir hatten die gelb-schwarzen Kokatat-Anzüge bisher nur daheim bei 25 Grad Hitze anprobiert. Schwitzend hatte ich mich hineingequält, als sich die Latexmanschette hermetisch um den Hals

Gruppenbild mit Kokatat-*dry suits*. Im eisigen Prince William Sound sind sie wie gute Freunde.

legte, wäre ich fast erstickt, und während es mir endlich unter Verrenkungen gelang, den wasserdichten Reißverschluss über der Brust zuzuziehen, bekam ich Platzangst.

In dieser eisigen Bucht klappte das Anziehen wie am Schnürchen und ganz ohne Hitzewallung. Nach einer halben Stunde spürte ich auch die enge Latexmanschette am Hals nicht mehr.

Nie würde ich eine Expedition dieses Kalibers ohne Trockenanzug unternehmen. Beim Kentern erhöht er die Überlebenschance, und im Dauerregen wurde er mir später zur zweiten Haut.

Ich sah auf die Uhr: Um 22:48 Uhr wäre *low tide*, Tiefststand der Ebbe. Bis dahin triebe das Eis noch vom Gletscher weg. Danach käme die Gegenbewegung; das Eis würde mit der Flut in die Bay zurückgespült und vor der Gletscherzunge zusammengepresst. In diesem

Zeitkorridor musste es uns gelingen, auf die andere Seite der Bucht zu kommen!

Durch knisterndes und torkelndes Eis fuhren wir gen Osten. Bis auf unterschwellige Schlürf-, Schmatz- und Knistergeräusche war es still wie in einem Dom. Plötzlich ein lauter Knall in einer 20 Meter hohen Eispyramide, vermutlich ein Sprung im Eis. Unbeirrt paddelten wir durchs Wasser, das die Farbe von zermahlenem Gletscherstaub hatte. Und schwiegen.

Heather Island liegt an der Ostseite der Columbia Bay. Auf 40 Jahre alten Fotos reicht die Gletscherzunge wie ein durchgehender Wall bis an die nördlichste Inselspitze heran. Dazwischen zogen wir unsere Boote an Land und entluden sie.

Die Insel läuft im Norden geröllübersät, flach und vegetationslos zum Meer hin aus. Südlich davon befindet sich eine mit kurzen Gräsern und Moosen bewachsene Anhöhe, hinter der ich einen der geheimnisvollsten und eigentümlichsten Urwälder entdeckte: hohe Hemlocktannen, Sitkafichten und Nootkascheinzypressen, von deren Stämmen, Ästen und Zweigen meterlange weißgraue Bartflechten baumelten. Ein Zauberwald! Zwischen tiefem Moos blühten rote Akeleien und leuchtend gelbe Nelkenwurze. Sie sind ebensolche Überlebenskünstler wie die meersalztoleranten Nadelbäume.

1899 notierte ein verblüffter John Muir: »Der unverfälschteste Berg-Hemlocktannenwald, den ich je sah«, und er erinnerte sich an dieselben »wunderbaren Immergrüne«, die er von den Hochlagen seiner kalifornischen Sierra Nevada kannte.

Unser Zelt errichtete ich auf einer Freifläche, die mich an die Tundra nördlich des Polarkreises denken ließ. 20 Kilometer weit ging der Blick über die treibeisbepackte Bay bis zum Columbia Glacier. Die schneebedeckten Chugach Mountains waren der Rahmen dieses Bildes, durch dessen Vordergrund ein Seeotter zog.

Bei den ersten russischen Pelzhändlern hieß der Prince William Sound noch Chugach Bay. Als 1778 Captain Cook hier ankam, gab er der großen Meeresbucht den Namen Sandwich Sound, später wurde sie nach dem britischen Thronfolger Prinz William benannt. Captain Vancouver, der zuvor schon unter Cook hier gewesen war, erforschte und kartografierte 1794 den Sund. Nachdem der russische Zar Alaska an die USA verkauft hatte, bildete Vancouvers Karte das Rüstzeug für die Seefahrt in diesem Teil der Welt.

Die knapp 300-jährige Präsenz der Weißen, die 1741 mit Berings Reise und Stellers Besuch auf Kayak Island begann, ist, verglichen mit jener der Urbewohner, kaum länger als ein Lidschlag. Die Chugach-Eskimos hatten dies Land schon 10 000 Jahre vor den russischen, englischen, spanischen und amerikanischen »Entdeckern« in Besitz genommen und unterhielten bereits Handelsbeziehungen zu den benachbarten Eyak- und den Tlingit-Indianern in Südostalaska.

Die Beziehungsgeflechte verschoben sich nach der Gründung von Fort Saint Constantine nahe der Eskimo-Siedlung Nuchek. Seit 1793 spielt nicht nur der Handel mit den Russen, sondern auch deren Kultur, insbesondere die russisch-orthodoxe Kirche, eine große Rolle. Bis heute.

Mit dem *Alaska Native Claims Settlement Act* wurden 1971 der Chugach Alaska Corporation als einer von 13 Gebietskörperschaften der Ureinwohner fast 3800 Quadratkilometer ihres ehedem eigenen Landes zugesprochen.

Manchmal rufe ich solche Fakten auf, um mich daran zu erinnern, wie lang und wechselhaft der menschliche Einfluss auf dieses zunächst so unberührt erscheinende Land ist. Doch während die wenigen Urbewohner jahrtausendelang nur das dem Land und Meer entnahmen, was sie zum Leben brauchten, bedienten die Weißen ihre maßlosen Herrschenden in Sankt Petersburg, London und Washington mit den kostbarsten Seeotterpelzen von hier. Walfang, Gold-

88

und Kupferfunde folgten. Heute gefährden Erdöltanker das fragile Ökosystem, und beim »Alaska-Seelachs« wird nach wie vor die Ausbeutung des Meeres zum Exzess getrieben.

Nuchek, den alten Ort der Chugach-Eskimos, gibt es schon lange nicht mehr. Manchmal trifft man sich dort im Sommer, um den Geist von einst wiedererstehen zu lassen. Damit es den Chugach nicht so ergeht wie den Eyak, deren letzte Reinrassige vor wenigen Jahren starb. Mit ihr starb auch die Sprache.

Bei Point Freemantle erreichten wir die Valdez Strait.

»Das ist die Hauptschifffahrtsroute zwischen dem Endpunkt der Alaska-Pipeline und den Weltmeeren«, brüllte ich Juliana zu. Aber sie hörte nichts. Starker Ostwind pfiff uns um die Ohren, und wir mussten uns darauf konzentrieren, mit heiler Haut die wie Pfeilspitzen ins Meer ragenden Felsen zu umfahren.

»Schwerer Seegang!«, steht heute an jenem Punkt auf meiner Karte. Unsere Boote tanzten in den anderthalb Meter hohen Wellen, aber sie tanzten nicht führerlos. Kraftvoll zogen wir die Paddel dicht am Kajak vorbei durchs Wasser. So umrundeten wir einen *point* nach dem anderen. Und egal, ob wir den Eigenwilligkeiten der Küste nach Südosten oder Nordosten folgten, der Wind blies immer von vorn! Wir paddelten wie die Teufel. Trotzdem – oder gerade deswegen – war es für mich ein tolles Gefühl, den Elementen trotzen zu können. Und ich war froh, dass wir in den Trockenanzügen steckten.

Juliana schaute fest nach vorn, konzentriert hielt sie ihr Boot im richtigen Winkel zu den Wellen. Nach anfänglichem Zögern war sie jetzt in ihrem Kajak »angekommen«. Ruhig und kraftvoll paddelte sie ihr Boot, dessen Heck nur wenige Zentimeter über dem Wasser lag. Trotz Wind und Wellen kamen wir gut voran. »Länge läuft«, heißt es unter Kajakfahrern. Das Verhältnis von Bootslänge, Breite und Zuladekapazität stimmte hier. Auch das machte mich

89

optimistisch, wenn ich an den vor mir liegenden Riesenmarathon dachte.

Wie so oft atmete der Wind spät abends aus, und das Meer beruhigte sich. Wir hatten die Valdez Strait erreicht, die letzte Etappe zum Zwischenziel Valdez. In ein oder zwei Tagen sollten wir dort sein. In der Ferne blinkten die Positionslampen von Fischerbooten. Neben uns gurgelten Wasserfälle. Die Steilküste war zwar malerisch, aber wir fanden hier keinen Übernachtungsplatz. Abendrot legte sich wie ein rosa Schleier über den Himmel und färbte das Meer. Noch eine Stunde bis Mitternacht. Mir war, als könnte ich noch ewig so weiterpaddeln, die Nacht war voller Zauber.

Ich lehnte mich zurück. »Jetzt fehlt mir zum Glück nur noch ein vor uns springender Wal.« Juliana schmunzelte, sagte aber nichts. Ich glaube, sie drückte mir nicht die Daumen, denn ein Wal tauchte nicht auf ...

Mein Blick reichte weit in den Prince William Sound hinein, bis er auf die Konturen von Bligh Island traf. Benannt nach William Bligh, dem Kapitän der legendären *Bounty*, deren Meuterer ihn und ein paar Getreue in einer Nussschale auf dem Meer aussetzten. Vor Bligh Island liegt das wohl bekannteste und bestdokumentierte Riff im Sund. Dennoch waren während der letzten hundert Jahre drei Schiffe dort auf Grund gelaufen.

Ich hörte das »Pitsch, pitsch«, wenn Juliana vor mir ihr Paddel ins Wasser stieß.

»Zehn Kilometer südöstlich von hier prallte die *Exxon Valdez* aufs Bligh Reef!«

Sie hielt inne und blickte übers Meer. Irgendwo dort, wo jetzt das letzte Licht des Tages verglomm, ereignete sich eine andere verheerende Tragödie im Prince William Sound. Und wieder war es ein Karfreitag ...

11 DER SCHWARZE TOD

Der 23. März 1989 ist ein Tag wie jeder andere: Die Eisberge vom Columbia Glacier treiben durch die Valdez Strait südwärts, die Seeotter von Pakenham Point spielen. Die wenigen ganzjährig im Sund lebenden Orcas springen und jagen wie an jedem Tag, während die Seelöwen von Glacier Island satt und zufrieden auf ihren Felsen dösen.

5:05 Uhr: Die Crew der Alyeska Pipeline Company beginnt im Hafen von Valdez, das zweitneueste Schiff der Exxon Shipping Company, den 300 Meter langen Supertanker *Exxon Valdez,* mit Rohöl zu beladen.

5:30 Uhr: die optimale Pumpkapazität von 16 Millionen Litern pro Stunde ist erreicht.

So weit ist an diesem Tag alles Routine für die 19-köpfige Schiffsbesatzung und den 42-jährigen Kapitän Joseph Hazelwood. Gegen elf Uhr verlässt der in Begleitung des Schiffslotsen und zweier Offiziere den Tanker, um im Hafen Formalitäten für die Weiterfahrt und private Einkäufe zu erledigen.

Später wird durch Zeugenaussagen vor dem National Transportation Safety Board belegt, dass Captain Hazelwood mit anderen Schiffsoffizieren am Nachmittag in zwei Bars mindestens drei Wodkas trank. Es ist zwar sein freier Tag, aber er weiß, dass am Abend um 22 Uhr die *Exxon Valdez* unter seinem Kommando ablegen soll.

Die Hafencrew pumpt derweil weiterhin Öl in den Bauch des Riesentankers. In ein paar Stunden wird er mit gut 200 Millionen Litern an Bord in Richtung Los Angeles ablegen.

19 Uhr: Während Hazelwood auf seine Pizza wartet, bestellt er einen weiteren Drink.

Noch fünf Stunden bis zu dem Ereignis, von dem alle Welt berichten wird. Und in dessen Folge mindestens eine Viertelmillion Seevögel, 250 Adler, 3500 Seeotter (das sind zehn Prozent der Gesamtpopulation hier), 300 Robben, 20 Orcas sowie Millionen Lachse und Heringe umkommen werden.

Hazelwood und seine Offiziere erfahren bei ihrer Ankunft auf dem Schiff, dass das Auslaufen um eine Stunde auf 21 Uhr vorverlegt wurde.

Noch geht alles seinen geordneten Gang. Alles Routine für erfahrene Seeleute, auch, dass der Lotse William Murphy die *Exxon Valdez* die nächsten zwei Stunden durch die als Valdez Narrows bezeichnete Meerenge bringen wird.

Um 21:12 Uhr heißt es »Leinen los«. Murphy hat ab jetzt das Kommando, knapp eine halbe Stunde später zieht Hazelwood sich zurück. Er erscheint erst, kurz bevor der Lotse das Schiff verlässt, wieder auf der Brücke.

23:10 Uhr: Noch 50 Minuten und vier Sekunden bis zum Aufprall ...

Die treibenden Eisberge des Columbia Glacier spielen bei diesem Desaster eine zentrale Rolle.

Captain Joseph Hazelwood ist ein erfahrener Seemann. Sein halbes Leben hat er schon für die Exxon-Flotte gearbeitet. 1978 wurde er deren jüngster Kapitän. Er ist von der Gesellschaft ausgezeichnet worden und hat seit dem Vorjahr das Kommando über den Supertanker *Exxon Valdez*.

Doch er ist bekanntermaßen alkoholkrank. Wegen Trunkenheit am Steuer musste er bereits seinen Autoführerschein abgeben.

Nachdem der Lotse von Bord gegangen ist, bringt Joseph Hazelwood das Schiff in Abstimmung mit der Küstenwache vorübergehend auf einen anderen Kurs, um gefährliches Treibeis zu umschiffen. Auch das ist in solchen Situationen Routine.

Um 23:30 Uhr informiert er das Valdez Traffic Center über seinen östlicheren Kurs mit den Worten: »… *wind my way through the ice.*«

Dann instruiert er ordnungsgemäß seinen Dritten Offizier Gregory Cousins und den Rudergänger, ab einem bestimmten Punkt wieder auf die übliche Route zu wechseln. Seine zweimalige Nachfrage, ob Cousins dazu in der Lage sei, bejaht der. Daraufhin begeht Captain Hazelwood den großen Fehler. Er übergibt dem Dritten Offizier das Kommando. Es ist 23:53 Uhr.

Er zieht sich mit der Bemerkung »Muss noch etwas Bürokram erledigen« zurück. Noch sieben Minuten bis zum Aufprall …

Spätere Untersuchungen lassen den Schluss zu, dass der Dritte Offizier an diesem Tag zu lange gearbeitet und die vorgeschriebenen Pausen nicht eingehalten hatte. Trotz der korrekten Vorgaben seines Kapitäns kommt er zu weit nach Osten ab – geradewegs auf das Riff zu. Als der Ausguck das Leuchtfeuer vom Bligh Reef meldet, versucht Cousins, den Kurs zu korrigieren. Doch zu spät …

Er hat gerade noch Zeit, über Telefon den Kapitän in seiner Kabine zu informieren, dann passiert, was Rudergänger Robert Kagan später als »*bumpy ride*« bezeichnet. Der Supertanker ist aufs Bligh Reef gekracht. Acht der elf Frachträume sind beschädigt …

Es ist der 24. März 1989, Karfreitag. 0:04 zeigt die Uhr.

Der Bordcomputer belegt, dass allein während der nächsten dreieinhalb Stunden 20 Millionen Liter Erdöl in den Sund fließen. 40 Millionen Liter werden es insgesamt sein.

Die Außentemperatur liegt am Gefrierpunkt, es ist nasskalt und relativ windstill. Trotzdem läuft das Katastrophenmanagement schwerfällig an. Ein für solche Fälle bereitstehendes Rettungsschiff ist wegen Überholungsarbeiten nicht einsatzfähig, es fehlt an Spezialausrüstung zur Eindämmung der Ölpest. Als drei Tage später schwerer Sturm aufkommt, verbreitet sich der Ölteppich auf einer

93

Länge von 70 Kilometern. Schon sind 2000 Kilometer Küstenlinie mit der breiigen Masse bedeckt. Die zu diesem Zeitpunkt sechs Meter hohe Flut macht das Öl dort zu einem breiten schwarzen Todesstreifen, der die Flügel der Wasservögel und das Fell der Pelztiere verklebt.

Vor der Tankerkatastrophe landeten täglich 20 Flugzeuge in Valdez. Zwei Wochen später werden pro Tag 600 Flugzeuge einfliegen: mit Fachleuten, Sachverständigen, Helfern und Journalisten. Das internationale Medieninteresse ist enorm. Valdez sorgt wie in Zeiten des Goldrausches und der entstehenden Alaska Pipeline wieder für Aufsehen. Doch anders als damals macht es jetzt keine verheißungsvollen Schlagzeilen.

Bald reinigen 10 000 Helfer, viele von ihnen durch die Ölpest erwerbslos gewordene Fischer, die Ufer mit Hochdruckreinigern, heißem Wasser und Chemikalien. Hunderte Freiwillige waschen ölverschmierte und bewegungsunfähige Otter, Kormorane, Papageientaucher, Kragenenten und Taubenteisten – oft nur mit Geschirrspülmittel.

Andere sammeln tote Tiere ein und vernichten sie. Noch drei Jahre wird diese traurige Arbeit dauern.

Im Prince William Sound ist das Tierleben in und über dem Wasser von einem Tag auf den anderen stiller geworden.

Niemand weiß genau, wie viele Lebewesen durch die Katastrophe umkamen. Die offizielle Zahl der toten Vögel wird von Naturschützern auf bis zu eine halbe Million nach oben korrigiert. Fischer verloren an diesem zweiten »schwarzen Karfreitag« in der jüngsten Geschichte Alaskas für viele Jahre ihre Existenzgrundlage. Schwer betroffen sind auch die hier lebenden Ureinwohner.

Nach eigenen Angaben zahlte der Erdölkonzern, der in Europa unter »Esso« bekannt ist, 2,1 Milliarden Dollar für die Aufräumarbeiten an den Stränden. Knapp 40 000 Menschen in Alaska klagen, und 1994 wird *Exxon* (heute *ExxonMobile*) zu Entschädigungszahlungen von 5 Milliarden Dollar verurteilt. Eine gewaltige Summe, die nach 14 Jahren Prozessdauer vom Obersten Gerichtshof der Vereinigten Staaten auf 507,5 Millionen US-Dollar reduziert wird.

Und die Verantwortlichen?

Captain Hazelwood wird wegen Führens eines Schiffes unter Alkoholeinfluss angeklagt. Aber das Gericht spricht ihn von diesem Vorwurf frei und verurteilt ihn stattdessen wegen fahrlässigen Ablassens von Öl zu 50 000 Dollar Strafe und 1000 Arbeitsstunden für gemeinnützige Zwecke.

Er sammelt Müll am Rand des Seward Highway auf und gibt im *Bean's Café*, einer Einrichtung für Obdachlose in Anchorage, Suppe aus.

Hazelwood, der lange Jahrzehnte zu den Vorwürfen schwieg, entschuldigte sich erst im Frühjahr 2009 »von ganzem Herzen« dafür »dass ein Schiff auf Grund lief, über das ich das Kommando hatte«.

Der Dritte Offizier wird freigesprochen.

Als Folge des Öldesasters erließ die Washingtoner Regierung 1989 eine Vorschrift, nach der alle Tanker, die US-Häfen anlaufen, eine doppelte Außenwand haben müssen.

Das Unglücksschiff wurde für 30 Millionen Dollar wieder instand gesetzt und befuhr noch viele Jahre als einwandiger Tanker die Weltmeere. Kürzlich wurde er in China zum Erzfrachter umgebaut und heißt nun *Dong Fang Ocean*.

12 »WEISSE NÄCHTE« IN VALDEZ

Für die Strecke, die die *Exxon Valdez* in der Unglücksnacht in drei Stunden schaffte, benötigen wir fast zwei Tage. Die Wettergötter machten uns einen Strich durch die Rechnung.

Als ich nach einer langen Nacht im Kajak und nur sechs Stunden Schlaf morgens um neun in der Sawmill Bay den Kopf aus dem Zelt steckte, blickte ich auf eine fast geschlossene kleine Bucht, in deren glasklarem Wasser sich die Berge spiegelten.

»Wie im Bilderbuch!« Ich streckte mich und schlenderte zu der Stelle, wo ich nachts bei unserer Ankunft frische Bärenlosung entdeckt hatte. Natürlich sind Bären überall anzutreffen, man lebt mit diesem Wissen, ohne wirklich Angst zu verspüren. Doch die Wachsamkeit bleibt ...

Vielleicht war der Bär ja Blumenliebhaber? Als Allesfresser nascht er auch frische Sprösslinge und Blüten. Und die gab es hier reichlich.

Unser Camp lag an einer von Himbeersträuchern umsäumten Feuchtwiese. Hinter unserem Zelt blühte blauer Storchschnabel, und die zart lila-rosa Götterblume leuchtete in verschwenderischer Fülle. Dieses Primelgewächs ist zwar eigentlich weiter südlich zu Hause, findet aber im niederschlagsreichen Prince William Sound beste Lebensbedingungen.

Typisch: Innerhalb der nächsten Stunde ziehen von Nordwesten Wolken über die Bucht, und als wir starten wollen, schüttet es wie aus Kübeln. Wir verkriechen uns unter eine Regenplane und beobachten, wie die niederklatschenden Tropfen das Lagerfeuer ersticken.

»Ich würde heute gern bis Valdez kommen.«

Mit Buckelwal auf Tuchfühlung: Ein 30-Tonner katapultiert sich unmittelbar vor dem Kajak aus dem Pazifik.

Eiszeit im Prince William Sound. Vor dem Harriman Glacier wirkt alles Lebendige unbedeutend klein.

Mitte Juni und noch immer liegt die Wassertemperatur nur knapp über dem Gefrierpunkt.

Über unserem Camp schwebt das Krachen des Eises und das Rauschen der Wasserfälle. Im Hintergrund der Surprise Glacier.

Die riesigen Braunbären haben feine Nasen. Gekocht wird deshalb nur in der *tidal zone* von Ebbe und Flut.

Eine Welt voll unheimlicher Laute: Da das Eis im Salzwasser Sprünge bekommt, liegt millionenfaches Knistern in der Luft.

Götterdämmerung im Prince William Sound: Dank der ›weißen Nächte‹ machen wir die Nacht zum Tag und paddeln.

Nirgendwo sonst trifft man auf mehr Grizzlybären, Wale und Delfine als vor der wilden Kulisse der Glacier Bay.

Heftige Niederschläge schaffen an der West Coast einen fast undurchdringlichen Regenwald mit Riesenbäumen und tosenden Wasserfällen.

Die Nacht ist gletscherkalt. Wir rücken noch dichter ans Lagerfeuer. Und doch würden wir den Platz nicht gegen ein Fünfsternehotel tauschen.

Juliana wiegt den Kopf, offensichtlich ist sie wenig begeistert. Wir sind jetzt zehn Tage unterwegs und liegen gut im Zeitplan. Aber bis Juneau, dem Ausgangspunkt unseres nächsten Kajakabenteuers in der Glacier Bay, ist es noch weit.

Wir hatten es hier nicht schlecht getroffen und blieben. Unsere kleine Bucht war ein Stück »heile Welt«. Doch mich beschäftigte die Frage, ob das auch stimmte, ob die Natur wirklich sämtliche Folgen der Ölpest überwunden hatte.

Ich stocherte mit der Sandalenspitze im Ufergeröll. Nichts, keine Ölablagerungen ...

Dabei belegen jüngste Forschungsergebnisse, dass es im Prince William Sound noch versteckte Spuren der Katastrophe gibt. Anfangs glaubte man, das Öl würde sich nach zehn oder 15 Jahren durch Bakterien und Sauerstoff zersetzt haben. Irrtum. Gut zwei Jahrzehnte nach dem Unglück weiß man, dass die Zerfallsrate des Erdöls unter vier Prozent pro Jahr liegt. Obwohl die Strände sauber aussehen, stößt man in zehn bis 25 Zentimetern Tiefe noch auf Ölschichten, die sich dort auf undurchlässigen Lagen angesiedelt haben. Es fehlt hier an dem für die Zersetzung wichtigen Sauerstoff.

Während sich einige Tierarten nach dem Unglück völlig erholten, geschieht das bei Taubenteisten und Kragenenten, Seeottern und Orcas sehr viel langsamer. Auch Muscheln und Heringe sind noch kontaminiert.

Vor allem die ganzjährig hier lebenden *orca pods*, die Schwertwal-Clans, wurden durch das Unglück nachhaltig geschädigt. Von den Walen eines bekannten Clans, der bald nach der Havarie durch den Ölteppich schwamm, fehlten später sieben. Eine andere bekannte 22-köpfige Walfamilie, die seit ewigen Zeiten zwischen der Kenai-Halbinsel und dem Prince William Sound pendelte, verlor im ersten Jahr nach dem Unglück neun Familienmitglieder, im Jahr drauf weitere zwei.

Der Prince William Sound erfolgreich durchquert: Ankunft in Valdez.

Die Ölpest am Bligh Reef rangiert bei den Tankerkatastrophen unter ferner liefen. So gelangte nur wenige Monate später, im Dezember 1989, von dem havarierten iranischen Frachter *Khark* 5 vor Marokko doppelt so viel Rohöl in den Atlantik wie hier in den Prince William Sound.

Ölkatastrophen von vergleichbaren Ausmaßen ereignen sich fast jährlich. Aber den Nachrichtenredaktionen ist das oft kaum mehr als eine kurze Notiz wert...

Falls es überhaupt ein Gutes an diesem Unglück gab, dann die starke Sensibilisierung der Weltöffentlichkeit. Forscher begrüßen auch die nach dem Desaster gewonnenen Erkenntnisse über das Ökosystem hier. Politiker erhöhten seitdem die Sicherheitsstandards, künftig werden international nur doppelwandige Tanker zugelassen sein.

Und wie ist es um das Sicherheitsrisiko Mensch bestellt?

Es war wie böse Satire, als am 23. Dezember 2009 ein alaskanisches Patrouilleschiff bei der routinemäßigen Suche einer eisfreien Passage im Valdez Channel aufs Bligh Reef prallte und größere Mengen Diesel verlor. Ausgerechnet der Schlepper mit dem hoffnungsträchtigen Namen *Pfadfinder,* der seit Jahrzehnten nichts anderes tut, als für Öltanker die beste Route zwischen Eis und Riff auszukundschaften …

Und als wenige Monate später, im April 2010, die Bohrinsel *Deepwater Horizon* explodierte und mehrere Hundertmillionen Liter Erdöl in den Golf von Mexiko flossen, erlebten die USA erneut eine ökologische Katastrophe, wie 21 Jahre zuvor im Prince William Sound.

Es regnete den ganzen Tag und die darauffolgende Nacht. Es pladderte auch noch, als wir unser Camp in der Sawmill Bay verließen.

Der Weißkopfseeadler auf dem übers Wasser ragenden Ast sah mit herrischem, fast überheblichem Blick in meine Richtung. Langsam bewegte mein Boot sich auf ihn zu. Millimeterweise hob er den weißen Kopf, kaum merklich plusterte er sein braunes Gefieder und spreizte die Schwanzfedern. Aber er flog nicht davon, was ein Zeichen dafür sein mag, dass er an Seekajaker gewöhnt ist. Erstmals während unserer Reise hatten wir an diesem Morgen drei Paddler gesichtet.

Ich sah Hunderte Weißkopfseeadler, werde aber nie müde, sie zu beobachten oder mich mit der Kamera an sie heranzupirschen.

Wobei natürlich klar ist, dass »Adlerauge« mich als Erster sieht. Geduldig hockt er auf dem höchsten Baumwipfel. Nichts entgeht ihm, und wenn er im Aufwind höher und höher kreist, ist er für mich nur noch ein kleiner Punkt in den Wolken. Doch er hat alles im Blick. Ich mag das Freie, Ungebundene, Souveräne.

Häufig sah ich aufgebrachte Raben oder Möwen einen *bald eagle* angreifen. Der viel größere Adler schlug nie zurück, wich stattdessen geschickt aus und ließ die Attacken ins Leere laufen, bis die Angreifer aufgaben. Seine stolze Erscheinung brachte ihn auf das Siegel des US-Präsidenten. Für die nordamerikanischen *natives* war er schon immer heilig.

Unwetter lag in der Luft, es regnete. Auf der westlichen Seite der Valdez Narrows irritierten uns zwei kreisende Fischerboote. Ich konnte mir darauf keinen Reim machen, also paddelten wir dichter heran.

»Ein Fischerboot wirft die Netze aus«, sagte ich, »und das ausgerechnet quer zu unserer Fahrtrichtung!« Klar, so fischte es effektiv alle Lachse weg, uns aber versperrte es den Weg.

An einem windstillen Tag wäre ich mit Schwung über die Netze und die an der Oberfläche treibenden flachen Schwimmkörper hinweggeglitten. Aber nicht bei diesem Wellengang …

Der Pott mit Namen *Alaskan Spirit* nahm jetzt ein Netz hoch und tuckerte zu dem zweiten Schiff, der *Controller Bay*, das mit einem riesigen Saugrohr die Lachse förmlich in seinen Kühlraum lutschte.

Und ausgerechnet da entlud sich das Unwetter … Aber wieder mal kamen wir mit heiler Haut davon. Ich las die Erleichterung in Julianas Gesicht, als wir später, von starkem Wind getrieben, auf Valdez zusurften.

Vom Meer aus sahen wir nur Valdez' graue Rückseite: Schiffsanleger, eiserne Plattformen und große Arbeitsgeräte. Die unmittelbar darüber hängenden Wolken verbargen, wie wunderschön dieser nördlichste eisfreie Hafen Amerikas gelegen ist. Findige Werbetexter verpassten dem von Bergen umrahmten Ort einst den Spitznamen »Switzerland of Alaska«.

Kreischende Möwen schlugen im Wind Kapriolen, ein Fischer

schlurfte in Gummistiefeln über die Straße. In diesem Hafenort fällt keiner auf, der wie ich windzerzaust und stoppelbärtig im gelb-schwarzen Trockenanzug unterwegs ist. Auch im Büro der *Alaska State Ferry* sah niemand irritiert hoch, als man mir die Fährpassage für unseren Camper von Whittier nach hier bestätigte. Auch das ge-fällt mir an der »Eisbox Amerikas«.

Außer mit den *Coast-Guard*-Mitarbeitern John und Sue hatten wir elf Tage lang mit keinem Menschen gesprochen. Als ich jetzt auf dem am Meer liegenden *Bear Paw Campground* einen guten Zeltplatz suchte, öffnete sich eine Wohnmobiltür: *»Hi folks!«,* grüßte Tim Adams aus Oregon und bot an, einen von uns mit seinem Truck zum nur eine Meile entfernten *campground office* zu fahren. In Amerika geht man nicht gern zu Fuß.

Tim und seine Frau Darcy – beide Mitte 40 – hatten sich eine Aus-zeit gegönnt, um sich ihren *american dream* zu erfüllen: den Mount McKinley sehen, ein paar Lachse und mit viel Glück einen 150-pfün-digen Heilbutt fangen!

»Ich hatte meinen Job als Verkäufer in der Fitnessartikelbranche gründlich satt«, sagte Tim. »Es war an der Zeit, für ein paar Monate auszusteigen!«

Und so kauften sich Tim und Darcy einen Dodge Ram-Truck, sat-telten hinten ein *fifth wheel* – einen Aufliegercamper – drauf und brausten los. Als wir uns später verabschiedeten, steckte Tim mir seine Visitenkarte zu: »Besucht uns in Oregon!«

Bill und Martha sind unsere Nachbarn zur Linken, beide über 60 und im Ruhestand. Sie waren Farmer in Saskatchewan, aber keins ihrer Kinder wollte den Betrieb übernehmen, also verkauften sie Haus und Hof, zogen an den Rand der Rocky Mountains und beschlossen: »Jetzt beginnt unser Leben!« Weil *snowbirds* wie sie gern den Som-mer in Alaska und den Winter in Florida verbringen, kleben an vielen *motor homes* Sticker mit der Aufschrift: »Wir verjubeln das Erbe unserer Kinder!«

Es war gut, wieder unter Menschen zu sein, obwohl ich sie in der Wildnis nicht vermisst hatte.

Wir blieben drei Tage in Valdez. Am zweiten Abend brachte die Fähre *Aurora* unseren Pick-up-Camper. Captain Mike hatte Wort gehalten und ihn in Whittier an Bord gebracht.

Wir hatten Grund zu feiern und taten es bei einem dunklen *Alaskan-Amber*-Bier. Dann reinigten und reparierten wir Ausrüstungsgegenstände und die Kajaks. In wenigen Tagen würden sie im Glacier Bay National Park wieder im Einsatz sein.

Von unserer *campsite* blickten wir über Valdez Harbor aufs gegenüberliegende Ufer, auf dem sich – am Endpunkt der Alaska-Pipeline – riesige Erdöltanks befanden.

Gut, dass die so hoch liegen, ging es mir durch den Kopf. Wer weiß, ob nicht eines Tages wieder ein Tsunami durch Valdez Harbor rollt?

Der spanische Seefahrer und Kartograf Fidalgo benannte diese geschützte Bucht 1790 nach seinem Vorgesetzten Antonio Valdés y Basán. Sie schien ihm geeignet für eine Siedlung. Gut ein Jahrhundert lang änderte sich für die hier lebenden Chugach-Eskimo nichts. Laut wurde es erst, als Anfang 1898 der Klondike-Goldrausch über Alaska und das Yukon Territory hereinbrach.

Die *all American route* über den Valdez Glacier zum Klondike galt vielen Glücksrittern als Alternative zum legendären Chilcoot-Pass, denn hier vermieden sie die happigen Einreisezölle der Kanadier auf dem *trail* zum Eldorado.

Doch der Klondike-Goldrausch ging schnell zu Ende. Erst Kupferfunde in den Wrangell Mountains sorgten für raschen Aufschwung. Damit begann die Rivalität zwischen Valdez und dem im östlichen Sund gelegenen Cordova. Beide Orte beanspruchten, Endbahnhof der geplanten Eisenbahnlinie von der weiter im Inland liegenden Kennicott-Kupfermine zum Meer zu werden. Valdez wurde in diesem Wettkampf zweiter Sieger: Ein Mister Reynolds, seines Zeichens Herausgeber der Lokalzeitung, wollte die Niederlage gegenüber Cordova nicht wahrhaben. Er beschwatzte die Bewohner von Valdez, ihm Geld für eine eigene Bahnlinie anzuvertrauen. In Handarbeit bohrte man Tunnel durch massive Felswände. Doch dann kam es zu Schießereien zwischen Reynolds' Männern und den Burschen des konkurrierenden Guggenheim-Syndikats. Danach verließ Reynolds fluchtartig das Land. Die Investoren schrieben ihr Geld ab, und Valdez sah nie eine Eisenbahn. Dafür punktete es gut ein halbes Jahrhundert später als Terminal der 1288 Kilometer langen Trans-Alaska-Pipeline.

Während der »Weißen Nächte« des Sommers ist Valdez – solange kein Regen fällt! – zauberhaft. Am Himmel stand das Rot des Sonnenuntergangs, und unten leuchteten gelbe und rote Schiffslaternen. Dahinter überall Berge und Schnee. Valdez zählt gut 4000 Einwohner und ist im Sommer ein beliebtes Besucherziel, doch es erlebte binnen zweier Jahrzehnte Katastrophen, die es fast auslöschten. Der Ort von heute hat nichts mit jenem Valdez vor dem Karfreitagsbeben gemein.

Was an jenem 27. März 1964 geschah, erzählte mir Captain Merrill Stewart von der früheren Alaska Steamship Company. Er war gerade mit seinem Frachter *Chena* in den Hafen von Valdez eingelaufen, als der Ort verschwand.

»Wie ein Spielzeug wurde mein Schiff durch die nachfolgende Welle zehn Meter hoch geschleudert, dann hämmerte sie uns genau auf jenen Fleck, wo eben noch die Docks gestanden hatten. Das

103

Wasser, der Schlamm und die einstürzenden Gebäude verschlangen alles.«

Im Ort löste das Beben von 1964 einen unterirdischen Erdrutsch aus, der Teile der Hafenanlage ins Bodenlose zog und riesige Wellen durch die Bucht jagte. Boote, Häuser und Menschen wurden zunächst landeinwärts und dann ins offene Meer gerissen. 31 Menschen starben in Old Valdez, das heute nicht mehr existiert.

Vier Jahre später wurde Valdez ein paar Kilometer vom alten Ort entfernt wieder aufgebaut. Dort, wo wir uns jetzt befanden ...

Ich denke gern an Valdez zurück, auch wegen der heißen Dusche auf dem *campground,* über den ständig wilde Kaninchen hopsten.

Am Jachthafen filetierten sechs Männer und eine Frau unter den fachkundigen Blicken von Passanten Lachse. Kreischende Möwen balgten sich um die Reste. Am Eingang des *Harbor Café* baumelte müde die Alaska-Flagge: acht goldene Sterne auf leuchtend blauem Grund, das Sternbild des Großen Bären. Vor dem *Eagle Supermarket* parkte ein mit einem Quad beladener Pick-up-Truck. Ein Dutzend Angeln, Gummistiefel, Regenmäntel und mehrere Lebensmittelsäcke waren daneben festgezurrt. »Die fahren zum Lachsangeln an den Chitina River«, meinte ein neidischer Besucher.

Ein Schild warb für die *Valdez Fish Derbies.* Vor 14 Tagen hatte eine Lorena Jenkins beim *halibut*-Wettangeln einen 244-pfündigen Heilbutt gefangen und dafür satte 5000 Dollar Preisgeld eingestrichen.

Am North Harbour Drive parkten Autos, die wie die Faust aufs Auge Alaskas passen: ein alter Ford Mustang, dessen lädiertes Heck nur von einem dünnen Draht zusammengehalten wurde, dahinter ein 35 Jahre alter Chevy, dessen Kühlerhaube und Kotflügel sich im Rostfraß auflösten.

Im *Prospector*, einem fensterlosen Sportzubehörladen mit dem

Charme einer Lagerhalle, fand ich, was mein Herz begehrte: Gummistiefel! Und da jeder hier mit den *gumboots* von XTRATUF durch Alaska stapft, kaufte auch ich solche. Frei übersetzt bedeutet XTRATUF »unkaputtbar«, das trifft bei diesem anschmiegsamen Neoprengummistiefel den Nagel auf den Kopf. Die Hauptsache aber ist: Nie wieder nasskalte Füße!

Von Valdez bis zum Nordende der Inside Passage sind es mit dem Auto 1100 Kilometer. Dort werden wir die Fähre von Haines nach Juneau, der Hauptstadt Alaskas, nehmen. Einen Tag später soll uns ein Schiff zur Glacier Bay bringen.

Der Zeitplan ist eng, alles muss wie am Schnürchen klappen. In 15 Tagen geht Julianas Flug.

Wir befuhren die Verbindungsstraße zwischen Valdez und Alaska Highway bereits früher. Aber nie zuvor erlebte ich ein solches Bilderbuchwetter: Die prallen weißen Kumuluswolken über den schroffen Gipfeln der Chugach Mountains gaben Himmel und Bergen jene Tiefe, die ein Foto zum Spitzenfoto macht. Es war wie der Blick durch einen kontrastverstärkenden Polarisationsfilter.

Gleich hinter Valdez, wo die Horsetail und Bridal Veil Falls wie silberne Vorhänge unmittelbar am Rand des Richardson Highway niederstürzen, schraubten wir uns höher und höher, bis wir am Thompson Pass die Wetterküche der Chugach Mountains überschritten.

Im Rekordwinter 1952/53 fielen hier 25 Meter Schnee. Kein Gedanke daran an diesem Tag! Doch in den fast gradlinig verlaufenden Senken und Furchen der Berghänge lag er noch; das Bild war wie ein Gemälde in Schwarz-Weiß, in dem nur das Blau des kleinen Sees wie ein Aquamarin funkelte. Aber dem Bild fehlte Grün, der Frühling ließ noch auf sich warten.

13 DER LANGE WEG ZUR GLACIER BAY

Vorfreude ist bekanntlich die schönste Freude. Ob das fürs Packen und die Vorbereitung einer Wildnistour auch gilt, ist sicherlich Ansichtssache. Zweifellos aber waren die Plätze, auf denen wir uns auf die Glacier-Bay-Durchquerung einstimmten, auf alaskatypische Art wild und zünftig. Und damit kam doch Vorfreude auf …

Der Thompson Pass und die Gletscher der Chugach Mountains liegen bereits hinter uns, als wir nach einem Übernachtungsplatz Ausschau halten. Wer nicht gerade teure kommerzielle *campgrounds* ansteuert und ungern am Straßenrand auf Parkplätzen schläft, hat manchmal bei der Campsuche ein Problem. Zugängliche und trotzdem ruhige Plätze sind schwer zu finden. Große Freude daher, als wir einen Pfad entdecken, der uns zu einem stillgelegten Straßenstück des Richardson Highway führt. So wie der Alaska Highway wird auch er ständig begradigt, die alten und oft zugewachsenen Streckenabschnitte sind heute Insidertipps für Leute, die sich gern abseits der ausgelatschten Pfade bewegen.

Ich parke zwischen von Schüssen zersiebten Verkehrsschildern und einem tellergroßen Haufen *moose nuggets*. Wobei *moose* für Elch, aber *nuggets* nicht etwa für Goldstücke, sondern für Losung steht. Bald liegt der Duft gebratener Steaks über dem Old Richardson Highway, an dessen Rändern blauviolette Lupinen blühen.

Die Chugach Mountains im Süden, die Wrangell Mountains im Osten, die Alaska Range mit Mount McKinley im Norden und die Aleutian Range im Westen umschließen South Central Alaska wie ein Ring. Das Klima ist kontinental, kälter und viel trockener als das in Valdez. Und da die alte Straße uns ganz allein gehört, trocknen wir am nächsten Morgen bei Sonnenschein über alten Leitplanken Schlafsäcke, Ausrüstungsgegenstände, Zelt und Packsäcke. Dann mischen wir Müsli und *trail mix,* stapeln Schokoladen, Teebeutel, Cappuccinotüten und Fertigmahlzeiten. Dazwischen türmen sich auf brüchigem Asphalt Zwiebeln und jede Menge Knoblauch, Corned Beef, Tüten mit Mehl, Salz und Zucker.

Juliana ist in ihrem Element; sie portioniert und füllt Lebensmittel in Ziploc-Plastikbeutel, verwandelt bunte Smarties mit Rosinen, Walnüssen, Bananenchips, Preiselbeeren, Aprikosen und Erdnüssen in wahre Powersnacks.

»Wir sollten auch an meinen Alleingang denken«, schlage ich vor.

Ich habe dafür in diesem Sommer 30 bis 35 Tage angesetzt. Mit den Reserven und allem, was wir in der Glacier Bay futtern werden, kommen wir bei vier Rationen pro Person und Tag auf mindestens 220 Mahlzeiten, die vorbereitet werden müssen!

Mir ist, als würde Juliana mutlos lächeln, aber dann legen wir los. Entsprechend spät brechen wir auf, stoppen dennoch kurz darauf am *Copper Center Roadhouse,* einem Blockhaus-Motel, um drinnen telefonisch Plätze für die Fähre Haines – Juneau zu reservieren. Die dunkelhaarige Indianerin an der Rezeption langweilt sich offensichtlich bei ihrer TV-Soap, während der mitten in der Lobby auf dem Teppich hemmungslos schnarchende schwarz-weiße Bullterrier im Takt dazu mit den Stummelbeinen zuckt.

Noch vor 120 Jahren sagten sich hier am Tonsina River die Bären und Wölfe gute Nacht. Ein Trupp unter Lieutenant »Billy« Mitchell zog 1903 eine 3200 Kilometer lange Telegrafenleitung quer durch Alaska, um die verstreuten Militärposten mit Seattle, der damals bedeutendsten Stadt im Nordwesten, zu verbinden. Anchorage exis-

Packen für die nächste Etappe: Auf dem ›Old Richardson Highway‹ stapeln sich Müsli, Schokoladen und Fertiggerichte.

tierte noch nicht. Erst der Bau des Alaska Highway verschaffte dem 49. US-Bundesstaat einen Platz auf der Weltkarte.

Die Entwicklung seitdem ist rasant.

Als wir am Tonsina River ankommen, glucken dort 48 große *motor homes* wie Hühner auf der Stange zusammen. Davor quälten sich im gletscherkalten Wasser ein Dutzend Menschen ab, ein paar Lachse an den Angelhaken zu bekommen … *fishermen* in ihrem Element!

Ich weiß, dass ich in deren Augen ein Banause bin. Meine Angelleidenschaft beschränkt sich auf den gelegentlichen Griff ins Tiefkühlfach. Das allerdings wage ich in Alaska nicht laut zu sagen …

Oberhalb der Anglerfront feuern 40 Zuschauer auf Klappstühlen die Petrijünger an. Und wenn endlich einer einen *red salmon* am Haken hat, gibt's Applaus.

Butch aus Albuquerque/New Mexiko kommt schon seit 30 Jahren hierher.

»Jedes Jahr mit Familie, immer zur gleichen Zeit und immer auf denselben Platz!«, berichtet er stolz.

Längst sind seine fünf Töchter verheiratet und haben selbst Kinder. Er lächelt glücklich: »Aber alle fünf sind heute wieder hier – samt Ehemännern und Kindern.«

Die Ehemänner lerne ich am *fish cleaning table* kennen, wo sie Rotlachse filetieren, die dann in einer Holzhütte geräuchert werden.

»Hast du die Statistik von Butchs Schwiegersöhnen mitbekommen?«, frage ich hinterher Juliana. »Fünf erwachsene Männer samt Familien und Schwiegervater reisen von New Mexiko bis Alaska – hin und zurück 12 000 Kilometer! –, um einen ganzen Tag im kalten Wasser stehend fünf Fische zu fangen.«

Sie sieht mich spöttisch von der Seite an: »Und du kommst vom anderen Ende der Welt, um auf einer verlassenen Straße zwischen Elchköteln und zersiebten Verkehrsschildern Müsli zu mixen ...«

Ich verstand den Seitenhieb. Dazu passte irgendwie, dass ich an diesem Abend Appetit auf Pommes mit Majo hatte, ein Gelüst, das mir daheim gewöhnlich fremd ist.

»In Glennallen gibt's so was!«, sagt Juliana.

Das macht Mut. Es leben zwar nur ein paar Hundert Menschen dort, und doch ist Glennellen ein wichtiger Verkehrsknotenpunkt. Und so heißt die Dorftankstelle *The hub of Alaska*.

»Wo ist hier der Supermarkt?«, fragen wir den vollbärtigen Tankwart. Er deutet mit dem Finger die Straße runter. Das reicht, in Glennallen verirrt sich keiner.

Die Tür zum *grocery store* finden wir zwischen einer Ansammlung verbeulter alter Autos. »Die Kisten fahren ja noch!«, entfährt es Juliana, als eine Frau ihren abgetakelten Wrangler besteigt und unter Kotflügelgeschepper wegfährt.

109

Lachsangler aus New Mexiko: Für einen Rotlachs reisen sie gern mal 12 000 Kilometer weit ...

»Trau in *bush*-Alaska nie deinem ersten Eindruck!«, lautet eine Grundregel, und so betreten wir erwartungsvoll den unscheinbaren Kasten, in dem es sogar eine Filiale der Elektrohandelskette *Radio-Shack* gibt. Aber erst als wir tiefgefrorene Pommes und Majo finden, leuchten auch meine Augen.

Ich könnte den Rest meines Lebens irgendwo tief im Busch in einer Blockhütte verbringen. Einige Jahre lang hatten wir das schon gemacht, und es war wunderbar. Sich ganz ohne Hightech nur ums Elementare zu kümmern, sich auf sich selbst und seine Kräfte zu besinnen; ein Dach über dem Kopf zu zimmern, Holz fürs Feuer zu hacken, satt zu werden. Wenn ich mit unserem Truck zum Einkaufen fuhr, war das ein Rundkurs von 700 Kilometern. Das Trinkwasser schöpften wir im Winter aus einem Loch im Eis des Yukon River.

Irgendwann meinte Juliana, es sei an der Zeit, heimzukehren und unsere Bettina dort zur Schule zu schicken. Das hätten wir auch in Alaska haben können. Schließlich hatte ich sie mit meinen Schlittenhunden auch hier zwei Winter lang in den Kindergarten und zur *preschool* gebracht.

Juliana behauptet, ich sei ein hoffnungsloser Träumer. Mag sein, dass sie recht hat.

Hieße nicht, immer hier zu leben, das Besondere zum Alltag zu machen, die Kür zur Pflicht? Eigentlich bin ich ganz froh darüber, wie es gelaufen ist, darüber, dass ich mich bei jeder Reise neu auf den Start freuen kann. Ganz im Sinne von Hermann Hesse, dessen Gedanken mir ein Klassenkamerad ins Poesiealbum schrieb: »Jedem Anfang wohnt ein Zauber inne, der uns beschützt und der uns hilft zu leben.«

Wir hatten eine Flasche Sekt ergattert und tranken auf die Freiheit des Reisens! Und nie in meinem Leben futterte ich an einem schöneren Fleck Pommes mit Majo als hier. Um uns herum blühten Tausende Arktische Weidenröschen. Der pinkfarbene Blütenteppich ließ mich vergessen, dass dies nur ein *gravel pit* war, von dem man früher Kies für den Straßenbau holte.

Aber dann erst der Blick: nach Westen hin eine sumpfige Niederung mit kleinen Seen, hinter der sich ein durchgehender karger Fichtenwald bis an den Fuß der Wrangell Mountains erstreckte. Wolken lagen wie flauschige, weiße Wolltücher über den Bergen, dann rissen sie auf und gaben den Blick auf den fast 5000 Meter hohen Mount Sanford frei. Ein schneebedeckter Klotz, der aus den sanft ansteigenden Wäldern wie ein steinernes Monument herausragte.

In Tok erreichten wir den Alaska Highway, die Zielgerade zum Fähranleger – allerdings waren es bis dort noch gut 700 Kilometer.

Ich kenne Leute, die sagen, in Tok sei der Hund begraben. Das ist nicht ganz fair und auch nicht ganz wahr, denn es gibt jede Menge Huskys hier. Aber ganz ehrlich: Tok ist wirklich nicht sonderlich schön. Ein Straßendorf an der Kreuzung von Alaska Highway und Tok-Cut-Off eben. 1942 als Straßenbaucamp entstanden, ist es heute ein wichtiges Versorgungszentrum, wo sich Tankstellen und Motels aneinanderreihen. Das *Tok Motel* verblüfft mit dem lebensgroßen Modell eines Kaltblüters auf dem Dach. Die sah ich hier nie. Realitätsnäher ist da schon der ausgestopfte Elch. Nebenan liegt *Three Bears Alaska*, der gut bestückte Supermarkt.

Meine Beziehung zu Tok ist lang. Hier streckte ich mal von morgens bis abends den Daumen raus und hoffte auf einen *lift* nach Whitehorse im Yukon Territory. Niemand stoppte. Also malte ich nach 15 Stunden quälender Warterei ein Schild mit der Aufschrift »20 *Dollars to Whitehorse*«. Das war zwar nicht viel Geld, aber es zog. Eine halbe Stunde später hielt ein Wagen und nahm mich mit.

Die Spuren des Großbrandes, der nur durch eine plötzliche Drehung des Windes sein verheerendes Werk am Ortseingang von Tok stoppte, sind auch 20 Jahre danach noch erkennbar. Eine durchgehende Kette purpurn leuchtender *fire weed*, Schmalblättriger Weidenröschen, säumt den von Frostbeulen aufgequollenen Alaska Highway. Daneben hängen Telefonleitungsmasten im sumpfigen *muskeg* wie besoffene Ulanen. Drei Tage später erreichen wir Juneau, unser Sprungbrett für die Glacier Bay.

Vivian kam zehn Jahre nach dem Bau des Highway nach Alaska. Das war 1952, und sie war 32. Seitdem lebt sie in Juneau, der kleinen Hauptstadt mit heute 31 000 Einwohnern, so vielen wie in Bad Nauheim. Juneau allerdings regiert einen Bundesstaat von der knapp fünffachen Größe Deutschlands.

»Komm zu mir!«, ruft Vivian ihren Pudel und nimmt ihn in die

Arme. Wachsam sieht sie in den Baum mit den zwei Weißkopf-seeadlern. »Adler gönnen sich Hunde dieser Größe gerne als Snack!«

Vivian steht mit beiden Beinen im Leben, liest täglich den *Juneau Empire* und *National Geographic* und betreibt – wie nebenbei – mit fast 90 Jahren den *campground* von Auke Bay. Einmal am Tag kommt Sam, um ihr ein oder zwei Stunden auf dem Platz zu helfen.

»Guten Tag, wie geht es?«, begrüßt er uns auf Deutsch. Das war's auch schon mit seinen Fremdsprachenkenntnissen. Sam ist 60, kam Mitte der Siebzigerjahre nach Alaska und arbeitete für die *Fish & Wildlife*-Behörde. Seit zehn Jahren ist der fidele Mann mit dem dichten, grauen Schnauzer im immer freundlichen Gesicht pensioniert. Seine kleine Welt endet am Stadtrand, aber seine Freundlichkeit und unaufdringliche Hilfsbereitschaft reisten in meiner Erinnerung ans andere Ende der Welt.

Vivian und Sam sind unsere ersten Begegnungen in Juneau, dieser eigentümlichen Kleinstadt im Norden der Inside Passage. Eine Hauptstadt ohne Zufahrtstraße, klein und entlegen. Entweder kommt man mit dem Flugzeug oder der *Alaska State Ferry*. So wie wir.

Juneau spielt von jetzt an eine wichtige Rolle als *base camp*: Hier bleibt der Pick-up-Camper mit unserer vorübergehend nicht benötigten Ausrüstung in Vivians und Sams Obhut. Nach dem Glacier-Bay-Exkurs wird er mit Julianas Kajak auf dem Dach auf mich warten, bis ich vom Südende des Panhandle zurück bin. Ob das von Ketchikan oder dem kanadischen Prince Rupert her sein wird, bleibt zunächst noch offen.

Die Uhr tickt. Noch zehn Tage bis zu Julianas Abflug und zum Beginn meines Alleingangs …

Im *Foggy Mountain Outdoor Shop* bestelle ich die fehlenden topografischen Karten für den Nordteil der Inside Passage. »Bei eurer Rückkehr aus der Glacier Bay sind die da«, bestätigt der Verkäufer Scott Fischer.

Wir sind nervös. Morgen soll uns ein Schiff vom Auke Bay Terminal in den Glacier Bay National Park bringen, aber niemand weiß, wie das Schiff, dessen Name nicht mal in unserer Buchungsbestätigung vermerkt ist, heißt. Jeder, den wir fragen, ist Saisonhilfskraft für den Sommer, stammt entweder aus San Francisco, New York, Detroit, Dallas, Los Angeles, Seattle oder von sonst wo. Jeder lächelt, aber niemand weiß Bescheid.

Mein Gott, gibt's denn in Alaska keine Alaskaner?

Auch Vivian und Sam können uns nicht weiterhelfen.

In 24 Stunden sollen wir samt Kajaks und Ausrüstung in der Glacier Bay sein und wissen noch nicht mal den Namen unseres Schiffes. Die Nerven liegen blank.

Da greift Juliana zum Telefonhörer.

»Bingo!« Nach sieben Telefonaten macht sie endlich das Victoryzeichen. Das Schiff heißt *Fairweather Express II* und wird nicht weit von uns entfernt ablegen. Ich nehme Juliana in den Arm.

Es hätte auf der Hand gelegen, meinen Alleingang gleich hier in Juneau, in Haines oder auch in Skagway zu beginnen. Doch ich hatte es mir schon vor Jahren in den Kopf gesetzt, irgendwann durch den Glacier Bay National Park zu paddeln. Dabei habe ich durchaus gemischte Gefühle, denn Nationalparks sind staatliche Schutzgebiete, und wo reguliert wird, ist die Freiheit immer irgendwie eingeschränkt.

Jahr für Jahr besuchen Tausende diese Superwildnis; in luxuriösen Kreuzfahrtschiffen, Jachten, Ausflugsbooten oder Kajaks, die man in Gustavus, dem einzigen kleinen Ort östlich der Parkgrenze, mieten kann. Die Glacier Bay ist seit 1925 National Monument und seit 1980 Nationalpark.

Ich kenne niemanden, der nicht von amerikanischen Nationalparks fasziniert wäre. Fasziniert von der Vielfalt der geschützten

Landschaftsformen: ob Death Valley oder Gates of the Arctic, ob die sumpfigen Everglades oder die sturmgepeitschten Gipfel im Denali National Park. Begeistert von der meist akribisch-liebevollen familiengerechten Präsentation der Sehenswürdigkeiten in den Parkzentren.

Natürlich gibt es auch mal Ärger, wenn ein *permit* nicht erteilt wird, da nach den strikten Vorgaben der Ranger bereits zu viele Wanderer auf diesem oder jenem *trail* unterwegs sind. Aber gerade diese Balance zwischen allgemeiner Zugänglichkeit und dem verhängnisvollen »Zu-Tode-geliebt-Werden« gelingt den amerikanischen Nationalparkverwaltungen gut.

Ich wusste, dass täglich nur zwei Kreuzfahrtschiffe in den Nationalpark einlaufen dürfen, und die Liste der auf ein Einreise-*Permit* wartenden Segler lang ist. Private Motorboote kommen gar nicht rein. Im Übrigen verhindert schon die extreme Abgeschiedenheit ein Überlaufen der Region. Es ist eben keine frei zugängliche Wildnis wie im Prince William Sound ...

Wir benötigten ein Nationalpark-*Permit*, mussten eine *Bear-Etiquette*-Einweisung über uns ergehen lassen und uns hinterher bei dem Ranger wieder zurückmelden. Alles vernünftige und wohldosierte Regeln, um das Ökosystem in seiner Einmaligkeit zu erhalten. Das war's ja auch, warum John Muir, der Vater des Nationalparks, sich für den Schutz dieser Wildnis einsetzte.

Nachdem die *Fairweather Express* abgelegt hatte, brachte es Cody, der junge Zahlmeister des Schiffes, auf den Punkt: »Sich mit dem Ökosystem Glacier Bay zu beschäftigen ist so, als würdest du den hinteren Deckel deiner Armbanduhr öffnen und verblüfft feststellen, welch kompliziertes Räderwerk ineinandergreift, nur um dir die Uhrzeit anzuzeigen.«

Da klickte es in den Lautsprechern, und der Kapitän sagte: »Wale backbord!«

Alle sprangen auf. Wir waren noch in der Verbindungspassage zwischen Pazifik und Glacier Bay, aber im Hintergrund sah man schon die Fairweather Range mit dem gewaltigen Brady Icefield.

Schmuddeliger Dunst verwischte die Konturen über der Icy Strait. Aber klar erkannte ich zwei rhythmisch hintereinander auf- und abtauchende Walbuckel. Der Kapitän drosselte die Motoren. Deutlich war der Blas zu erkennen.

Cody lehnte sich neben mir an die Reling. »Cody – CO«, las ich auf seinem Namensschild am Hemd.

»Ich stamme aus Colorado«, war die Antwort auf meinen fragenden Blick. Dort studiert er Umweltwissenschaft, seit drei Jahren arbeitet er in den Semesterferien hier als Manager für das Schiff der nationalparkeigenen *Glacier Bay Lodge*.

Später plaudere ich mit John aus Gustavus. »Ich komme gerade aus San Francisco«, sagt er. Sein Arbeitsvertrag dort sei beendet, und wie immer wolle er den Sommer bei seiner Frau und der 16-jährigen Tochter verbringen.

»Achtet auf die Braunbären!«. warnt John. »Es heißt, alle zehn Jahre gibt es hier eine tödliche Bärenattacke. Die Zeit ist um …«

Ich horche Cody in Sachen Bären aus. »Stimmt, die Braunen und Schwarzen findest du hinter jedem Felsen. Sie wissen, dass sie im Schutzgebiet vor Jägern sicher sind.« Aber er beruhigt: »Die wenigsten Bären haben eine Ahnung davon, wie einfach es wäre, dem Menschen seine Lebensmittel abzujagen oder ihn gleich selbst zu verspeisen.«

Eigentümlich bläuliches Zwielicht lag über Bartlett Cove, als wir anlegten. Es war um diese Zeit längst nicht mehr so hell wie vor Wochen im Prince William Sound. Wir waren weiter südlich, außerdem arbeitete die Zeit gegen uns, und jeden Tag wurde es ein paar Minuten früher dunkel.

In Bartlett Cove befindet sich das Nationalparkzentrum mit der *Glacier Bay Lodge*.

»Lasst die Kajaks auf dem Vorschiff!«, rief uns Cody zu. Prima! Morgen früh würde uns dasselbe Schiff ein Stück weit in die Bay reinbringen. Also hievten wir nur unsere Ausrüstung auf eine bereitstehende Schubkarre mit der Aufschrift »*campground*« und schoben ab.

Vielleicht hätten wir nicht an dem kleinen Parkbüro stoppen sollen. So aber fiel uns gleich die amtliche *Glacier Bay News* ins Auge.

»Hinweis für Northern Beardslee Island«, stand da. »Ein großer Schwarzbär hat einen allein reisenden Kajaker angegriffen. Der Bär kam bis auf anderthalb Meter heran, erwischte aber nur zwei Beutel mit Trockenfleisch und *trail mix*. Der Mann konnte flüchten.«

Ähnlich erging es fünf Kajakfahrern am McBride Glacier, als ein Braunbär sich vor der Lodge über ihre Neoprensocken und Trinkflaschen hermachte. Da der Bär sich durch Lärm nicht verscheuchen ließ, besprühte einer der Paddler ihn aus sechs Metern Entfernung mit *bear spray*, woraufhin der Grizzly das Weite suchte.

Der *campground* war nur eine ebene Waldfläche. Es gab ein *outhouse*, ein Plumpsklo, und eine kleine Blockhütte mit dicker Holztür und Riegeln: der bärensichere Platz für Lebensmittel.

»Die Bettlektüre war für mich nicht das Richtige«, grummelte Juliana, als wir fünf Stunden später aus dem Zelt krochen. Die Ringe unter den Augen verdankte sie den Bären, die sie bis in den Schlaf verfolgt hatten.

Wir mussten uns sputen, in 40 Minuten, um genau 7:30 Uhr, würde unser Schiff ablegen. Bis dahin waren noch die Nationalparkformalitäten zu erledigen.

Allein eine Viertelstunde dauerte das Video über korrektes Verhalten im Nationalpark; wir lernten zum Beispiel, dass man nur im Gezeitenbereich »hinter den Busch« darf und Holzfällen verboten ist.

»*Leave no trace!*«, mahnte der schon morgens gut gelaunte Ranger Jack in seiner grünen Uniform und dem braunen Stetson. »Verlasst jede *campsite* so, wie ihr sie vorfinden möchtet – ohne jede Spur.«

Dann brachte er uns fünf *bear resistant food storage containers* für unsere Lebensmittel. »Das ist Pflicht bei uns, wo die Bären den Menschen stärker mit Futter in Verbindung bringen als anderswo in der Wildnis. Wir verleihen sie kostenlos.«

Hinter dem sperrigen englischen Begriff verbergen sich Kunststofftonnen, die angeblich von Bären nicht geknackt werden können. Wobei man die Kraft und Cleverness von Meister Petz nicht unterschätzen sollte ...

Das weiß man spätestens, seit Yellow-Yellow in den Adirondack Mountains die Camps unsicher macht. Dieser Bär ist so clever wie sein Kinderbuchkollege Puh.

»Bären sind pfiffig«, bestätigte auch der Chef des Adirondack Mountain Club. »Sie haben längst spitzgekriegt, was sich in zwischen zwei Bäumen baumelnden roten und blauen Packsäcken befindet: Fressbares! Sie brauchten nur noch am Stamm hochzuklettern, das Seil durchzubeißen, und schon haben sie ihr Shopping für den Tag erledigt.«

Yellow-Yellow legte noch einen drauf. Er fand als einziger Bär heraus, wie man den angeblich bärensicheren Containerdeckel öffnen kann.

»Das waren bestimmt nicht so stabile *bear canisters* wie unsere«, sagte Juliana, als wir zum Schiff gingen.

Es klang wie das Pfeifen im Walde ...

14 FLÜSSE AUS EIS

»Stell dir vor, um dich herum wäre ein tausend Meter hoher und 160 Kilometer langer Gletscher«, brüllte mir Cody zu, während uns auf dem Vorschiff der *Fairweather Express* kalter Fahrtwind ins Gesicht schlug. »Dann weißt du, wie es hier vor 300 Jahren aussah!«

Auf Marble Island tummelten sich zwei Dutzend Steller-Seelöwen. Ein 1000-Kilo-Bulle, fett schwabbelnd wie ein Sumo-Ringer, reckte den massigen Oberkörper und grunzte vor Wohlbehagen beim Anblick seines Harems. Unbeeindruckt davon dösten die Kühe mit den Jungen ausgestreckt auf den Felsen.

Darüber flatterten aufgeregt Möwen, unten trockneten zwei Kormorane die weit von sich gestreckten Flügel.

Cody zeigte mit der Hand nach rechts: »*Puffins!*« Ich reckte den Hals und sah zwischen den Klippen ein paar der mit dem Papageientaucher verwandten Hornlunde. Ihre dreieckigen, gelben Schnäbel leuchteten.

Die Glacier Bay ist hier zehn Kilometer breit. Im Westen lagen die Gipfel der Fairweather Range, die im Norden in die kanadischen Saint Elias Mountains übergehen.

Kanada? Ich schaute auf die Karte. Die politischen Zugehörigkeiten in diesem Teil der West Coast sind verwirrend. Mal ist man in den USA, gleich danebeninKanada. Ein Kuriosum als Folge der Muskelspiele derer, die nach dem Kauf Alaskas die vom Pelzhandel gezogenen De-facto-Grenzen über den Haufen warfen. Hätte man die belassen, wäre die politische Karte der Westküste heute vielleicht etwas übersichtlicher. Aber es kamen nach und nach andere

Gelüste ins Spiel: die nach Gold, Holz, Lachsen und Walen. Erst 1903 legten die USA und Kanada den *Alaska boundary dispute* friedlich bei. Und so erklärt sich, dass nördlich der alaskanischen Glacier Bay erneut jenes British Columbia beginnt, wo unsere Reise 2700 Straßenkilometer südlich in Vancouver ihren Anfang genommen hatte.

Doch ebenso wenig wie Adler, Braunbär und Buckelwal sich um die vom Menschen gezogenen Grenzen scheren, spielten sie für mich eine Rolle. Wir kamen wegen dieses Fjords ...

»Glacier Bay ist ein durch Gletscher geborenes Tal«, plauderte Cody derweil munter. »Dann verschwand plötzlich das Eis, und Wasser überdeckte alles.«

Eigentlich ein erdgeschichtlicher Vorgang, wie er sich tausendfach auf dem Globus ereignete. Allerdings nicht so rasant wie hier – und nicht in der Neuzeit.

Als Kapitän George Vancouver 1794 durch die Icy Strait segelte, war die Glacier Bay kaum mehr als eine Delle in der Küstenlinie. Denn dort füllte ein Gletscher die Bucht komplett aus: 30 Kilometer breit, 1200 Meter hoch und 160 Kilometer lang.

Dann verblüffte dieser Gletscher die Forscher; er zog sich rasant zurück.

Der unermüdliche John Muir stellte 1879 fest, dass das Eis während der 85 Jahre seit Captain Vancouvers Beobachtung um 77 Kilometer geschrumpft war. 1916 hatte der Gletscher weitere 104 Kilometer an Länge eingebüßt! Ein derart rasanter Rückzug wurde nirgendwo sonst auf Erden dokumentiert.

Auf einer ausladenden Geröllbank lagen sieben grünweiße Kajaks, daneben standen Menschen in Regenanzügen, ein *guide* ordnete Gepäckstücke.

120

»Die Gruppe bringen wir zurück in die *Glacier Bay Lodge*«, sagte Cody. »Und euch beide setzen wir hier ab!«

Leise knirschend schob sich der Katamaran auf den Uferkies. Unter Codys Kommandos wurden zunächst unsere Boote entladen, dann kamen die sieben grünweißen Kajaks an Bord. Minuten später legte die *Fairweather Express* ab. Ein paar Gäste winkten. Dann waren wir allein.

Wo wir jetzt standen, konnte John Muir nicht gewesen sein. Die Bucht hatte hier noch Eis. Nach dem Rückzug des Gletschers fasst das Leben wieder Fuß; neben winzigen Grasteppichen kämpften sich hier mehr schlecht als recht spärliche Büsche durch. Ich suchte, fand aber leider keinen Stumpf jener Bäume, die »gefriergetrocknet« 3000 Jahre unter dem Eis lagerten. Erst die Gletscherschmelze brachte Holz ans Licht, das gelebt hatte, als Pharao Ramses Ägypten regierte!

Dichter Nieselregen fiel. Es war neblig-kalt. Auf den Bergen lag Schnee, und in der Ferne kalbten Gletscher. Man braucht nur ein Fünkchen Phantasie, um sich an einem solchen Tag hier einen Fluss aus Eis vorzustellen. Sich hingegen auszumalen, wie ein gut 100 Kilometer langes Eisfeld innerhalb weniger Generationen gänzlich verschwindet, erfordert schon mehr Vorstellungskraft ...

Die Glacier Bay zählt nicht nur zu den jüngsten, sondern auch zu den produktivsten Ökosystemen unseres Planeten. Ein Reichtum, der auf Plankton basiert, der vom Hering bis zum Buckelwal alle ernährt. Sehr zur Freude der Seehunde, die sich in jedem Frühjahr tausendfach in der Bucht tummeln.

Und je weiter man sich von den Gletschern fort in Richtung Bartlett Cove bewegt, umso vielfältiger wird das Leben: Silberwurzteppiche schaffen die Basis für Humus, Schachtelhalm und Moose folgen, dazu Weiden- und Erlendickichte. Fichten und Hemlocktannen lösen sie ab. Wo das Unterholz dicken Moosteppichen Platz machte und aus Gletscherseen dichte Sümpfe wurden, ist die Natur wieder da, wo sie vor dem *river of ice* schon mal war. Jetzt leben hier auch wieder Braun- und Schwarzbär, Otter, Nerz, Elch und Wolf. Und an den Ufern bestimmt wie eh und je der Strom der Gezeiten das Leben. Die an der Küste ansässigen Tlingit sagen: »Bei Ebbe ist der Tisch für alle gedeckt.«

Es regnete, während wir packten. Und als wir die Kajaks ins Wasser schoben, kroch dünner Nebel über die Bucht. Glücklich darüber, endlich wieder auf dem Wasser zu sein, paddelten wir durch ein Panoramabild voller Dramatik und Poesie.

Die Glacier Bay hat die Form eines Ypsilons. Wir hatten Schwerpunkte gesetzt und uns für ihren westlichen Hauptarm, das Tarr Inlet, entschieden.

Hier im Dreieck von Alaska, Yukon Territory und British Columbia liegt der 10 000 Quadratkilometer große Tatshenshini-Alsek Provincial Park. Eine geschützte Wildnis von der vierfachen Größe des Saarlandes!

Und mit den Superlativen geht es noch weiter: Die hier aneinandergrenzenden Wildnisse Kluane / Wrangell-St. Elias / Glacier Bay / Tatshenshini-Alsek bilden zusammen ein 100 000 Quadratkilometer großes Schutzgebiet, das die UNESCO als Weltnaturerbe anerkannt hat. Es ist mehr als doppelt so groß wie die Schweiz.

Klar, dass wir auf unserer Kajaktour nur an der Oberfläche dieses Universums aus Eis und Stein kratzen konnten.

»Geht's dir gut?«, rief ich Juliana zu. Sie drehte sich um. Ich warf ihr einen Handkuss zu.

122

»Prima!«, sagte sie lachend und schwang das Paddel. »Bin nur hundemüde!«

Wir hatten ein paar Änderungen in unseren Kajaks vornehmen müssen, da die schwarzen *bear cans* sehr viel sperriger waren als unsere bisherigen Packsäcke. Außerdem hatte ich erstmals den soliden klappbaren Zölzer-Bootswagen auf meinem Kajak befestigt. Ein Test im Hinblick auf meinen Alleingang ...

Inwieweit ich damit den Kajak transportieren würde, war mir noch nicht klar. Bisher hatte ich solche Hilfsmittel als »unzünftig« abgelehnt.

Ich hatte unser 30 Kilo schweres Kanu früher immer auf den Schultern über ungezählte Portagen-Trails geschleppt. Der längste davon war die 21 Kilometer lange Methye Portage. Um das Jahr 1800 war sie der wichtigste Pelzhandels-*Trail* zwischen der Hudson Bay und dem just entdeckten amerikanischen Westen. 21 Kilometer trug ich das Kanu nach Art der *voyageurs,* also im leichten Laufschritt, während Juliana unser Gepäck schleppte. Auch bei späteren Expeditionen hatte ich bewusst auf einen Transportwagen verzichtet.

Mit Blick auf den Alleingang waren mir Bedenken gekommen. Die Gezeiten würden mir das Leben zur Hölle machen; der Kajak wäre oft Hunderte Meter weit zu tragen – und all das ganz allein. Fußangeln lägen überall: Der Untergrund ist glitschig, rasierklingenscharfe Muscheln könnten die Gummistiefel und Füße zerschneiden, glibberiger Seetang ist die allgegenwärtige Stolperfalle, und mit Algen verschmierter Kies bildet jene Schlitterbahn, an deren Ende der verrenkte Knöchel oder die ausgeflippte Bandscheibe stehen könnte.

Zu zweit teilt man sich nicht nur die Arbeit, sondern halbiert auch das Risiko.

Einige Seeotter, zwei Seelöwen und ein Adler kreuzten unseren Weg. Lachse sprangen, Möwen kreischten. Je später es wurde, umso stiller wurde das Wasser. Mein Kompass zeigte 270°, also Kurs West. Später würden wir ihn nach Nordwest korrigieren, dort lag unser erstes Ziel, der Grand Pacific Glacier.

Ich wurde etwas nervös. Anderthalb Stunden vor Mitternacht, und noch immer kein Übernachtungsplatz in Sicht.

Die steilen Ufer waren felsig und mit Abermillionen scharfer Muscheln bedeckt. Bis dahin reichte die Flut. Darüber lag ein an den Steilhang gekrallter spärlicher Wald, der keine Möglichkeit bot, ein Zelt aufzubauen.

Das 500 Meter breite Geröllfeld sah ich schon von Weitem. War das unsere Chance? Beim Näherkommen erkannte ich, dass es sich um ein breites Flussbett handelte, durch das zahllose schmale Wasserarme führten.

Ich zog meinen Kajak ans Ufer und stiefelte durch breiigen Schlamm. Eines sah ich gleich: Um einen trockenen Platz fürs Zelt zu finden, müssten wir Boote und Ausrüstung 250 Meter weit schleppen.

Es war Ebbe!

Oberhalb des Ufermorastes erstreckte sich trockener, grauer Sand, dann Kies, darüber bewegte ich mich auf glitschigen Felsen. Seit mehr als 17 Stunden waren wir auf den Beinen, und nun das! Schwarze Wolken verdunkelten den Himmel. Was, wenn's im Gebirge regnet? Die Frage ging uns durch den Kopf, aber wir sprachen sie nicht aus.

Die Rechnung ist simpel: Bei 250 Metern Entfernung zwischen Meer und *campsite* muss jeder von uns knapp zwei Kilometer gehen, um beide Boote und die gesamte Ausrüstung ins Nachtlager zu bekommen. Anders als unsere Packsäcke lassen sich die glatten *bear cans* nur mühsam fassen. Maximal zwei kann ich mir unter die Arme klemmen. Dann stiefele ich los. Allein für diese beiden ist es hin und zurück ein halber Kilometer!

Unser Bootswagen feiert an diesem Abend Premiere. Im Tagebuch steht: »Hänge mich wie ein Ackergaul davor, während Juliana schiebt.«

Irgendwann können wir nicht mehr. Der Boden ist entweder so breiig, dass die Räder versacken, oder so steinig, dass sie nicht darüberrollen und der Wagen samt Kajak wegkippt. Ich bin fix und fertig. Einen Moment lang stelle ich mir vor, ich säße daheim zwischen Blumenbeeten auf unserer Terrasse.

Schluss damit! Solche Gedanken sind tabu!

Wir teilen eine Tafel Schokolade, spüren den sofortigen Energieschub und packen wieder zu. Als endlich alles in unserer *campsite* liegt und ich das Zelt aufbaue, entdecke ich drei kolossale Haufen Bärenlosung. Noch ganz frisch …

Juliana sitzt im Grau der Nacht und kocht. Durch das aufdringliche Fauchen unseres Primuskochers höre ich ihre Stimme: »Essen ist fertig!« Bald löffeln wir Chicken Enchilada aus Tüten und schwören, nie zuvor Köstlicheres gegessen zu haben. Gegen ein Uhr morgens greifen wir nach den Bechern mit heißem Kakao.

Sosehr wir uns später bemühen, die Feuchtigkeit der Regenkleidung in der Zeltapsis abzustreifen, so gnadenlos scheitern wir dabei.

»Kein Problem«, beruhige ich, »solange die Schlafsäcke trocken sind.« Dann dreht jeder auf seinem Quadratmeter Platz eine bühnenreife Pirouette und zieht sich derweil um. Die exotischen Düfte beim Abstreifen der Neoprensocken kommentieren wir schon längst nicht mehr. Und als wir mit trockenen Wollsocken in den warmen Schlafsäcken liegen, sage ich: »Eigentlich war's ein toller Tag!« Die Antwort bleibt aus. Juliana schläft schon.

15   WIE DER RABE DIE WELT ERSCHUF

Ich träumte in dieser Nacht.

»Du willst wissen, wie dieses Land entstand«, sagt der alte Tlingit im Traum zu mir und sieht mich durchdringend an. »Du liest viel darüber in Büchern, über die Eiszeiten, die Vulkane und woher die Tiere kamen. Aber ich erzähle dir die wahre Geschichte, so wie sie mein Volk von Generation zu Generation weitergibt.

Da war ein Mann namens Petrel, er war der Hüter des Wassers. Der Rabe aber war durstig und wollte dies Wasser trinken, denn es gab sonst nichts. Der Hüter des Wassers lehnte ab, zu teilen, und so fragte der gewitzte Rabe listig: ›Kann ich bei dir die Nacht verbringen, Schwager?‹ Petrel willigte ein. Im Dunkeln beschmierte der Rabe heimlich Petrels Kleider mit Hundekot und weckte ihn dann.

›Du hast ja dreckige Kleider!‹

Der Hüter des Wassers eilte hinaus, um sie zu waschen. Der Rabe aber hüpfte zum Wasser und trank und trank. Und als er fast alles Wasser getrunken hatte, flog er davon und rief laut: ›Kraah!‹

Und wie er so durch die Lüfte glitt, spie er das Wasser aus und formte den Nass River, er flog weiter und schuf den Taku, den Chilkat, den Alsek, den Stikine River und die anderen großen Flüsse des Nordwestens. Und er flog, bis er an einen breiten Fluss am Rand des Landes der Dunkelheit kam, dessen Lebewesen niemals Tageslicht gesehen hatten. Der kluge Rabe aber besaß das Licht.

›Lasst mich rein‹, rief er den Menschen zu. Aber die wollten das nicht, und er drohte: ›Wenn ihr mich nicht holt, treffe ich euch mit meinem Licht.‹

Trotzdem kam niemand. Da öffnete der Rabe eine Schachtel, die

126

er mit sich führte, einen Spaltbreit, und das Licht blendete die Menschen auf der anderen Seite, dass sie zu Boden stürzten. Aber noch immer waren sie nicht bereit, den Raben ins Reich der Dunkelheit zu lassen. Da öffnete er den Deckel ganz, und die Sonne flog bis hoch an den Himmel, wo sie bis heute steht. Die Menschen am anderen Ufer aber, die sich mit Fellen von Seeottern und Seehunden bekleidet hatten, wurden selbst zu Seeottern und Seehunden und lebten fortan im Meer. Die aber, die Felle von Bär und Marder getragen hatten, wurden zu Bär und Marder und lebten von nun an an Land.«

Der alte Tlingit sah auf: »Das«, sagte er, »ist die Legende meines Volkes, nach der ein Rabe die Welt erschuf.«

Eine Fahrt entlang der West Coast ist eine Reise durch das Land der nordwestamerikanischen Ureinwohner, eine ständige Begegnung mit ihren Sagen und Mythen, ihrem Leben und ihrer reichen Kultur.

Im Land der Chugach-Eskimos hatte die Reise für uns begonnen, jetzt waren wir in der Heimat der Tlingit. Heute leben etwa 14 000 Tlingit in Alaska und gut 1000 entlang der kanadischen Westküste. Hoonah ist ihre einzige Siedlung, die in unmittelbarer Nähe zur Glacier Bay liegt. Südlich davon kämen wir in die Heimat der Tsimshian. Später, viel weiter im Süden, würde ich ins Land der kanadischen First Nations kommen, vor allem das der Haida.

Drei große, sehr unterschiedliche ethnische Gruppierungen haben Alaska geprägt: die hier noch immer so bezeichneten Indianer wie die Tlingit und Eyak mit ihren zahlreichen Clans, die Eskimos (vor allem die Inupiat im hohen Norden und die »südlichen Eskimos«, die Yup'ik) und schließlich die Aleuten (sie selbst nennen sich Unangan), die fast ausschließlich vom Meer lebten. Diese Volksstämme lebten vor der Ankunft der Europäer getrennt voneinander, wobei sie durchaus Handelsbeziehungen unterhielten. Wie bei jeder anderen Kultur war ihr *way of life* vom Nahrungsangebot bestimmt. So schufen die Stämme im Südosten eine Kultur, die sich auf der Fülle des Meeres gründete: Lachs und Krabben standen neben etwas Wildfleisch auf ihrem Speiseplan. Die gute Versorgungslage ließ Zeit und Muße für Kreativität und Kunst. Das auffälligste und ästhetischste Symbol der Sesshaftigkeit dieser *natives* waren neben den festen Häusern ihre ausdrucksstarken Totempfähle, auf denen Rabe, Adler, Bär und Killerwal dominieren. Die Athabaskans im Inland Zentralalaskas dagegen waren Nomaden, die sich am Zug der Karibuherden und der Elche orientierten.

Ich wachte auf und dachte, die Sonne schiene. Aber als ich den Zeltverschluss öffnete, sah ich nur dünne, weiße Nebelschwaden, die über unserer riesigen Kieshalde lagen. Unser helles, gelborangefarbenes Zelt hatte mich zum Narren gehalten. Wir standen auf.

Im Lebensmitteldepot fand ich keine Bärenspuren. Der Schreck kam später, als ein Monsterbraunbär 50 Meter oberhalb von uns wie auf leisen Mokassins vorbeizog: »Mokassin Joe!«, sagte ich und pfiff durch die Zähne. So jedenfalls hatten ihn die Burschen im Wilden Westen genannt.

Ich bin nicht der Einzige, dessen Puls in solchen Situationen aufdreht. Wegzurennen wäre blanker Unsinn, Bären sind fast so schnell wie Pferde. Also was tun?

»Lärm machen«, schlägt Juliana vor.

Laut zu rufen ist sinnvoll, wenn der Bär weiter entfernt ist und man ihm so signalisiert: »He, Brauner! Mach besser einen Umweg!« Aber hier war es anders.

Natürlich kannten wir die gängige Verhaltensregel »Nicht fortrennen!«. Und anders als bei Humphrey Bogart, der in *Casablanca* sagt: »Ich schau dir in die Augen, Kleines«, ist direkter Blickkontakt mit dem Bären unbedingt zu vermeiden.

»Der ignoriert uns«, flüsterte ich. Der Bär hatte uns längst bemerkt, aber er sah nicht mal zur Seite.

Den Kopf dicht über dem Boden, trottete der 500-Kilo-Brocken geräuschlos an uns vorbei.

In unseren feucht gewordenen Händen hielten wir die Bear-Spray-Kanonen. An eines hatte ich in der Aufregung allerdings nicht gedacht: daran, ein Foto zu schießen!

Während der nächsten Tage erkunden wir die Ufer und die vom Gletscher ausgehobelten Seitenfjorde der Glacier Bay. In gut einer Woche werde ich allein weiterreisen.

Mein gelbweißer Lettmann-Kajak und ich sind zusammengeschweißt. Ein Topboot: schnell, stabil und sicher auf dem Wasser. Auch die Ladekapazität stimmt! Ich bin fit, es kann losgehen.

Juliana kommentiert meinen bevorstehenden Alleingang mit der saloppen Redewendung: »Der Drops ist gelutscht!« Die Sache steht.

Ich staune, wie sie loslassen kann, wenn sie spürt, dass ich etwas tun muss, was ich meine, tun zu müssen: Wie damals, als ich allein zu Fuß durch die Northwest Territories wanderte, Alaska zweimal im Faltboot durchquerte, mich allein mit meinen Schlittenhunden bei klirrenden 40 Grad minus von Anchorage bis Nome am Beringmeer durchschlug. Auch meinen Solotouren in Australien und Afrika stellte sie sich nie entgegen, sondern stand im Gegenteil immer voll hinter mir.

»Morgen werden wir den Grand Pacific Glacier erreichen«, sagte ich eines Abends im Camp und blickte von meiner Karte auf. Seine Gletscherzunge verläuft heute entlang der kanadisch-alaskanischen Grenze. Doch die meisten Besucher kommen wegen des sich hier von Südwesten vorschiebenden Margerie Glacier. Nur noch drei Paddelstunden waren es bis dorthin.

Unsere *campsite* lag einen Meter über der von der *high tide* definierten Wasserlinie auf einem Uferstreifen, den wir uns mit den Bären teilten. Uns gegenüber erhob sich Mount Fairweather; sein Massiv überwiegend in Alaska, der Gipfel in Kanada. Ein Riese, der sich von Meereshöhe aus 4670 Meter in den Himmel streckt. Den Namen erhielt er von Captain Cook, weil der damals hier schönes Wetter hatte. So wie wir ... Die Wolken rissen auf, und weiches Abendlicht floss über die Berge. Zum Schutz vor dem eisigen Gletscherwind krochen wir zusammen, legten die Hände um die heißen Kakaobecher und lauschten dem Rumpeln des brechenden Eises.

Seehunde tauchen aus dem Wasser auf, blicken uns an und verschwinden geräuschlos. Wir nennen sie »Spione«. Der bewegungslos auf einer Eisscholle treibende Kormoran starrt vor sich hin, während ein munterer Bergstrandläufer von Stein zu Stein hüpft. Im Busch singt ein Vogel »Tütütüüü«. In der Ferne tosen Wasserfälle.

»Ein Königreich für einen solchen Moment!«, schwärme ich. Juliana ist mehr auf die praktischen Dinge konzentriert und rollt die Matratzen zusammen. »Dies ist bisher der kälteste Morgen«, behauptet sie.

»Nicht verwunderlich«, sage ich, »um uns herum sind sieben Gletscher: der Reid, Lamplugh, Johns Hopkins, Margerie, Grand Pacific, Rendu und Carroll Glacier.«

Trotz des windstillen Morgens ziehen wir uns die *dry suits* an, dann überqueren wir die Glacier Bay. In der Mitte kommt Sonne durch, und das eben noch mausgraue Wasser leuchtet auf einmal türkisfarben.

Nur das dumpfe Dröhnen eines fernen Motors nervt!

»Das kommt vom Ostende des Grand Pacific Glacier.« Ich sehe durchs Fernglas: »Ein Schiff scheint Probleme zu haben!«

In den *Coast Guard News* liest sich die Geschichte so:

»Die 62 Meter lange *Spirit of Glacier Bay* ist um 7:45 Uhr mit

51 Menschen an Bord am dritten Tag einer viertägigen Kreuzfahrt vor dem Grand Pacific Glacier aufgelaufen. Zwei Jayhawk-Helikopter und der *Coast Guard Cutter Liberty* sind vor Ort.«

Auf dem beigefügten Foto liegt die *Spirit of Glacier Bay* wie eine flügellahme Ente aufrecht und unbeschädigt auf einer Sandbank.

»Zufällig kam gerade die *Fairweather Express* vorbei und nahm die Passagiere an Bord«, berichtet uns Cody später.

Das kleine Kreuzfahrtschiff wurde von der nächsten Flut angehoben und schaffte es mit eigener Kraft nach Juneau ins Dock.

Es bleibt nicht die einzige Schiffsbegegnung. Von Süden schiebt sich der schwarz-weiße Luxusliner *Amsterdam* ins Bild. Dann quetscht sich dies schwimmende Hochhaus zwischen uns und den Margerie Glacier. Ich brummele in meinen Dreitagebart: »Großkotziges Getue, 600 Mann Bedienung hofieren 1300 Gäste ...«

Schließlich paddeln wir dorthin, wo wir den tonnenschweren Pott malerisch vor dem blauen Gletscher liegen sehen.

»Als Fotomotiv ganz nett«, murmle ich und versöhne mich mit der Situation.

Die schönsten und bekanntesten Plätze der Welt muss man mit anderen teilen: den Kilimandscharo, die donnernden Victoriafälle, Rios Zuckerhut und hier Alaskas Gletscher. Ich freue mich durchaus darüber, wenn ich mich mit anderen freuen kann. Allerdings freue ich mich ganz besonders über meine Wanderstiefel, den Kajak, mein Motorrad und unseren Geländewagen, die mir die Freiheit geben, eigene Wege zu gehen.

Am Nachmittag sehe ich über den Bug meines Kajaks hinweg die 290 Meter lange und 116 000 Tonnen schwere *Sapphire Princess*: eine schwimmende Kleinstadt mit 740 Balkonsuiten und 3700 Menschen. Der Kreuzfahrttourismus boomt an der West Coast.

Später sitzen wir im Dauerregen auf spitzen Felsen und lauschen dem kalbenden Lamplugh Glacier. Willkommen zurück in unserer Welt! Ganz ohne Riesenpötte, Schickimicki und Menschenmassen. Unsere Animateure sind die Austernfischer. Ihre roten Schnäbel hämmern in den Seetang, während die quittegelben, von einem leuchtend roten Kreis umrandeten Augen uns wachsam beobachten. Eine Küstenseeschwalbe treibt auf einem Eisberg vorbei.

Wir waren jetzt im Johns Hopkins Inlet, einer 15 Kilometer langen Bucht, die von acht Gletschern gespeist wird. An den Ufern unserer *campsite* lagen von der *tide* zurückgelassene Eisstücke. Den Boden bedeckten silberne Flechten und grüne Moose, dazwischen hüpfte ein kleiner Vogel. Hilflos schlug der graubraune Winzling mit den Flügeln. Jämmerlich piepsend verschwand er zwischen Felsen.

Seit gestern schmerzte meine linke Schulter, und eine Wunde an der Hand, die ich mir vor Wochen im Prince William Sound beim Holzhacken zugezogen hatte, war aufgeplatzt. »Das kommt durch die Kälte«, beruhigte Juliana mich. »Die Wassertemperatur liegt hier am Gefrierpunkt.«

Sie hatte Handschuhe übergezogen und eine warme Fleecemütze aufgesetzt. Beide steckten wir im *dry suit*. So paddelten wir auf dem stillen, eigentümlich grünen Gletscherwasser im Zickzack um Eisschollen herum zum Fjordende. Gletscherstaub hatte das Treibeis stellenweise schmutzig grau gefärbt, nicht selten trieben Findlinge als blinde Passagiere auf den Schollen.

Reise in die Urwelt, notiere ich später. *Alle 200 Meter stürzen Wasserfälle herab, und Gletscherzungen hängen über Felsgrate. Ein Bild voller Dramatik und wilder Schönheit.*

Das Wasser war spiegelglatt. Die Gefahr, dass in dieser geschützten Bucht Wind aufkommen und Eis uns einkesseln könnte, war gleich null. Am Ende des Inlets stand der Johns Hopkins Glacier als erstarrte Kaskade zwischen wolkenverhangenen Bergen. Und wo das Eis das Wasser berührte, begann das Reich der tausend Seehunde, die hier ihre Jungen zur Welt bringen. Ich wusste, dass sich solche Bilder auf den nächsten 2000 Kilometern meiner Reise nicht wiederholen würden.

Wir wendeten, und damit begann die Rückfahrt. In drei Tagen würde uns die *Fairweather Express* wieder aufnehmen. Am Tag darauf war Julianas Abflug.

»Genug Gletscher für heute!«, sage ich. Und anstatt die Nacht wie geplant am Reid Glacier zu verbringen, legen wir schon bald an einer kleinen Felsenbucht an.

Wonach wähle ich eine *campsite* aus?

Nach der Übersichtlichkeit – der Bären wegen! Ein *creek* mit Trinkwasser sollte in der Nähe sein, genauso wie der halbwegs ebene Platz fürs Zelt. Eine Feuerstelle brauchen wir wegen des ohnehin pitschnassen Holzes nicht. Wir wünschen uns zwar immer eine *easy landing site,* aber meist müssen wir Kajaks und Ausrüstung noch ewig über glitschige und oft meterhohe Felsblöcke bis zum Camp hieven.

In dieser Bucht ist die Belohnung für den Aufwand ein Pool mit Gletscherwasser.

»Unser Badezimmer!«, jubelt Juliana. Das wurde auch Zeit ...

Wir ziehen uns aus, laufen vergnügt an angeschwemmten Eisblöcken vorbei und springen ins eiskalte Wasser. In der Ferne zieht mit 1900 Passagieren der Luxusliner *Westerdam* vorbei.

»Das wird mir in ein paar Tagen fehlen!«, sagt Juliana und spritzt sich eiskaltes Wasser über den Körper.

»Und du mir auch«, sage ich.

Wir frieren einige Momente dieses Abends mit der Kamera ein: Juliana beim Kochen, die offenen *bear cans* neben sich. Auf einem

anderen Foto spült sie unser Geschirr im Meer. Bei meinem Alleingang wird vieles anders sein ...

Ein Vogel sang wieder das schon bekannte Lied »Tütütüüü«. Ein ver-
schütteter Baum streckte aus dem Schneefeld einen Zweig hervor, an
dem sich erste Knospen zaghaft öffneten. Es war Mitte Juli! Dass wir
am nächsten Morgen mit den Kajaks ausrutschten und hart auf die
schmierseifeglatten Steine knallten, hätte man als böses Omen deu-
ten können. Wir sahen das nicht so; das Boot hatte nur Kratzer bekommen, und alle Knochen waren heil geblieben.

Die Wolken lösten sich auf, die Sonne schien, und mit einem Mal
leuchtete die Glacier Bay in hellem Türkis. Es war wieder einer dieser
magischen Momente, die Cody wohl gemeint hatte, als er eine Weisheit der Tlingit zitierte: »Nicht der Mensch ergreift Besitz von dieser
Wildnis, sie ergreift Besitz von ihm.«

Wir schoben die Kajaks ins Wasser und überquerten die zehn Kilometer breite Bay.

»Irgendwann kommen wir zurück«, sagte ich. Juliana schwieg.

Auf einem Granitfelsen in der Form eines Glatzkopfes lärmten Sil-
ber- und Eismöwen. Auch 3000 Brutpaare der rund sechs Millionen
Dreizehenmöwen Alaskas leben in der Bay. Wo ich nicht mal einen
Felsvorsprung ahnte, hatten sie ihre Nester gebaut.

Eine Küstenseeschwalbe saß still auf einem mit Seetang um-
kränzten Riff. Bei *high tide* würde es verschwunden sein. Das Auf
und Ab der Flut ist das ewige Wunder hier; sie deckt den Tisch mit
Krabben, Krebsen und anderen Kleinstlebewesen. Lautstark platschten 60 *harlequin ducks* durchs Wasser, erreichten ihre Startgeschwin-
digkeit und flatterten davon.

»Ihr englischer Name ist zutreffender als die deutsche Bezeichnung Kragenente«, sagte ich. »Mit dem blauschwarzen Gefieder,

Der gewaltige Tidenhub hält uns zum Narren: Über Nacht hat sich das Wasser 250 Meter entfernt.

den kastanienbraunen Flecken und den weißen Punkten sehen sie tatsächlich aus wie Clowns.«

Das Lärmen auf der Vogelinsel wurde leiser, und wir konzentrierten uns auf die beiden großen Schneefelder mit den witzigen Formen: »Dagobert Duck reitet auf einer Wildsau«, deutete Juliana das rechte. Für mich war das linke eine »weiße Katze mit schwarzer Sonnenbrille«.

Wir fanden bei der »Katze« ein senkrecht im Geröll steckendes Paddel. Das vereinbarte Zeichen. Hier musste die Stelle sein, wo wir abgeholt werden sollten. »Ende einer Reise ...«, sagte Juliana. »In drei Tagen geht mein Flug ...«

Der Himmel feierte das Finale des Abenteuers mit uns; wir erlebten den wunderbarsten Sonnenuntergang der gesamten Tour, während wir auf Kieseln hockten und heißen Kakao schlürften. Das Rot

135

des Sonnenballs wich dem Rotviolett, das noch spät in der Nacht die Wolken färbte.

Ich wusste, dass ich dieses gemeinsame abendliche Entspannen, das Seite-an-Seite-Sein vermissen würde. So wie Julianas flinke Hände in der »Küche« und das Miteinander bei den anderen tausend kleinen Selbstverständlichkeiten.

Als Cody uns am nächsten Morgen mit dem Schiff abholt, erzählt er uns eine verrückte Geschichte:

»Ich hatte ein paar Tage frei und unternahm einen Kajaktrip. Es passierte am Morgen des zweiten Tages: Den Kaffeebecher in der Hand, sah ich, wie zwei Braunbären geradewegs auf mich zukamen. Der eine rannte ... Ich warf die verstreut liegenden Lebensmittel in meinen *bear canister,* verschloss ihn und grapschte meinen Kaffeepott. Schließlich wollte ich keine Köder zurücklassen.

Langsam bewegte ich mich auf einen freiliegenden Felsen zu, entsicherte dabei aber auch mein Bärenspray. Der aggressivere der beiden kam auf mich zu und begann eine Art Versteckspiel mit mir. Gefährlich! Ich stellte meinen Becher beiseite, kletterte auf den Felsen und wedelte mit den Armen, um größer als der Bär zu erscheinen.

Er ließ von mir ab und begann, sich für meinen *coffee mug* zu interessieren. Dabei stieß er ein tiefes »Whoof, whoof!« aus und fegte mit den Pranken Steine fort. Dann leckte er an meinem Becher und zerdrückte ihn mit den Tatzen.

Als sein Kumpel kam, kommunizierten die beiden miteinander, danach tapsten sie am Ufer entlang, als wäre nichts geschehen.

Sie waren Halbstarke, draufgängerisch und neugierig. Als sie jetzt mein auffällig gelbes Zelt und den Kajak erreichten, rüttelte der Aggressivere am Boot, sprang drauf und kaute daran herum. Das ging zu weit! Ich tutete mit meinem Nebelhorn. Es musste unangenehm für sie sein, denn sie legten die Ohren an und verschwanden.«

»Und du hast dir danach einen neuen Kaffee gekocht«, vermutet Juliana.

»Aber erst auf der nächsten *campsite*«, schmunzelt Cody, der inzwischen darüber lachen konnte.

Wir waren eine kleine Schar bunt zusammengewürfelter Leute. Die mit den geröteten Gesichtern zwischen den kunterbunt gestapelten Gepäckstücken waren von Cody aufgelesene Kajaker. Die mit den Kameras im Anschlag draußen an Deck waren die Tagesausflügler. Aber als die Worte »*Two brown bears!*« die Runde machten, standen wir alle an der Reling. Wie zwei freundliche Teddys trotteten die beiden einträchtig am Ufer entlang, tapsten mit den Pfoten gegen Steine und leckten daran.

»Ich liebe Bären! Wenn sie weit genug weg sind!«, sagte Cody und hatte die Lacher auf seiner Seite.

»Soviel ich weiß«, erinnerte er sich, »gab es in der Geschichte des Nationalparks nur zwei schlimme Bärenattacken. Die letzten Worte des einen Opfers sollen gewesen sein: ›Ich wollte doch nur ein gutes Foto vom Grizzly machen!‹«

In der *Glacier Bay Lodge* gab es abends zwei Fraktionen: die drinnen am flackernden Kamin und die auf der Terrasse. Dort saßen die Kajakfahrer, zu denen auch Cody, Juliana und ich uns gesellten.

»Am Margerie Glacier hast du dich beschwert: ›So viel Eis und kein Bourbon!‹ Das ändern wir jetzt!« Juliana hob die Hand, und die Bedienung brachte mir einen Whiskey *on the rocks*.

16 ALLEINGANG

Die Inside Passage ist Respekt einflößend. Ihre fast 50 000 Kilometer Küste – die unzähligen Wasserarme und Myriaden von Buchten – sind voller Leben. Von den geschätzten 6000 Buckelwalen des Nordpazifiks leben 1000 während der Sommermonate in Südostalaska. Und von denen schwimmen rund 500 durch die Chatham Strait und den Frederick Sound.

Wale hatten nicht am Anfang meiner Begeisterung für die Inside Passage gestanden. Sie faszinierten mich zwar, und ich bin von jeher ein Gegner des Waldfangs. Aber wir hatten wenige Berührungspunkte miteinander.

Diese Reise änderte das. In der Stephens Passage, dem Frederick Sound und dem Taku Inlet entdeckte ich eine mir bis dahin unbekannte Welt. Zwar war ich schon mehrmals auf Fähren hier durchgefahren, aber jetzt war ich im Kajak allein, und dann unverhofft einen Walbuckel vor der Bootsspitze auftauchen zu sehen ist für mich berührender als die Elefanten, die einst in Botswana durch mein Camp zogen.

Als ich Juliana auf dem Handy erreichte, wartete sie bereits in Vancouver auf den Weiterflug nach Frankfurt/Main.

»Bitte schreib mir!«, bat sie.

In jener prähistorischen Zeit vor Erfindung des Internets hatte ich bei meinen Reisen oft mit dem Zettel auf den Knien im Faltboot oder Kanu gesessen. Erreichte ich endlich ein entlegenes Buschdorf, wurde aus den Zetteln ein dicker Brief, der am nächsten, allerspätestens am übernächsten Tag mit dem *mail plane* in die Heimat ging.

»Abgemacht!«, sagte ich.

Natürlich wusste sie, dass ich höchstens alle zehn Tage an einen Briefkasten oder in ein Internetcafé kommen würde.

Welchem von beiden ich dann den Vorzug geben würde, ließ ich offen.

Ich hatte einen Tag für die letzten Vorbereitungen in Juneau eingeplant. Es wurden zwei.

Scott Fischer vom *Foggy Mountain Shop* hatte alle topografischen Karten für mich parat. Da ich mich in der Glacier Bay mit den sperrigen *bear cans* angefreundet hatte, wollte ich mir zwei zulegen. Da keine vorrätig waren, verkaufte mir Scotts Mitarbeiter kurzerhand seine eigenen. Nach meinem Einkauf sah ich in Juneaus kleinem Hafen drei monströse Luxusliner liegen: Höher als jedes Haus versperrten sie die Sicht und zerstörten die hübsche *Down-Town*-Atmosphäre. Zu den 31 000 Einwohnern Juneaus kommen an solchen Tagen mindestens 6000 Gäste. Der seit Jahren massive Kreuzfahrttourismus wird an der West Coast kontrovers diskutiert: Den einen ist er eine sprudelnde Dollarquelle, andere sprechen von über die Orte hereinbrechenden Besucher-Tsunamis.

Viviens *campground* lag zum Glück weit vom Zentrum Juneaus entfernt. Es war immer was los. Meistens hockten zwei oder drei Weißkopfseeadler über mir, während unten winzige Kolibris wie toll mit den Flügeln schnurrten und dabei mit langen Schnäbeln Blütennektar tranken.

Ich portionierte die Vorräte für mein bevorstehendes Abenteuer und übergab Sam einen Karton mit Lebensmitteln. Er würde sie später mit dem Vermerk »postlagernd« nach Ketchikan schicken.

»Wann?«

»Keine Ahnung, in 20 oder 25 Tagen sollte ich wohl dort sein. Ich werde dir von Wrangell aus Nachricht geben.«

David trifft Goliath: Luxuriösen Kreuzfahrtschiffen begegne ich überall zwischen Alaska und Vancouver.

Richard, Mitte 50, war mein Campnachbar. Seine Geschichte steht für die vieler Neu-Alaskaner:

»Bin vor drei Wochen nur mit 'nem Koffer in Alaska gelandet, jetzt habe ich einen gut bezahlten Job als Zimmermann und verdiene 62 Dollar die Stunde!«, sagt er mit jener Leutseligkeit, die Amerikaner gern beim Thema Geld an den Tag legen.

Schon nach wenigen Tagen hatte sich Richard einen GMC-Truck und einen Wohnanhänger gekauft. Seit gestern ist er stolzer Besitzer eines Motorboots.

»Mein Grundstück in Flagstaff/Arizona werde ich demnächst verkaufen und mir hier was Neues zulegen.«

Er liebe die Unabhängigkeit, schwärmt Richard. »Und auch, dass ich den Unterhaltsansprüchen meiner geschiedenen Frau entflohen bin ...!«

Während wir uns unterhalten, donnern auf dem Glacier Highway mehrere Harleys vorbei. Die meisten haben statt normaler Auspuffe schlichte *chrome pipes* montiert – ohne Dämpfer. Und so wundert es mich nicht, dass gut die Hälfte aller Biker hier ohne Sturzhelm fährt. Auf die Freiheit!

Juneau liegt wunderschön: vorn vom Gastineau Channel begrenzt und hinten vom fast 20 Kilometer langen Mendenhall Glacier. Nur der Regen stört. Zwei Tage lang legt er sich als feiner Spray über die vor dem Camper ausgebreiteten Ausrüstungsgegenstände. Aber irgendwann bin ich endlich fertig. Morgen früh geht es los.

Wenn der Panhandle in Südostalaska tatsächlich ein Pfannenstiel ist, dann ist Zentralalaska die Pfanne. Mit etwas Phantasie kann man in der westlichen Aleutenkette einen zweiten Pfannenstiel erkennen.

Der Panhandle war der Schauplatz all jener Ereignisse, die die Welt auf die »Eisbox Amerikas« aufmerksam machten. Hier liegt auch Sitka, die ehemalige »Hauptstadt« Russisch-Alaskas. Einst war sie das unangefochtene Pelzhandelszentrum der West Coast und Gegenpol zu den Begehrlichkeiten der Hudson's Bay Company. Später kam der Goldrausch. Jack London brachte Alaska mit *Der Ruf der Wildnis* in die Wohnzimmer der Welt.

Die Erfahrungen der beiden vorangegangenen Kajaktouren waren hilfreich. Auch beim Packen. Aber es ist nun mal Fakt, dass ein Zweimannzelt bei einem Solotrip genauso viel Platz einnimmt wie bei einer Reise zu zweit. Das gilt auch für Kocher, Kochtopf, Kameras, Lenzpumpe und die Erste-Hilfe-Ausrüstung ... Das bevorstehende Extremabenteuer war für mich weniger herausfordernd als das Packen! Als ich das endlich gestemmt hatte, atmete ich auf.

Nur das ununterbrochene Hämmern von fünf im Konvoi fliegenden Hubschraubern nervte mich.

Der hilfsbereite Sam
packt bei meinem
Neustart in Juneau
tatkräftig zu.

»Sightseeingflüge für die Passagiere der Kreuzfahrtschiffe«, sagte Sam, der mich bis zum Gastineau Channel begleitete. Angesichts 6000 weiterer potenzieller Fluggäste konnte das noch eine ganze Weile so gehen ...

Der Gastineau Channel ist ein zwei Kilometer breiter Meeresarm, der sich von Juneau aus wie ein Kanal bis zur Stephens Passage erstreckt.

Sich all diese *landmarks*, die Wasserarme, Buchten, Inseln, Gletscher und Flüsse, merken zu wollen ist unmöglich. Ich musste nur sicherstellen, jederzeit meine Position zu wissen. In diesem Labyrinth der tausend Inseln ist die Gefahr, sich zu verirren, groß. Die Karte wird immer vor mir liegen. Auch bei Sturm und hohen Wellen werde ich wissen, wo ich bin. Ein Zentimeter auf der Karte sind zweieinhalb Kilometer in der Natur – eine große Entfernung, wenn die Sicht bei Nebel nur 200 Meter beträgt. An guten Tagen werde ich also die Breite meines Mittelfingers in einer Stunde schaffen ...

Die Frage »Hast du Angst?« kommt mir an diesem Tag nicht in den Sinn.

Abgesehen von der schmerzenden linken Schulter bin ich fit. Wenn du gleichmäßig paddelst, wird sie sich wie ein Kugellager einlaufen, sage ich mir.

An diesem ersten Tag würde ich neun Stunden paddeln, also 30 000 Paddelschläge, davon die Hälfte mit links. Am Abend würde die Schulter geschmeidig und schmerzfrei sein. Doch davon war ich noch weit entfernt, als ich morgens meinen Kajak ins Wasser schob, mich reinsetzte, die Gummistiefel abtropfen ließ, die Füße ins Boot zog und das Spritzdeck schloss.

Ich dachte an Juliana, positive Gedanken geben Kraft! Und behutsam tauchte ich das Paddel ins Wasser.

»Die Fische springen wie verrückt!«, steht im Tagebuch. Im Minutentakt katapultieren sich silberne Leiber aus dem Wasser. Lachse! In den Bäumen warten geduldig *bald eagles* – vor allem junge, braun gefleckte Adler – auf ihre Chance. Erst im fünften Lebensjahr wird sich auch ihr Kopf weiß färben.

Über die Einfahrt in die Stephens Passage notiere ich: »Mich trifft der Hammer! Vor mir kreuzen 23 Fischerboote.« 80 Prozent des nordamerikanischen Wildlachses stammen aus Alaska. Und was die *fishermen* hier in die Netze bekommen, wird schon bald auf den Weltmärkten zu Spitzenpreisen gehandelt werden.

Ich beobachte, wie die Netze über breite Rollen am Heck eingeholt werden. Der Fang ist so riesig, dass die zwei Mann Besatzung kaum in der Lage sind, die Fische schnell genug in die Körbe zu befördern.

Ich stoppe an der *Cape Fox,* einem der kleineren Fischerboote. Captain Bob, Fischer und Mädchen für alles, grüßt freundlich, während ich hinter seinem Schiff das Paddel aus der Hand lege und fotografiere.

Wie lang die Fangsaison sei, will ich wissen.

»Drei Tage«, sagt Bob, während er die Lachse konzentriert einzeln aus dem Netz holt.

»Danach schließt die Fischereibehörde diesen Abschnitt für vier Tage, damit die Lachse ins Taku Inlet und von dort zum Laichen in die Flüsse können.«

Wenn es einen Fisch gibt, dem in Alaska ein Denkmal errichtet werden sollte, dann ist es der Lachs. Für Ureinwohner und Trapper ist er das Grundnahrungsmittel, unzählige Familien leben von ihm, kleinen Fischern gibt er ihr Auskommen ... Und was wäre die Fischindustrie ohne den Lachs?

Mein Bekannter Tim Cook aus der Bristol Bay, einem der lachsreichsten Gewässer der Welt, erzählte mir, wie der Lachsboom vor Jahren hier die verrücktesten Ausmaße annahm.

»1985 kamen die *sockeye salmon,* die Rotlachse, in fast unvorstellbaren Mengen zurück. Und die Aufkäufer zahlten damals statt früher 79 Cent plötzlich 2,50 Dollar pro Pfund! Mancher Bootseigentümer fing innerhalb der dreiwöchigen Fangsaison 300 000 Pfund – ein Vermögen von einer Dreiviertelmillion Dollar.

»Anders als noch vor Jahrzehnten ist der Lachsfang heute zur Schlacht ums große Geld geworden«, klagte Tim. »Wir haben eine Situation erreicht, die man als *combat fishing* bezeichnen kann, als

Bob verdient als Lachsfischer in nur drei Tagen ein kleines Vermögen.

Kampffischen: Die Boote rammen einander, der Kampf um die besten Standorte wird schon mal mit fliegenden Bierflaschen, Fäusten und Baseballschlägern ausgetragen.«

Solche Wildwestmanieren gibt es hier im Taku Inlet nicht.

»Jetzt kommen gerade die Hundslachse rein. Der Preis dafür ist zum Glück wieder etwas gestiegen und liegt bei 60 US-Cent pro Pfund«, erzählt Bill.

»Und wie viel Pfund ziehst du pro Tag an Bord?«

»Rund 2000«, sagt er und lächelt zufrieden.

Das sind 1200 Dollar am Tag. Viele Alaskaner verdienen während der kurzen Zeit des *salmon run* den Lebensunterhalt fürs ganze Jahr.

Dass Taku Harbor eine wind- und wettergeschützte Bucht ist, wussten schon die Pelzhändler der Hudson's Bay Company, die hier 1840

Fort Durham errichteten. 100 Jahre später stand an gleicher Stelle eine *cannery* zur Fischverarbeitung.

Fragmente des einstigen Schiffsanlegers erinnern daran. Die Baracken der früheren Arbeiter sind ebenfalls erhalten. Daneben hüpften Krähen und Raben über verrostete Boiler und Maschinenteile.

Danke, Sam, dein Tipp hierherzukommen war klasse!, dachte ich. Die dicht bewachsenen, schneefreien Hügel spiegelten sich im Wasser der Bucht. Hier war es viel milder als in den Gletscherregionen.

Eine große Motorjacht und ein Segelschiff waren am neuen Bootsanleger vertäut.

Vor einem Blockhaus sah ich jemanden. Den würde ich fragen ...

So lerne ich Ron Zuckermann kennen, den es gerade mit seiner Motorjacht von Seattle hierher verschlagen hat. Auch einer dieser Mittsechziger, die sich endlich ihre Träume erfüllen! So wie Linda und Gerd von der Jacht *Taranga*, die ebenfalls in der Bucht liegt.

»*Small world!*« Da treffen sich *traveller* aus aller Herren Länder und stellen auf einmal fest, dass sie viel gemein und noch mehr zu erzählen haben. Einige solcher Zufallsbekanntschaften wurden für Juliana und mich zu lang andauernden Freundschaften.

»Mit einem kleinen Frachter kam ich 1968 von Neuseeland in die USA«, erzählt Linda. »In meiner Tasche steckte ein Greyhound-Busticket für 99 Dollar, gültig 99 Tage. Ich wollte mit dem Bus quer durch Amerika, und mir schwirrten noch ein paar weitere Ideen durch den Kopf: in Montreal mein Schulfranzösisch aufpolieren, dann England bereisen ... und über Indien wollte ich eigentlich zurück nach Neuseeland.«

Es kam anders. Linda bekam in Kanada das finanziell attraktive Angebot, in ihrem Beruf als Krankenschwester zu arbeiten. Nebenbei begeisterte sie sich fürs Skifahren und dann fürs Segeln. Dabei lernte sie Gerd kennen. Die beiden heirateten.

»Ich kam 1965 von Wien nach Kanada«, erzählt Gerd. »Wollte mir die Welt ansehen, mein Englisch verbessern.«

Dann blieb er an der West Coast hängen.

»Hat sich so ergeben«, erinnert er sich. Es gab für den jungen Ingenieur hier immer viel Arbeit.

Seit rund 40 Jahren segeln Linda und Gerd durch die Inside Passage. Ihre Boote hat Gerd alle selbst gebaut. Das erste maß nur 20 Fuß. Sein fünftes Boot, die *Taranga*, ist zwölf Meter lang, 39 Fuß also.

»Wie lange habt ihr an dem Ausbau gearbeitet?«

Gerd lächelt: »Fünf lange Winter, rund 2000 Stunden!«

»Wir segelten sogar mit unseren Kindern, als sie noch klein waren«, sagt Linda, »wenn auch meistens nur an der Küste von Vancouver Island. Wir mussten uns die Zeit gut einteilen. Es gab Verpflichtungen, und unsere Familien waren über den ganzen Globus verstreut; in Neuseeland und Österreich.«

Erst mit der Pensionierung begann ihr großes Abenteuer West Coast. Sie umsegelten die Queen Charlotte Islands und fuhren bis nach Alaska.

»Du fragst nach der Faszination solcher Reisen«, sagt Gerd. »Das Unerwartete ist für uns die größte Faszination. Einmal hingen wir hier in Alaska bei schlechtem Wetter drei Tage lang in einer Bucht fest. Also ruderten wir mit dem Dingi an Land und fanden uns plötzlich in der Gesellschaft von Schwarzbären wieder. Bei gutem Wetter wären wir da nie hingekommen ... Das Wetter ist an dieser Küste das alles bestimmende Element!«

»Vor Jahren«, fällt Linda ein, »fuhren wir bei Calvert Island unweit von Cape Caution in eine schmale Bucht. Wegen der Dünung dort mussten wir bei der Einfahrt extrem vorsichtig sein. Die Bucht war klein, und Gerd sagte: ›Check mal, ob dort Bären sind!‹ Ich blickte durchs Fernglas. Bären entdeckte ich nicht, dafür stand ein weißer Wolf vor den schwarzen Uferfelsen. Wieder einer dieser nicht planbaren Glücksfälle!«

So wie unsere Begegnung in Taku Harbor.

Die neue Blockhütte aus rotem Zedernholz, die ich schon vom Wasser aus gesehen hatte, war eine *public use cabin,* eine, die zur allgemeinen Benutzung zur Verfügung steht. Auch ein Glücksfall. Hier rollte ich meinen Schlafsack aus.

An der Wand hing das 1970 aufgenommene Farbfoto eines alten Mannes in rot-schwarzem Holzfällerhemd. Er war um die 80 und hatte ein faltiges, wettergegerbtes Gesicht, hohläugig und stoppelbärtig: »Tiger« Olson, nach dem auch meine Hütte benannt war.

»Tiger« hatte jahrzehntelang in Taku Harbor gelebt, sein einfaches grün gestrichenes Haus mit dem Wellblechdach stand knapp hundert Meter von »meiner« Blockhütte entfernt. Am nächsten Morgen würde ich es mir genauer ansehen. Aber jetzt trat ich erst mal auf die Veranda der etwa 20 Quadratmeter großen *cabin.* Die Positionslampen der Schiffe spiegelten sich in der stillen Bucht. Das war ein Auftakt nach Maß ...

Ich mag es, in der Wildnis durch verlassene und vergessene Hütten zu stöbern. Was waren das für Menschen, die hier einst lebten, was hielt sie in ihrer Abgeschiedenheit? Erfüllte Kinderlachen dies Haus, oder lebte hier ein Eremit, ein Griesgram, der sich von der Welt zurückgezogen hatte? Hielt sich hier jemand vor der Obrigkeit versteckt? War es vielleicht ein Aussteiger, der sich einigelte, um sich zu verwirklichen? Ein selbst ernannter Künstler, der die Wände mit seinen Stillleben behängte und das Plumpsklo draußen mit bunten Schnitzereien dekorierte? Vielleicht ein Spinner, der in der Welt nicht mehr mit sich zurechtkam? Oder war jemand nur wegen der vielen leckeren Lachse gekommen?

Ich hatte solche Typen über die Jahrzehnte im Busch kennengelernt. Oft waren es faszinierende, visionäre Menschen mit tollen Biografien. Manche hatten sich die Träume, mit denen sie angereist waren, erhalten. Andere resignierten.

Alaska ist wie kein anderer Teil der Welt ein Synonym für Selbstverwirklichung und Freiheit. Hier lebt noch der alte *spirit of the west*, getreu dem Motto: »Wenn du nicht auf die Schnauze fällst, gibt's für dich kein Limit.« Und da die übrigen 49 US-Bundesstaaten als Alaskas »Hinterland« gelten, gibt es genug Träumer in der Warteschlange, die ihre unkonventionellen Ideen hier ausleben wollen.

Wer oder was war »Tiger« Olson?

Ich würde bei meinem Stöbern wohl keine Biografie finden, aber ich durfte meiner Phantasie freien Lauf lassen.

Also schlenderte ich am nächsten Morgen von meiner *cabin* den schmalen Schotterweg entlang durch hohes Gras, hin zu dem Haus ohne Hausherrn. Vergissmeinnicht blühten neben Schwertlilien. Herkulesdolden reichten mir bis zum Kinn. Irgendjemand hatte ein paar Hinterlassenschaften in Reih und Glied hingelegt: eine verrostete Säge, die Spitze eines Bohrers, einen alten Schraubstock, den löchrigen Eimer.

Der Ruf eines Raben erklang: »Klong, klong, klong.« Zwei Seeadler schwebten über der Bucht. Die steigende *tide* gewährte mir noch eine kleine Verschnaufpause, in zwei Stunden wäre sie wieder dort, wo ich letzte Nacht aus dem Boot gestiegen war. Dann wollte ich ablegen. Aber bis dahin hatte ich Zeit.

Die Tür zu »Tiger« Olsons alter *cabin* brauchte ich nicht zu öffnen, denn es gab sie nicht mehr.

Alles hier war funktional und praktisch, die Wohnästhetik war der

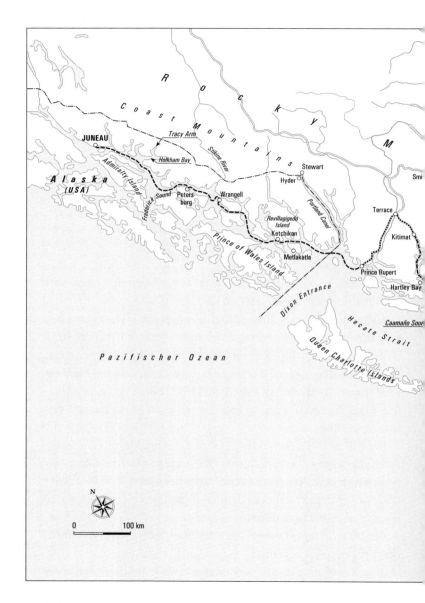

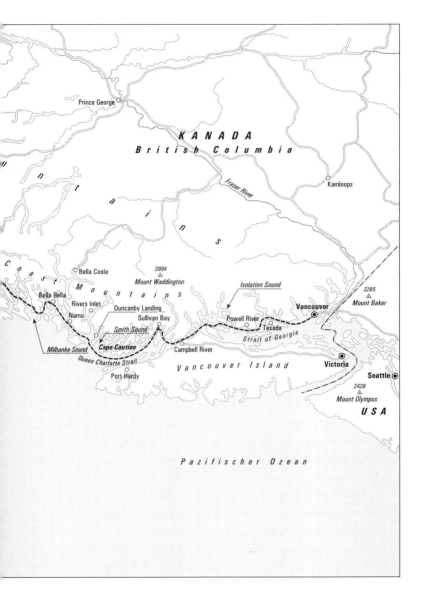

Zweckmäßigkeit untergeordnet. Im Vorraum stand noch die Waschmaschine aus den Fünfzigerjahren mit den Walzen der von Hand zu bedienenden Wäschemangel. Die einfache Küche mit der Spüle und den weiß gestrichenen Regalen gab es auch noch. Die Fensterscheiben des Wohnzimmers waren blind, aber ich stellte mir vor, wie Tiger von hier aus auf seine Bucht geschaut und dabei vielleicht ein Pfeifchen geraucht hatte. Vor der Einfahrt von Taku Harbor zog ein Fischerboot vorbei.

Als ich wieder ins Freie trat, kreisten die Adler noch immer, der Rabe schimpfte jetzt »Kraah, kraah, kraah!«. Es war erstaunlich warm geworden.

Bei *high tide* war ich auf dem Wasser. Links lagen die schneebedeckten Coast Mountains, von denen sich hier und da Gletscher in Richtung Inside Passage schoben. Ein Abstecher dorthin würde Tage dauern. Ich verzichtete. Eis hatte ich im Norden genug gesehen, jetzt wollte ich Strecke machen.

Ich schreckte auf, als hinter mir lautes Fauchen ertönte. Vorsichtig drehte ich mich um und sah fünf Meter hinter mir einen bulligen Steller-Seelöwen. Der Berg aus Fleisch und Fett sah mich mit undurchdringlichem Blick an. Wollte er mich abchecken, weil ich in sein Territorium eingedrungen war?

Ansonsten war es die Stunde der Stille. Als eines der »Blauen Kanus« in der Ferne nach Norden fuhr, spürte ich seine Bugwelle 20 Minuten später. Wie eine schwer atmende Brust hob und senkte sich das Wasser, kurz darauf klatschten Wellen ans Ufer.

Das Leben hier ist reich; ich sah Seehunde, Seelöwen und einen Wal. Obwohl kein Gegenwind wehte, hatte ich den Eindruck, bergauf zu paddeln. Mir war unklar, warum. *High tide* war um 13:03 Uhr gewesen, das Wasser floss jetzt in Richtung Pazifik ab, also nach Süden. Demnach sollte ich eigentlich auf der Ebbe »reiten« und schneller vorankommen. Doch Wasser folgt eigenen Gesetzmäßigkeiten. Auch im Norden gab es Durchlässe. Es passierte immer wieder mal, dass ich gegen die einlaufende Flut anpaddeln musste. Dabei verlor ich sicher Zeit und kam vom direkten Kurs ab, aber ganz ehrlich – sind solche Überlegungen bei der Dimension meiner Reise nicht lachhaft? Ich war doch nicht auf einem Rennen, und das Letzte, was ich wollte, war ein Leben nach Plan, und sei's auch nur ein Gezeitenplan.

Dass gleichwohl Ebbe und Flut das Leben in der Inside Passage stark bestimmen, ist klar. Natürlich dominieren sie auch meinen Alltag; etwa alle zwölf Stunden ist Flut. Die höchste *high tide* betrug in diesem Monat sechs Meter, heute lag sie bei knapp vier Metern. Die seltenen Tage, an denen die Stände von Ebbe und Flut fast gleich waren, erschienen wie Festtage, denn sie bedeuten für den Kajaker weniger Schlepperei.

Ich sah auf mein Thermometer: 14 Grad. Nach den Temperaturen an den Gletschern empfand ich das als warm. Besonders warm wurde mir, als ich Port Snettisham querte, eine breite Bucht, die hier in die noch breitere Stephens Passage mündet. Ich gehe solche Querungen konzentriert an, denn jederzeit können plötzlich Wind und Wellen aufkommen. Ich blickte auf die Uhr, als ich startete, und dann wieder, als ich drüben ankam: Gerade mal 35 Minuten hatte ich für die vier Kilometer lange Strecke gebraucht. Ich war zufrieden.

Das Foto, das ich an diesem Abend in meinem Camp aufnehme, zeigt mich auf dem Kies einer flach auslaufenden Bucht sitzend. Ich blicke nach Westen, wo sich die Abendsonne gerade durch die Wolken zwängt. Oberhalb von mir steht mein Zelt zwischen Karmesinroten Akeleien, weiß blühenden Zimthimbeeren, violetten Weidenröschen, und im Hintergrund leuchtet rot *indian paintbrush*, die Castilleja. Unter den *top one hundred* der schönsten Plätze meiner Reise liegt dieser weit vorn.

Zwei Stunden vor Mitternacht schiebt sich von Süden der aufs Stimmungsvollste beleuchtete 294 Meter lange Luxusliner *Norwegian Star* in das Nachtschauspiel. Da weiß ich noch nicht, dass das Kreuzfahrtschiff ebenso wie ich aus Norddeutschland stammt. Gebaut in der Meyer-Werft, fuhr es von Papenburg die Ems herunter geradewegs in die Traumlandschaften der Welt.

Der Morgen offenbarte den ganzen Zauber dieser halbkreisförmigen Bucht. Feiner mannshoher Nebel bedeckte alles. Darüber schimmerten die Berge am anderen Ufer von Port Snettisham. Ich war Teil dieses romantischen Bildes, zu dem auch das tiefe Pusten der Wale gehörte. Sehen konnte ich sie nicht. Aber gerade das machte alles so geheimnisvoll, verwunschen. Als der Nebel sich lichtete und die Mücken kamen, winkte ein Wal kurz mit seiner Schwanzflosse ... und verschwand.

17 REISENOTIZEN: DIE WALE UND ICH

Wie versprochen, schrieb ich Juliana einen Brief. Meine Notizen verfasste ich zumeist abends im Zelt, im Schein meiner Stirnlampe. Nach acht oder zehn Stunden im Kajak fielen mir dabei manchmal die Augen zu.

An diesem Tag nahm ich kurz den Stift zur Hand, denn ich hatte das Bedürfnis, gleich im Boot ein paar der bewegendsten Momente in meinem abenteuerlichen Leben zu skizzieren.

»Holkham Bay«
Bin vor drei Stunden aufgebrochen. Habe seitdem so viele Wale gesehen wie nie zuvor: 20, wenn nicht 30, vielleicht sah ich den einen oder anderen aber auch nur mehrfach. Egal, sie sind überall. Ich folgte relativ dicht der einigermaßen gerade verlaufenden Küste. Ein Mischmasch aus Dunst, leichtem Nebel und tief hängenden Wolken lag über dem Meer, aus dem vor mir, neben mir und hinter mir ihre Atemfontänen aufstiegen.

Das Meer war bleiern, Wolken und Nebel dämpften die Geräusche. Laut wurde es erst, als in einer Bucht mit hohen marmorierten Felsen die Kaskaden eines Wasserfalls auf die Findlinge am Ufer stürzten.

Du hast viele ähnliche Bilder gesehen. Aber nicht, was dann geschah …
Stell Dir vor, Du sitzt in Deinem orange-weißen Kajak und paddelst 100 Meter vom Ufer entfernt, während Du leise »Auf in den Kampf, Torero« summst. Genauso war's, als zwischen mir und dem Ufer plötzlich das fauchende Ausatmen eines Wals zu hören war. Der Blas stand als meterhohe Wassersäule in der Luft, darunter krümmte sich der Walbuckel. Dann dieses beeindruckende zeitlupenhafte Phänomen, wenn die Fluke sich zeigt, das Wasser als Silberschleier an ihr heruntergleitet,

sie abtaucht und dann plötzlich alles wieder so still ist wie Sekunden zuvor.

Du weißt, dass es für einen Paddler nahezu aussichtslos ist, in solchen Situationen sofort den Fotoapparat zu zücken und in der entscheidenden Sekunde zu knipsen. Aber hier hatte ich die Kamera zur Hand und drückte ab!

Enten platschten, drei Delfine spielten im Wasser, immer wieder tauchten – zum Glück etwas weiter entfernt – Seelöwen auf. Ein bald eagle ließ auf der kahlen Spitze eines Uferfelsens die von sich gestreckten Flügel trocknen. Ich bog in eine kleine Bucht, um mir die Beine zu vertreten. Der Seetang wehte im Wasser unter dem Boot wie ein Geisterreigen hin und her. Am Fuß der senkrecht aufsteigenden Felsen hatten sich Tausende scharfkantiger blauer Muscheln festgekrallt. Über mir zankten sich Silbermöwen.

Erstmals seit Langem sehe ich wieder treibende Eisberge. Wäre jetzt Sturm, hätte ich Herzklopfen. Vor mir liegt eine zehn Kilometer weite Querung.

Ich legte den Stift aus der Hand, faltete das Papier und paddelte von der Spitze der Snettisham Peninsula nach Süden. Zwei kurze Pausen und die Fotostopps abgezogen, werde ich an diesem Tag zehn Stunden lang im Kajak sitzen.

Nie zuvor habe ich so viel vor mich hingesummt oder leise gepfiffen wie auf diesem Alleingang im Kajak. Das ganze Repertoire: vom rockigen »Born to be wild« über Country Songs bis hin zu Liedern der Comedian Harmonists, die mir durch den Kopf gingen. Ich summte Operettengassenhauer, manchmal auch alte Schlager. Sigmund Freud muss man nicht bemühen, um zu verstehen, warum mir bei der Durchquerung der Holkham Bay »So ein Tag, so wunderschön wie heute« auf den Lippen lag.

»Sandy Bay«

Die Bezeichnung Sandy Bay hatte mich neugierig gemacht. Das klang nach einem reizvollen Übernachtungsplatz. Tatsächlich schaffte ich es vor der Dämmerung hierher. Mein Zelt steht auf einer Düne aus feinem Sand. Das Meer ist 200 Meter von mir entfernt, man sieht aber an den Ufermarkierungen, dass es heute Nacht bei high tide bis auf fünf Meter an mich herankommen wird.

Ich habe die abendliche Routine erledigt: Im Zelt liegt griffbereit das bear spray, unser marine radio, der Spot Messenger, mit dem ich Dir vorhin ein GPS-Signal geschickt habe, und unser gutes altes Finn-Messer.

Vorhin geschah etwas Eigentümliches. Mir fiel die Stille auf... Ich hörte kein lautes Atmen der Wale mehr, ihr Gesang war mit einem Mal verstummt. Während der zehn Stunden im Kajak waren mindestens acht Stunden lang ununterbrochen Buckelwale um mich herum gewesen.

Doch der Reihe nach.

Bevor ich das Paddel ins Wasser tauchte, um die riesige Holkham Bay zu durchqueren, schaute ich in den Himmel.

Nach dem im marine radio angekündigten Schlechtwetter mit Windgeschwindigkeiten von über 40 Stundenkilometern sah das nicht aus. Nur hier und da fielen dünne, graue Schleier aus dem ebenso grauen Himmel, das waren örtlich begrenzte Regenschauer. Aber irgendwo braut sich ein größeres Unwetter zusammen, es ist nur eine Frage der Zeit, bis es losgeht!

Vorher wollte ich heil durch die große Bucht kommen. Um das Risiko gering zu halten, peilte ich zunächst eine auf halber Strecke im Meer liegende Insel an. Notfalls könnte ich dort »zwischenlanden«.

Ich kam zügig voran, und die leichte Anspannung fiel nach und nach von mir ab. Je weiter ich mich vom Land entfernte, umso unwirklicher wurde die Welt, in der ich mich bewegte.

Schließ die Augen und stell Dir dazu vor: Der Ruf der Wale erfüllt die riesige Bay. Es scheint, als würden sie sich über zehn oder 20 Kilometer hinweg unter Wasser verständigen. Mancher Ruf klingt wie ein Zirpen, ein hohes Stöhnen oder erregtes Elefantentrompeten, dann wieder ist es wie ein lang gezogenes leises Wimmern. Kein Wunder, dass die Seefahrer der Antike diese Unterwassergesänge für die Lieder der Sirenen hielten.

Bisher hatte ich geglaubt, solche Laute könnten nur mit speziellen Unterwassermikrofonen wahrgenommen und aufgezeichnet werden. Dieser mystische Moment in der Holkham Bay zwischen den tief eingeschnittenen Fjorden Tracy und Endicott Arm belehrte mich eines Besseren.

Stell Dir vor: Das Meer um Dich herum ist silbern und glatt, die Sonne schickt durch die grauen Wolken ein paar schwache Strahlen. Es ist windstill. Du legst das Paddel aus der Hand und öffnest die Augen, um die Realität über dem Wasser auch mit den Augen zu erfassen. Da siehst Du den Blas von zwei Walen über dem Wasser. Noch mehr Walbuckel tauchen auf, krümmen sich und verschwinden. Hier und da zeigt sich eine Fluke, das Zeichen, dass der Meeressäuger abtaucht.

Wir haben auch im Prince William Sound viele unwirklich schöne Momente erlebt. Aber keine, die so geheimnisvoll waren wie diese. Es war, als würde ich in eine ansonsten verschlossene, unzugängliche Welt hineinlauschen.

Die Kamera lag griffbereit auf meinen Knien. Was immer griffbereit bedeutet, wenn man von Brusthöhe mit beiden Händen unter das Spritzdeck taucht und dabei darauf achten muss, nicht mit dem Kajak umzukippen.

Nur selten sprangen die Wale, sie waren vollauf damit beschäftigt, sich in diesem Meeres-Dorado die Bäuche vollzuschlagen. Vielleicht waren sie deswegen so erregt …

Eine Dreiviertelstunde benötigte ich für die fünf Kilometer lange Strecke bis zur Insel, wo ich kurz ausruhen wollte. Aber daraus wurde nichts.

Da war plötzlich ein Geräusch zwischen den Uferfelsen und mir, keine 20 Meter vom Kajak entfernt. Mir fiel gar nicht ein, dass ich hätte Angst haben können …

Der Buckelwal neben mir ließ sich vom Kajak nicht stören, er hob den Kopf, deutlich erkannte ich die Barten, mit denen er das Meer nach Krill durchkämmt. Literweise floss Wasser aus seinem Maul.

Ich verharrte. Aber dieses Mal mit der Kamera in der Hand. Mag sein, dass es gefährlich war – für die Kamera wie für mich, aber: No risk, no fun. *Ich schoss ein Foto vom Kopf. Wie ein Panzer wirkten die warzenartigen Verdickungen auf der Schädelhaut. Aus dem gut sichtbaren Blasloch schoss fauchend kondensierte Atemluft heraus.*

Der Wal ließ sich beim Fressen Zeit. Und kündigte nicht an, wann und wo er wieder auftauchen würde. Wenn das geschah, dann nur für wenige Sekunden.

»Angst?«, wirst Du fragen. Nein!

Die Geschichte des Walfangs war wohl zu kurz, als dass die Meeressäuger den Menschen als Feind empfinden müssten. Und ein versehentliches Auftauchen direkt unter meinem Boot hielt ich für unwahrscheinlich. Der Instinkt des Wals würde ihn dazu bewegen, dem Hindernis auszuweichen.

Er blieb länger als eine Viertelstunde in meiner unmittelbaren Nähe. Als es im Wasser ruhig blieb, kreuzte ich seine Spur, legte am Ufer an, kletterte auf die Felsen, machte die Kamera bereit und wartete. Aber er tauchte nicht wieder auf.

Das Singen und Rufen der Wale begleiteten mich auch während der nächsten Stunde, die ich benötigte, um den unteren Teil der großen Bay zu durchqueren.

Als ich von dort am Felsufer entlang nach Süden paddelte, sah ich an diesem einen Nachmittag mehr Weißkopfseeadler als im gesamten bisherigen Sommer. Allein an Point Ashley zählte ich auf einem 40 Meter breiten Felsen 13 ausgewachsene Adler.

Am Ufer pickten rotschnabelige Austernfischer. Pelzrobben und Seehunde kabbelten sich in Ufernähe, in der Ferne trieben ein paar Eisberge. Und in das Blasen und Rufen der Wale fiel plötzlich der loon *ein, der Eistaucher, und lachte sein wildes, irres Lachen.*

Eine Viertelstunde lang bleibt der Meeresriese zum Greifen nah am Kajak.

»Sunset Cove«
Der Blick aus dem Zelt traf mich unvorbereitet: Es war Ebbe, und die Wasserkante lag 300 Meter entfernt. Auf Schlepperei hatte ich keine Lust, machte lieber aus der Not eine Tugend, stand auf, sammelte trockenes Holz, und bald flackerte ein Lagerfeuer. Es war eine gute Gelegenheit, die gestrige Route auf der Karte zu markieren und die heutige Etappe zu planen.

Morgen und übermorgen muss ich breite Wasserarme überqueren.

Als ich bei Flut aus der geschützten Sandy Bay aufs offene Wasser hinauspaddelte, schlug mir der Wind entgegen. Der Wetterbericht verheißt nichts Gutes ...

Es war kein Tag der spektakulären Ereignisse und Begegnungen. Schönheit begegnete mir in den kleinen Dingen; bei der Beobachtung der steilen und felsigen Ufer zum Beispiel. In die dünne Erdschicht krallten sich Fichten, von denen manche die Kräfte verlassen hatten. Umgestürzt hingen sie weit ausladend über der Steilküste, und aus ihren morschen Stämmen wuchsen junge Triebe. Es muss hier immer feucht sein, denn an

Zweigen baumelten halbmeterlange weißgraue Bartflechten. Schneefelder sah ich nicht mehr am Ufer. Bäche gab es seltener, und ich musste einige Zeit suchen, bis ich Trinkwasser fand. Anders als gestern zeigten sich kaum Adler und nur zwei Wale. Die hinter meinem Boot auftauchenden Seelöwen beunruhigten mich.

Ich habe jetzt meinen Paddelrhythmus gefunden. Leider war es bereits um 18 Uhr so dunkel wie im Prince William Sound um Mitternacht. Der Himmel scheint alles Wasser zusammenzuziehen. Die Wolken sind schwarz. Rocky Point, ein Felsdorn, an dem sich der Wind irgendwie kopflos immer wieder neu orientierte, machte mir das Leben schwer.

Nach siebeneinhalb Stunden Paddelei fand ich einen Übernachtungsplatz in der Sunset Cove.

Ein vielversprechender Name, aber vergiss den Sonnenuntergang ... die Wolken waren undurchdringlich. Stattdessen strich ein riesiges Stachelschwein über meine campsite.

Wenn ich allein bin und mich mit mir selbst beschäftige, kommen mir manchmal die sonderbarsten Einfälle: Ich zählte meine Schritte zwischen Boot und Camp. Nach 900 Schritten durch klebrigen Uferschlick, über glatte Felsen und scharfe Muscheln war endlich alles oben. Meine Belohnung war das unverhoffte Auftauchen eines Wals! Seine Fluke stand lange aufrecht im Wasser, dann tauchte sie senkrecht ab. Auf der Spur der Wale ...

Acht Stunden später
Ich arbeite an einem festen Tagesrhythmus: sieben Stunden Schlaf, morgens drei Stunden bis zum Aufbruch, maximal zehn Stunden im Kajak und abends vier Stunden für den Campaufbau und fürs Relaxen. Ob ich das durchhalte?

Heute sieht es nicht danach aus.

Um 7:30 Uhr übertönte mein Wecker kaum den aufs Zelt trommelnden Regen. »In den nächsten Tagen ergiebiger Regen«, hatte der virtuelle Wettermann im marine radio *mit monoton schnarrender Stimme ge-*

161

sagt. Da sollte ich mir doch besser den Schlafsack über den Kopf ziehen und die nächsten Tage durchschlafen …

Aber das kriege ich nicht fertig. Zumal Hobart Bay und der zehn Kilometer breite Port Houghton mir wie ein Stein im Magen liegen. Und dann kommt der Frederick Sound, wie ein offenes Meer …

Neun Uhr: noch immer Dauerregen. Habe trotzdem beschlossen, aufzustehen, zu packen und loszupaddeln. Mögen die Wettergötter mir gnädig sein.

»Port Houghton«
Sie waren es nicht! Der Regen war maßlos. Aber es war richtig, die Ruhe vor dem Sturm zu nutzen. Ich habe Dir schließlich versprochen, kein unnötiges Risiko einzugehen. Und die Durchquerung der beiden Riesenbuchten im Sturm wäre hochgefährlich! Ich überlegte mir sogar, einen 40 Kilometer langen Umweg bis zur Spitze von Port Houghton zu machen; dort wäre die Passage weniger riskant. Allerdings bedeuten 40 Kilometer Umweg auch einen verlorenen Tag …

Ob Entscheidungen richtig sind, weiß man erst hinterher. Zweifel am Aufbruch im Regen kamen schon, als ich das Zelt zusammenpackte; es ist, wie Du weißt, regendicht, aber wenn es lange genug schüttet, findet Wasser immer seinen Weg.

Es war ein Fehler, nicht den Trockenanzug anzuziehen. In den kalten Gletscherregionen hatte ich mich darin pudelwohl gefühlt. Aber hier im vergleichsweise milden Inside-Passage-Klima habe ich Angst davor, im eigenen Saft zu schmoren. Eine Fehleinschätzung, denn in der normalen Regenkleidung war ich nach acht Stunden Dauerregen nass.

Was gab's noch? Zwei Meter hohe Wellen, Regen, der in Bindfäden fiel, und aggressive Winde. Der Meteorologe hatte Böen mit Geschwindigkeiten von 65 Stundenkilometern angekündigt!

Auch wenn man es verdrängt, stellt man es sich doch manchmal vor: Was, wenn eine Welle dein Boot unvorbereitet von der Seite erwischt und dich umwirft? Eskimotieren ist mit dem voll beladenen Kajak nicht drin – jedenfalls nicht für mich. Ich entfernte mich bei solchem Seegang nach Möglichkeit nie weiter als einen halben Kilometer vom Land. Bei den Passagen der großen Buchten geht das natürlich nicht. Manche Wellen gingen mir heute bis zum Hals. Und mehr als einmal gelangte Wasser durchs Spritzdeck auf meinen Schoß.

»Warum bist du nicht im Camp geblieben?«, fragst Du. Die Frage stellte ich mir zwischendurch auch. Aber wir beide kennen die Antwort; erinnere Dich, wie wir damals das erste Mal mit unserem VW-Bulli die Sahara durchquerten. Als wir durch waren, stellten wir fest, dass wir viel zu schnell, zu atemlos gereist waren. Da lief unser inneres Triebwerk ab: »Bring die Risiken flott hinter dich!« Hier ist es ähnlich, denn ich erwarte, dass das Wetter morgen noch schlechter sein wird als heute.

Es war Freitagmittag, also Freitagabend in Deutschland. Ich stellte mir vor, wie man daheim vor dem Fernseher beim Wein sitzt. In diesem Moment pfiff ein loon. Dann lachte er schrill. Ich dachte: Was bist du doch für ein Glückspilz, dass du diesen Augenblick hier erlebst!

Den Regen erwähne ich jetzt nicht mehr, denn er reißt den ganzen Tag nicht ab. Meine Handflächen sind weißlich aufgequollen. Ich hatte inzwischen Hobart Bay erreicht, eine tiefe geschützte Bucht mit zahlreichen Inseln. Ich sah ein Boot – offenbar lebten hier Menschen. Problemlos durchquerte ich die Bucht, dann erwischte mich der Sturm erneut bei Point Hobart. Eine Welle nach der anderen rollte vorn übers Boot. Der Kajak und ich steckten das gut weg. Ich paddelte im Zickzack: erst nach Süden, später nach Osten. Bei der Verengung der Bucht würde ich die Überquerung wagen. Danach ginge es nach Osten und dann wieder zurück auf meinen alten Kurs gen Süden.

Es war jetzt alles nass, aber solange die Böen nicht allzu brutal zuschlugen, konnte ich paddeln. Als die von Süden anrollenden Wellen mich böse rechts von der Seite erwischten, war es an der Zeit, einen Übernach-

Weißkopfseeadler kurz vor dem Abheben. Der stolze König der Lüfte gehört zum Alltagsbild in der Inside Passage.

tungsplatz zu suchen. Beim Anlanden fasste mein Kajak Wasser, die Gummistiefel auch.

Das vom gestrigen Camp noch feuchte Zelt war durchs Packen auch innen nass geworden. So wie der Zeltboden! Bald würde meine Matratze feucht sein und dann auch der Schlafsack. Das musste ich verhindern.

Auch unter meiner Regenbekleidung war ich nass. Gut, dass ich zwei Garnituren trockener Unterwäsche dabeihabe. Zitternd zog ich mich um.

Dann wieder raus aus dem Zelt, im strömenden Regen die »Küche« ausgebreitet und gekocht.

Meine Welt steckt in dicker, grauer Watte, nur 50 Meter beträgt die Sicht. Ohne Kompass wüsste ich nicht mal, wo Norden und Süden ist. Du bist völlig allein auf der Welt, sage ich mir.

In meinen Reisenotizen finden sich Eintragungen wie: »Mutterseelenallein! Bin froh, den Spot Messenger zu haben, um Juliana abends über Satellit meine Position durchzugeben. ... Für so viel Einsamkeit muss man geschaffen sein.«

Tagsüber saß ich im Kajak allein auf dem Meer, abends stand ich allein am Strand, ich konnte nur so weit sehen, wie meine Stirnlampe reicht. Natürlich dachte ich auch hier an Bären, aber um Angst zu haben oder um mich wirklich einsam zu fühlen, blieb einfach keine Zeit. Außerdem bin ich nicht der Typ dafür.

Es gab aber großartige Momente; zum Beispiel, als ein großes Pelztier an einem umgestürzten Stamm entlanghuschte, vermutlich ein Fischotter. Später riss nach 30 Stunden Dauerregen der Himmel auf, die Sonne schien, und leichter Wind pustete den Dunst fort. Das war gut fürs Gemüt!

Und auf einmal waren sie alle wieder da: die Weißkopfseeadler und Hunderte Wasservögel. Als ich nach einem langen Umweg Port Houghton durchquert hatte, tauchte auch wieder ein Wal vor mir auf. Eine kleine Entschädigung dafür, dass ich einen 25 Kilometer langen Umweg fahren musste. Aber was heißt schon »Umweg«, wo doch der Weg das Ziel ist ...

»Farragut Bay«

Seit elf Stunden prasselt der Regen so vehement auf mich nieder wie nie zuvor. Rechne ich die Regenmassen der vergangenen Nacht und die der vorhergegangenen Tage dazu, grenzt es schon an die Sintflut. Ich fürchte, wegen der Gleichförmigkeit dieser Regentage unter dunklen Wolken und entlang regenverhangener Küsten die Orientierung zu verlieren. Vielleicht bin ich auch nur zu erschöpft ...

Es ist weit nach Mitternacht. Mein Atem dampft, das Zelt ist an den Innenwänden nass, so wie das Innere meiner wasserdichten Fototaschen. Feuchtigkeit ist überall. Hoffentlich überleben das meine Kameras ...

Es blieb mir eigentlich nichts anderes übrig, als diesen Platz zu nehmen. Trotz früher Stunde war es so dunkel, dass ich vom Kajak kaum noch die Konturen des Ufers wahrnahm. Es war höchste Zeit, anzulegen. Das sagt sich so leicht ...

Ich unternahm zwei ergebnislose Versuche, wobei mir immer Seelöwen folgten. Der dritte Platz war zwar der beste hier, allerdings der schlechteste, den ich je hatte. Aber auch er hat seine Reize. Jetzt steht mein Zelt unter einem dunklen Baldachin dichter und in Etagen übereinanderwuchernder Baumkronen.

Es gehört viel Phantasie – und viel Hoffnung – dazu, in dem Gewirr morscher Baumstämme, toter Äste und wild durcheinander wachsender Pflanzen überhaupt eine potenzielle campsite zu erahnen. Meine Machete half mir dabei. Die Vorarbeiten dauerten 20 Minuten, dann konnte ich das Zelt aufbauen.

Es ist nicht einfach, in einem anderen Lebensumfeld als diesem zu verstehen, was es heißt, den Elementen ausgeliefert zu sein, sich kaum bedeutungsvoller als die Pflanzen oder die Pelzrobben der Bucht zu empfinden. Ich versuche, mit meiner Umwelt möglichst behutsam umzugehen.

Der Platz fürs Zelt ist meist nur fünf Quadratmeter groß. Unmittelbar daneben wuchsen hier meterhohe Devil's Club, eine Pflanze mit dickem, stacheligem Stil und riesigen breiten Blättern, Unkraut möchte man fast sagen. Dennoch vermeide ich es, sie zu zertreten oder abzuschlagen. Genauso wie ich es möglichst vermeide, lebende Zweige von Bäumen zu hacken. »Ist ja lächerlich!«, könnte man behaupten, »der Urwald zieht sich doch Tausende Kilometer die Küste entlang.« Aber warum soll ich mehr nehmen, als ich unbedingt brauche?

Devil's Club ist eine Verwandte des Ginsengs. Den Küstenvölkern dient die Pflanze als Medizin. Die Küsten-Salish tranken – wie andere Völker auch – den daraus zubereiteten Tee gegen Rheuma und Arthritis. Die Squamish gaben ihn als Zusatz in heiße Bäder. Die Haida wiederum nutzten seinen stacheligen Stamm zum Fischfang.

Schmunzelst Du gerade darüber, welche Gedanken mir so durch den Kopf gehen?

Es gibt Tage mit gelegentlichen Durchhängern wie heute. Doch ist mir dabei bewusst, dass es ein Privileg ist, unmittelbar an der Natur dran zu sein.

Und das bin ich hier.

Zehn Meter unter mir kracht das einlaufende Meer gegen die Felsen. Den Kajak habe ich über angeschwemmte Treibholzstämme hinweg in den Wald geschleppt und dort angebunden.

Damit bin ich schon bei den Erlebnissen des Tages.

Er fing gut an. Ich saß in meinem Trockenanzug im Kajak, als ich plötzlich 15 Meter hinter mir eine Bewegung und Geräusche wahrnahm. Ich sah über die Schulter. Ein Wal, nur drei Bootslängen von mir entfernt! Er zeigte seinen gewaltigen Buckel und die in diesem geringen Abstand riesig erscheinende Schwanzflosse und verschwand.

In der Ferne entdeckte ich ein Wasserballett aus drei Schweinswalen. Ich hörte die Kleinen Tümmler laut atmen, sah ihre Buckel im Wasser auf- und abschwingen, bis sie sich im Weißgrau verloren.

Das war überhaupt die Farbe des Tages: Weißgrau in allen Nuancen.

Ich befand mich im Frederick Sound und blickte nach Westen in die Chatham Strait, die weiter südlich in den offenen Pazifik übergeht. Damit war ich in einem der besten Walbeobachtungsgebiete der Welt. Leider durchdrang mein Blick das Grau in Grau nur ein paar Hundert Meter weit. Die alles beherrschende Nässe hielt mich zumeist auch davon ab, nach meiner Kamera zu greifen. Nicht immer, denn irgendwann, als wieder Wale auftauchten, packte mich das Jagdfieber erneut.

Mehr als 20 Buckelwale sah ich heute. Manche begleiteten mich auf meiner Route südwärts, andere kamen mir entgegen oder kreuzten meine Spur. Und immer, wenn sich eine Fluke zeigte, wusste ich, der Wal hatte sich erst mal satt gefressen und setzte seine Reise fort.

Es war ein Tag der Tierbegegnungen; da waren die vier Pelzrobben, die mir lange Zeit wie ein Geleitzug folgten. Sie waren unterschiedlich groß, und ich nannte sie »die Familie«. Nicht lange bevor ich an diesem Übernachtungsplatz anlegte, folgten mir drei muntere Steller-Seelöwen, Halbstarke vermutlich, die die Welt erkundeten. Sie katapultierten sich wie Raketen aus dem Wasser und platschten wieder herunter. Später standen sie lange hinter mir im Wasser, die Köpfe oben, die Augen weit offen. Als wollten sie fragen: »Na? Hat dir unsere Show gefallen?«

Ich muss schmunzeln. Am besten halte ich es von nun an wie der alte Hawaiianer, der auf der wunderschönen Regeninsel Kauai lächelnd von liquid sunshine *sprach, von flüssigem Sonnenschein.*

»Frederick Sound«
Vom Aufstehen bis zum ersten Paddelschlag vergehen viereinhalb Stunden. Nein, es war kein Faulenzermorgen …

Ich hatte zunächst meine Notizen vervollständigt und die gestrige Route auf der Karte vermerkt. Auf den inneren Zeltwänden stand Kondensfeuchtigkeit, und draußen klatschte Wasser aufs Zelt. Ich versuchte vergeblich, meine Kamera zu trocknen, hatte aber kein trockenes Tuch mehr. Dann schaute ich raus. Es regnete nicht mehr! Das Wasser tropfte nur von den Bäumen. Sofort war ich auf den Beinen.

Du ahnst, dass ein Großteil der Zeit bis zum Start mit dem Trocknen meiner Ausrüstung draufging. Genauer gesagt: Es war der Versuch des Trocknens. Vor allem sorgte ich mich um meine Spiegelreflexkameras. Die Objektive sind seit geraumer Zeit innen beschlagen, ich sehe wie durch dichten Nebel. Es dauerte an diesem Morgen eine Stunde, bis der Wind die Kameras leidlich trocken gepustet hatte.

Diese Zeit nutzte ich fürs Frühstück. Herrlich, das mit Dir am Alaska Highway gemixte Müsli mit Nüssen und Trockenfrüchten! Ich habe jetzt meinen Kaffeekonsum morgens von zwei auf einen Becher reduziert; wer weniger trinkt, muss seltener anlegen …

Nach einer Stunde begann es doch wieder zu regnen. Nicht wie bisher in dicken Tropfen, sondern als feiner alles durchdringender Spray.

Als ich endlich im Kajak saß, war ich glücklich, getreu meinem Motto: Lieber zwölf Stunden paddeln als drei Stunden packen. Hier sitze ich trocken und habe eine angenehme Routine. Von Tag zu Tag fällt mir das Paddeln leichter. Mein Oberkörper bewegt sich im gleichmäßigen Rhythmus, oft paddele ich stundenlang, ohne das Blatt ein einziges Mal aus der Hand zu legen. Meistens summe ich ein Lied. Ich fühlte mich selten zufriedener.

Als ich über die Schulter blickte, sah ich hinter mir die Chatham Strait, breit wie ein Meer. Zehn Kilometer entfernt zogen zwei Alaska State Ferries vorbei. Der leichte Wind trug das Wummern ihrer Motoren zu mir. Die sieben Kilometer breite Farragut Bay hatte mir im Sturm gestern noch Kopfzerbrechen bereitet, heute durchquerte ich sie problemlos in knapp einer Dreiviertelstunde.

Während der letzten Tage begegneten mir ständig Wale, heute sehe ich keinen einzigen. Stattdessen wuseln Tausende mir unbekannte Wasservögel auf dem Wasser herum, während auf den Felsen Silbermöwen lärmen. Hier verpasste ich ein tolles Foto von zwei Weißkopfseeadlern. Als ich die Kamera endlich in der Hand hatte, beschlug innerhalb von Sekunden das Objektiv, die Adler breiteten die Flügel aus und flogen fort. Ich drückte zwar ab, aber auf meinem Foto fliegen sie durch dichten Nebel ...

Ich giere nach Licht. Nicht, dass es hier keine Helligkeit gäbe. Selbst bei bedecktem Himmel verdunkeln sich meine polarisierenden Brillengläser. Aber ich bin süchtig nach richtigem Sonnenschein.

Der Ort Petersburg liegt westlich des Frederick Sound im Norden von Mitkof Island. Ich kannte Petersburg von früheren Reisen, ein hübscher Ort, in dem mich gleich nach meiner Ankunft ein Schild »Velkommen to Petersburg/Alaska« begrüßt hatte.

Skandinavien auf der anderen Seite der Welt, das war es, was dem Norweger Peter Buschmann vorschwebte, als er Ende des 19. Jahrhunderts beschloss, hier in der Scow Bay der Wrangell Narrows eine Fischverarbeitungsindustrie zu begründen. Petersburg, nach seinem Gründer benannt, mit phantastischem Fischreichtum und dem nahe gelegenen Le Conte Glacier, der Eis genug bot, die Fänge gekühlt nach Seattle zu verschiffen, wurde die Basis seiner Gesellschaft. Immer mehr Norweger folgten Buschmanns Spuren – so entstand das bis heute norwegisch anmutende »Little Norway of Alaska«. Der Fischfang ist den rund 3200 Einwohnern des Ortes Hobby und Lebensgrundlage zugleich. Übrigens wurde hier der größte Lachs der Welt, ein 60 Kilo schweres Exemplar, aus dem Wasser gezogen.

Sollte ich Petersburg besuchen? Dann müsste ich den breiten Frederick Sound überqueren. Wegen der Strömung hatte man mir geraten, ihn an einer der schmalsten Stellen bei den Sukoi-Inseln zu passieren. Später könnte ich von Petersburg durch die Wrangell Narrows, eine reizvolle Meerenge, nach Süden in Richtung Wrangell fahren.

Ich entschloss mich anders, wollte lieber entlang der Festlandsküste bis zur Höhe des Le Conte Glacier und dann durch das 40 Kilometer breite Mündungsgebiet des Stikine River paddeln. Diese Route ist schöner und kürzer. Natürlich hatte ich auf der Karte die Pünktchen im Blau des Meeres vor der Stikine-River-Mündung gesehen. Für Fährschiffe gefährliche Sandbänke, dachte ich, mit dem Kajak kommst du in einem zehn Kilometer breiten Wasserarm allemal durch. Wie man sich irren kann.

»Le Conte Bay«
Ornithologen flippen hier aus!
Ich sah heute Tausende Berg- und Alpenstrandläufer. Diese Schnepfenvögel leben trotz des Namens nicht in den Alpen, sondern während der Brutzeit in arktischen Regionen. In der Stikine-Region sieht man sie zu

Abertausenden. Da war kaum ein Fels ohne Möwen, Enten schnäbelten am Ufer, in den Bäumen saßen unzählige Weißkopfseeadler. Oft brachten mir unbekannte Wasservögel das Wasser zum Brodeln, wenn wie auf Kommando tausend Füße aufs Wasser platschten und sie sich gleichzeitig erhoben. Bilder, wie ich sie bislang nur aus spektakulären Naturfilmen kannte.

In diesem nährstoffreichen Wasser ist das große Fressen angesagt, erstmals sehe ich Seesterne, rote Seegurken und Riesentang, den sie hier giant kelp oder bull kelp nennen. Millionen Seepocken und Miesmuscheln bedecken die Ufer.

Es gibt auch andere gute Nachrichten: Es regnet kaum noch. Aber die Feuchtigkeit hat sich überall hineingefressen. So ist die aufgequollene Lederscheide meines Finn-Messers untrennbar mit der stark angerosteten Klinge verschmolzen. Selbst mein teurer »garantiert rostfreier« leatherman aus Edelstahl ist bräunlich verfärbt. Umso mehr staune ich, dass die Kamera noch funktioniert.

Der Tag war freundlich zu mir, zeitweise rissen die Wolken auf, und ich lernte, dass es hier auch blauen Himmel geben kann. Ich tankte Sonne, ich brauche sie!

Ein berstender Eisberg holte mich aus meinen Gedanken zurück in die Realität. 20 Möwen stiegen wild kreischend auf, flatterten nervös umher und nahmen wenig später auf den beiden Fragmenten wieder Platz.

Der Le Conte Glacier schiebt seine Eismassen hier in die Le Conte Bay. Vor gut 100 Jahren war er ein begehrter Eislieferant für Seattles Brauereien. Für mich sind es die letzten Eisberge auf meinem Weg nach Süden.

Ich paddelte heute sieben Stunden; Zeit genug, die Gedanken schweifen zu lassen. Ich setzte mir auch zum Ziel, an einem Stück tausend kraftvolle Paddelschläge zu machen. Morgen werde ich 1200 versuchen ...

Die Fitness kam mir am Abend zugute. Vom Anlanden bis zum Schlafsack-über-die-Ohren-Ziehen benötigte ich vier Stunden.

20 Minuten gingen allein für den Kajaktransport drauf. Eine Schinde-
rei, bei der ich das Boot so behutsam wie irgend möglich auf dem Boots-
wagen über Felsen zog. Dann war der Rest der Ausrüstung dran. Eigent-
lich gab's an dieser dschungelartig bewachsenen Steilküste überhaupt
keinen Zeltplatz, da war nur eine Senke, die ich mit den Händen freigelegt
hatte. Dort musste ich irgendwie reinpassen. Falls es allerdings heute
Nacht regnet, wird die Senke wie eine Badewanne volllaufen.

Unterhalb meines Camps lagen angeschwemmte Eisstücke, daneben
lugten Seehunde aus dem Wasser, irgendwo lärmten Gänse. »Pitsch, pitsch,
pitsch«, tropfte das Wasser vom Eisberg. Wie immer kochte und aß ich in
der tidal zone, auch wenn ich schon seit Tagen keine Bären mehr gesehen
hatte.

Ich wandte den Blick zum Südzipfel des Frederick Sound. Wie ein
Riegel ragte Dry Island hinein.

Dass das Wasser hier so nährstoffreich wie am Taku Glacier sein muss,
signalisierten Abertausende Wasservögel.

Aber wo waren die Wale?

Die Antwort bekam ich später. Schon unterhalb meines Camps würden die Meeressäuger unweigerlich auf den flachen Sandbänken des
Stikine-River-Deltas stranden. Somit weiß ich auch, dass die Wale
cleverer sind als ich ...

Ich faltete mein Blatt zusammen. In Wrangell würde ich meinen
dicken Brief an Juliana abschicken.

18 ANGRIFF AUF DIE SANFTEN RIESEN

Die ganze Welt schaute auf die Wale, nachdem im Februar 2010 in der Sea World in Orlando/Florida ein knapp sechs Tonnen schwerer Orca namens Tilikum seine Trainerin Dawn Brancheau vor den entsetzten Zuschauern gepackt, geschüttelt und unter Wasser gedrückt hatte.

Die erfahrene Trainerin war sofort tot. Der als unberechenbar geltende Schwertwal mit dem Spitznamen Tilly hatte zuvor bereits zwei Menschen getötet.

»Orcas werden aggressiv, wenn sie sich langweilen«, sagen Naturschützer. »Wie bei eingesperrten Menschen entwickelt sich ein hohes Aggressionspotenzial.«

Daran, dass diese Bewohner der großen Weltmeere in Becken kaum artgerecht gehalten werden können, zweifelt wohl niemand.

Auch Meldungen über tote Wale machen immer wieder Schlagzeilen, wie jene über 120 Wale und Delfine, die zwischen Tasmanien und dem australischen Festland auf King Island strandeten und qualvoll verendeten. Solche Ereignisse berühren.

Viele Kulturen, auch die indigenen nordamerikanischen Küstenvölker, verehren den Wal. Manche West-Coast-Stämme glauben, dass Häuptlinge nach ihrem Tod als Orca wiedergeboren werden. Aber der Mensch wurde undankbar, als er erkannte, wie nützlich ihm der Wal sein konnte; zum Beispiel sein Speck, der als Tran die Lampen der Wohnstuben erhellte.

Die Nacht an der Le Conte Bay war klar. Sterne funkelten am Himmel. Nach Wrangell wären es von hier 40 Kilometer Luftlinie, nach Petersburg 20 Kilometer. Doch dazwischen liegen Berge, Inseln und

173

Meer. Die Inside Passage ist eine nur von wenigen Urbewohnern und Individualisten bewohnte Wildnis, schwer zugänglich und überwiegend von Walen, Delfinen und Seelöwen bereist – und das genau macht die Faszination dieser Region aus.

Was sich ändern könnte, wenn Pläne umgesetzt werden, die Hobart Bay, die ich vor wenigen Tagen durchquerte, zum Hafen für Kreuzfahrtschiffe zu machen! Heute leben hier drei Menschen. Und ausgerechnet in dieser stillen Bucht des Frederick Sound, einem der Hauptdurchzugs- und Futtergebiete der Buckelwale, sollen Luxusliner Unruhe stiften ...

Tierfreunde warnen: Innerhalb von drei Jahren seien am Panhandle 20 Buckelwale durch große Schiffsschrauben und Fangnetze verletzt oder getötet worden. Der bisherige sanfte Tourismus auf kleinen *whale watching boats* reiche doch völlig aus! Luxusliner mit Tausenden Passagieren würden nicht nur das Bild über Wasser komplett verändern, sondern den stillen Frederick Sound zur Lärmhölle für Wale und Delfine machen.

Naturschützer wissen längst, wovor Reedereien, Militärs, Politiker und Erdölgesellschaften die Augen verschließen: Das Meer ist zum Lärminferno geworden. Heute ziehen dreimal so viele Schiffe über die Weltmeere wie noch vor 75 Jahren: rund 90 000. Es ist unbestritten, dass Schiffsschrauben und andere Lärmverursacher die Kommunikation der Wale und das Wohl anderer Meeresbewohner gefährden. Experten fordern leisere Schiffe und Meeresschutzgebiete.

»Alles maßlos übertrieben!«, kontert die Gegenseite.

Nein. Wale verständigen sich über riesige Entfernungen, und Lärm kann sie erheblich gefährden. Bereits vor Jahren hörte der Bioakustiker Christopher Clark in der Karibik mit Hydrofonen, speziell für das Militär entwickelten Wassermikrofonen, den tiefen Ruf eines Blauwals vor der Küste Neufundlands – 3500 Kilometer von ihm entfernt.

Von den rund 90 Delfin- und Walarten ist der Blauwal mit bis zu 30 Metern Länge nicht nur der größte und schwerste, er sendet zudem Töne im Infraschallbereich weit unter der Hörgrenze eines Menschen aus. Damit hat er die tiefste Stimme aller Meereslebewesen, gibt allerdings auch erstaunlich hohe Ultraschalltöne von sich.

Wale und Delfine brauchen ungestörte akustische Kommunikation: ob bei der Futtersuche, der Partnerwahl oder als Warnsystem. Es gibt eine Art globales »Wal-Internet«, ein sehr schnelles sogar, denn mit anderthalb Kilometern pro Sekunde reist der Schall unter Wasser knapp fünfmal schneller als in der Luft. Aber seit der Lärmpegel unter Wasser gnadenlos steigt, ist das Kommunikationsnetz der Wale gestört. Die Tiere versuchen, vor dem Krach zu flüchten, die dabei verbrauchte Energie müssen sie durch erneute Jagd wiederbeschaffen. Ein Teufelskreis, der durch Stress und geschädigte Hörorgane verstärkt wird.

Schiffslärm ist nur ein Teil dieses Problems. Das Militär setzt zum Aufspüren feindlicher U-Boote Schallkanonen, sogenannte Sonare, ein. Deren für alle Lebewesen unter Wasser unerträglich laute Geräusche sind für den tief tauchenden Schnabelwal besonders katastrophal. Erschreckt vom Höllenlärm, steigt er panikartig aus oft 1000 Metern Tiefe auf. Dabei können sich tödliche Embolien bilden. Zahlreiche Wale sind deswegen schon gestrandet.

Den gefährlichsten Lärmterror verursachen *airguns*, Luftkanonen, um ein Vielfaches lauter als Düsenjäger, deren Schallwellen tief in die unterseeische Erdkruste eindringen, um Erdöl- und Gaslager aufzuspüren.

Nichts davon hatte ich mitbekommen, als ich im Taku Inlet fasziniert dem Lied und dem Rufen der Buckelwale lauschte. Unbestritten haben sie die schönsten Lieder von allen Meeressäugern. Die allerschönsten singen sie während der Paarungszeit vor Hawaii und der Küste Mexikos.

Von meinem Camp sah ich weit nach Norden in den Frederick Sound hinein, bis dorthin, wo die Wale ziehen. Mit Ausnahme der nach Fahrplan verkehrenden *Alaska State Ferry* und gelegentlichen Kreuzfahrt- und Frachtschiffen ist der Verkehr hier vergleichsweise ruhig. Für die Wale und Delfine hoffe ich, dass das so bleibt.

Es war an der Zeit, in den Schlafsack zu schlüpfen, ich ging zu meinem Kajak und prüfte, ob alle Einstiegs- und Packöffnungen verschlossen waren. Dann sah ich über den Sund. Außer den schwachen Konturen des gegenüberliegenden Ufers erkannte ich keine Details. Auf dem Wasser trieben helle Punkte, das mussten Eisberge sein. Es war Mitternacht. Nur die Sterne leuchteten.

Heimat der Regengötter: Nach tagelangem Dauerregen zwängen sich ein paar Sonnenstrahlen durch die Wolken und verzaubern die Inside Passage.

Zwischen Kitimat und Bella Bella: Nur langsam lichtet sich der Morgennebel, in der Bucht bläst ein Wal, und schrill kreischt der mächtige Weißkopfseeadler.

Kurz vor der Zimovia Strait: noch mehr als 60 Paddeltage bis Vancouver.

Rasante Gezeitenströme bescheren den Burnaby Narrows einen einmaligen Reichtum an Meereslebewesen.

Die Westküste Alaskas und Kanadas ist ein Paukenschlag der Natur. Kaum eine andere Region der Welt vereint so viele Superlative und Gegensätze.

Im Alleingang durch die Inside Passage: Acht bis zehn Stunden im Kajak sind normaler Paddelalltag.

Eine gute halbe Stunde dauert es, im undurchdringlichen Küstenregenwald einen winzigen Platz fürs Zelt zu schaffen.

Nach zehnstündiger Paddelei durch den gefährlichen Irrgarten des Stikine-Deltas schleppe ich Kajak und Ausrüstung über meterhohe scharfe Felsen.

Einsam wie Robinson. Die Stunden am Lagerfeuer sind Highlights, doch das Holz ist im ›Land des flüssigen Sonnenscheins‹ oft nass.

Lange lag Haida Gwaii im Dornröschenschlaf, dann aber machte es Schlagzeilen als ›Galapagos des Nordens‹.

Zuverlässige Kajaks, wasserdichte Ausrüstung und *bear canister* zum Schutz der Lebensmittel gegen hungrige Bären sind an der West Coast ein Muss.

Seit vielen Jahrzehnten ein Team: Juliana begleitete mich auch auf den Queen Charlotte Islands, dem Archipel am Rande der Welt.

Juliana muss abreisen. Nun liegen noch 1200 Kilometer Alleingang im Kajak vor mir.

19 IM IRRGARTEN DES STIKINE

Der Erste, der mich am Morgen begrüßte, war ein Seelöwe, der Letzte, den ich spät nachts im Wasser planschen hörte, ebenso. Dazwischen lagen 17 spannende Stunden. Ich schoss an diesem Tag gerade mal 30 Bilder, da einiges meine Aufmerksamkeit mehr fesselte als schöne Motive und die Fotografie.

Zunächst lief alles wie am Schnürchen. Kurz nach sieben klingelte der Wecker, fünf Minuten später wechselte ich den Kamera-Akku und die Batterien der Stirnlampe. Der Seelöwe genoss derweil sein Morgenbad. Das Wasser war so still, dass sich die Berge darin spiegelten. Dem Himmel nach zu urteilen, würde es heute nicht regnen, und so verzichtete ich auf den *dry suit*.

Eine Stunde später freute ich mich, als ich meinen Schatten vor mir auf dem Boden sah. Sonne ...

Der Tag gefiel mir. Ich rief mir in Erinnerung, dass von Osten her der breite Stikine River einmündet, ein Fluss nach meinem Geschmack: reich an Pelzhandels- und Goldgräbergeschichte, und dazu ein Paddelgewässer der Spitzenklasse. Der 70 Kilometer lange Grand Canyon ist so wild wie sein Namensvetter in Arizona. Und sein stiller Oberlauf ist eines der schönsten Kanugewässer überhaupt. Er mündet in Alaska in den Pazifik, fließt aber größtenteils durch Kanada, das gleich östlich der Stikine-Mündung beginnt.

Hier im Delta wurde Geschichte geschrieben; 1834 gründete der Gouverneur von Russisch-Amerika, Baron Ferdinand von Wrangel, nahe einer Tlingit-Siedlung die Handelsbefestigung Redoubt St. Dionysius. Ein halbes Jahrzehnt später überträgt der Zar die Rechte am Stikine-Pelzhandel der Hudson's Bay Company. Von jetzt an heißt der Posten Fort Stikine. Nach dem Stikine-Goldrausch und dem Kauf Alaskas durch die USA trägt die Niederlassung den Namen Fort Wrangel, woraus im Laufe der Zeit »Wrangell« wurde.

Den Glanz alter Zeiten hat das heutige Wrangell eingebüßt, es zählt allerdings 2000 Einwohner und ist damit einer der größeren Orte im Panhandle. Für mich waren dort vor allem drei Dinge wichtig: eine Telefonzelle, um Juliana anzurufen, das *post office* und der Supermarkt.

Ich taste mich zunächst bis an die Le Conte Bay heran, wobei ich Unmengen treibender Eisberge von der Größe mittlerer Segeljachten umfahre. Dann werde ich die kilometerbreite Bay durchqueren, um anschließend den *North Arm* des Stikine River aufwärtszupaddeln. Wo dieser schmale Nordarm den breiten Hauptstrom trifft, will ich nach Süden abknicken, um flussabwärts nach Wrangell zu gelangen.

Mir war klar, dass diese Etappe durchaus schwierig werden könnte. Schließlich wusste ich, was die vielen Pünktchen auf meiner Karte bedeuten: Sandbänke. Aber ich beruhigte mich: Ablagerungen können unmöglich so massiv und weit gefächert sein. Die starken Gezeiten haben sie bestimmt längst ins Meer hinausgespült ...

Ich bin gut drauf, als ich der Armada mir entgegentreibender Eisberge begegne. So spektakuläre Bilder sah ich das letzte Mal am Columbia Glacier.

Mit der Beschaulichkeit ist Schluss, als ich zwei Kilometer vom Land entfernt mitten im Meer auf etwas Festes stoße. Eine Sandbank! In weitem Bogen versuche ich sie zum umfahren, spüre aber, dass eigentlich überall unter mir Sand ist.

Ein Blick auf die Uhr: Mittagszeit. Laut Gezeitentabelle steigt die Flut seit anderthalb Stunden. Das kommt mir entgegen.

Bei Kanu- und Kajaktouren fahre ich ausschließlich nach Sicht, das heißt, ich benötige Orientierungspunkte. Zunächst bestimme ich meine eigene Position, suche mir dann einen markanten Punkt auf der Karte, eine kleine Insel zum Beispiel oder eine Landzunge. Darauf beziehe ich mich dann beim Paddeln.

Hier aber, wo ich mich der eigentümlichen Topografie des Meeresgrundes und seiner Sandbänke anpassen muss, habe ich meine *landmarks* verloren.

Mir ist unwohl.

Auf einer nur wenig aus dem Wasser ragenden Sandbank krakeelen Möwen. Schön, dass wenigstens ihr gut drauf seid ...

Das Schlimmste, was passieren kann, ist, dass du nach 15 Kilometern am Westufer des Frederick Sound ankommst, beruhige ich mich. Dort wäre auch ein Durchlass nach Süden. Allerdings bedeutet »Dry Strait« trockene Straße ...

Die Skepsis steigt.

Kühlen Kopf bewahren, schlimmstenfalls kehrst du um, paddelst nordwärts und dann über Petersburg weiter durch die Wrangell Narrows nach Süden. Ein Umweg von zwei oder drei Tagen ...

So weit ist es noch nicht. Es müsste mit dem Teufel zugehen, wenn in diesem Labyrinth kein Durchlass für meinen flachen Kajak zu finden ist.

Mir wird dieser Tag als still und sonnig in Erinnerung bleiben. Nur hier und da überzieht eine zerfledderte Wolkendecke den blauen Himmel. Im Südosten begrenzen schneebedeckte Berge das Bild. Durch den Dunst wirkt die Szenerie mitunter fast mediterran.

Bereits seit acht Kilometern folge ich der Nordkante der Sandbank. Da entdecke ich weit im Westen ein Motorboot.

Ich könnte den Fahrer über *marine radio* auf *channel 16* fragen, ob ich in der Dry Strait durchkommen kann.

»Unsinn!«, widerspreche ich mir selbst. »Du findest deinen Weg schon allein.«

Jemanden zu fragen geht mir gegen die Paddlerehre. Ich habe noch nie Hilfe angerufen!

Ich komme dem Boot näher und sehe, wie jemand auf der Sandbank etwas prüft. Markierungsstäbe? Just in diesem Moment dreht das Motorboot ab und verschwindet hinter einer Insel.

Markierungen sind nur dort, wo es einen Durchlass gibt. Ich werde ruhiger.

An einer kleinen Insel lege ich an. Das kann eigentlich nur Coney Island auf der Westseite des Frederick Sound sein. Wenn das stimmt, habe ich ab jetzt wieder einen zuverlässigen Orientierungspunkt.

Der Sund ist hier knapp 20 Kilometer breit und nach Nordwesten hin 100 Kilometer lang. Der Dunst verwischt alle Konturen, macht die Orientierung extrem schwierig. Du bist auf einer einsamen Insel im weiten Meer, denke ich.

Mir ist ein wenig unheimlich zumute. Trotz Wärme und Windstille ziehe ich den Trockenanzug an. Momentan arbeitet die *tide* zwar für mich, und das Wasser steigt, aber was, wenn es bei Ebbe wieder abläuft?

Dann sitze ich im wahrsten Sinne des Wortes auf dem Trockenen.

Meine Erinnerung an die Dry Strait ist gemischt: Ihr Durchlass ist fünf Kilometer breit, rechts liegt Mitkof Island, links Dry Island. Von dort erstrecken sich sumpfige Niederungen mit Schilf. Zum Glück hatte ich ausreichend Wasser unter dem Kiel und folgte den auch hier steckenden Markierungsstäben.

Plötzlich geschah, was ich in all den Wochen zuvor nicht erlebt hatte: Tausendfach fielen winzige Mücken über mich her. Wieder mal bewährte sich mein hermetisch abgeschlossener Trockenanzug. Die Latexmanschetten an Hals und Handgelenken ließen nicht

Die Inside Passage hält mich bei der Campsuche ständig auf Trab. Dass ich im Stikine-Delta mit dem Kajak im Schlepp ›übers Wasser‹ gehe, ist eher ungewöhnlich.

mal die Gnitten durch. Aber es blieb noch einiges an Gesicht und Händen für sie zu holen.

An diesem Spätnachmittag lerne ich, was es heißt, wenn Wind und *tide* sich gegen den Kajakfahrer verbünden.

High tide war überschritten, und das Meer, unterstützt durch die Strömung des Stikine, floss nach Süden ab. Und von dort griff der Wind ins Wasser. Optimale Bedingungen für hohe Wellen.

Sie sind einen halben Meter hoch und erwischen mich von der Seite. Meinen Plan, mich um die Südspitze von Sergief Island herum in Richtung Wrangell vorzukämpfen, gebe ich wegen der 15 Kilometer breiten Wasserfläche im Süden auf. Der Wind hätte dort eine riesige Angriffsfläche!

Wo auf meiner Karte flaches Land ist, ist in der Realität des Deltas

»Land unter«. Nur Schilf ragt heraus. Genau genommen besteht Sergief Island nur aus einem von abgesoffenen Sandbänken eingefassten Hügel.

Ich versuche, mir einen Weg durch diesen Irrgarten zu bahnen, erkenne aber, dass die Ebbe mir von Süden her das Wasser unter dem Kiel wegsaugt. Und von Norden drückt die Strömung des Stikine gegen mich. Ich paddele wie verrückt, bewege mich aber fast auf der Stelle. Immer wieder setze ich auf, steige aus, ziehe den Kajak hinter mir her, während ich vor mir mit dem Paddel im Sand stochere. Mehrfach schon hat die Sandbank einer plötzlich abfallenden Untiefe Platz gemacht ... Ein unvorsichtiger Schritt, und das wär's! Für alle Fälle habe ich mir die Kajaksicherungsleine um die Hüfte gebunden.

Erneut klettere ich ins Boot. Gefährlich, denn während der Zeit, die ich brauche, um das Spritzdeck zu befestigen, bin ich ein Spielball des Stikine.

Ich baue nicht auf meinen Schutzengel, verlasse mich lieber auf mich selbst. Trotzdem bin ich froh, wenn er da ist!

Alle paar Minuten klettere ich raus, taste mich im flachen Wasser vor, ziehe das Boot. Steige erneut ein, paddele 40 Meter, sitze aber wieder fest – also noch mal raus und ziehen. Und so weiter, und so weiter ... Natürlich schwappt dabei immer wieder Wasser ins Boot.

Die Situation ist zwar gefährlich, aber nicht ohne Reiz. Mehr als einmal halte ich inne, um mir die Besonderheit dieses Moments bewusst zu machen.

Du gehst über Wasser! Ich schmunzele. Der Wasserpegel ist so hoch, dass mein unbemannter Kajak gerade noch schwimmt.

Ich habe das Zeitgefühl verloren, schätze aber, dass es in zwei bis drei Stunden dunkel sein wird. Bis dahin muss ich durchgekommen sein.

Der Kajak liegt jetzt ganz auf, mir bleibt nur der Rückzug. Schnellstens, bevor die Ebbe das Wasser vollständig nach Süden abzieht und mir so den Rückweg abschneidet!

Ich spiele das Horrorszenario blitzschnell durch: Du sitzt auf der Sandbank fest und wartest hier bis Mitternacht auf die zurückkommende Flut. Aber dann wird das von Süden anrollende Meer auf den von Norden fließenden Stikine prallen und hohe Wellen bilden. Im Dunkeln wirst du die Situation nicht richtig einschätzen können. Und wenn dann noch Sturm aufkommt, gnade dir Gott …

Mühsam drehe ich den Bug des aufliegenden Bootes um und ziehe es wieder hinter mir her, jetzt nach Süden. Wieder das Gleiche: einsteigen, paddeln, aussteigen, ziehen, einsteigen und paddeln …

Danke, Schutzengel, dass du mir auf Coney Island geraten hast, den *dry suit* anzuziehen!

Der Trockenanzug gibt mir zumindest das Gefühl von Sicherheit, und das Bauchgefühl ist in solchen Situationen auch wichtig. Aber darauf allein will ich mich nicht verlassen und hole den Spot Messenger aus seiner wasserdichten Box. Gut, dass es die 911-Taste gibt!, denke ich, da rutscht mir der GPS-Lebensretter aus der Hand und fällt ins Meer.

Ich wühle im knietiefen Wasser. Endlich halte ich meinen wasserdichten Spot Messenger wieder in den Händen …

Beim Durchblättern der Notizen, die ich in dieser Nacht noch machte, finde ich Formulierungen wie: »Der Stikine hat hier den gesamten Sand Westkanadas abgeladen!«, und weiter: »Ich motiviere mich, zähle laut, ziehe kraftvoll das Paddel durchs Wasser und denke: Was für ein großartiges Erlebnis!«

Was war ich froh, als ich aus dem tückischen Arm des Stikine raus war und vom Ostzipfel der Sergief Island südwärts paddelte. In der

Ferne funkelten Lichter, das musste Wrangell sein. Vier Stunden kräftig reingehauen, und du bist da ...

Eine verlockende Idee. Ich sah auf die Uhr: 21 Uhr. Die Paddeldauer war nicht das Problem. Aber ich würde auf dieser Route zeitweise einem Hauptarm des Stikine folgen und damit erneut in Schwemmsand geraten. Ich verwarf den Gedanken und paddelte in die entgegengesetzte Richtung. Ein langer Umweg, aber wenigstens eine sandfreie Route, dachte ich.

Bei einbrechender Dunkelheit ging ich erneut »übers Wasser«, diesmal stressfrei, denn der Wind hatte nachgelassen, und das Meer war ruhig. Soweit mein Blick reichte, nichts als Wasser. Und ich zu Fuß mittendrin ...

Ich war mir nicht sicher, ob ich in dieser Nacht noch einen Anlandeplatz finden würde. Dennoch blieb ich ruhig. Wenn alle Stricke reißen, schläfst du im Kajak.

Ich steuerte Kadin Island an, geriet in Sichtweite der Insel erneut auf Sandbänke. Durchkommen unmöglich! Ich wendete, fuhr im Zickzack, und plötzlich packte mich mitten im Meer der Stikine. Er gluckste und küselte, drehte den Kajak, ich wurde hin und her geworfen und immer weiter von Rynda Island fortgerissen. Offenbar war ich in einen anderen Hauptstrom des Flusses geraten. Eigentlich ein gutes Zeichen, denn wo Strömung ist, setzt sich kein Sand ab. Ich paddelte wie der Teufel und schaffte es, in eine kleine Bucht von Rynda Island zu kommen.

Seit der Seelöwe heute Morgen vor meinem Camp im Wasser prustete, genoss ich jeden Augenblick dieses verrückten Tages, all seine Höhen und Tiefen. So wie jetzt um Mitternacht, als ich im Licht meiner Stirnlampe meinen Kajak sieben Meter hoch über spitze Uferfelsen ziehe. Eine andere Möglichkeit gibt es nicht. Das ist brutal fürs Boot, und jedes Kreischen seiner Außenhaut spüre ich wie eigenen

184

Schmerz. Aber was soll's – die Stirnseite meiner kleinen Bucht ist mit wild durcheinandergewirbelten, 20 Meter langen Baumriesen verstopft. Das mir gegenüberliegende Ufer ist vollkommen unzugänglich. Hier passt mein Zelt wenigstens in ein tiefes Loch, aus dem ich zuvor die dicksten Steine rausgeworfen habe. Ich wundere mich, dass ich in der Dunkelheit nicht auf den Felsen abrutsche oder mir die Knochen breche. Zumal ich jetzt von Spitze zu Spitze springe, um meine Lebensmittel bärensicher zu verstauen. »Haha!«, lache ich, »warum um alles in der Welt sollte ein Bär Lust haben, auf dieser gottverlassenen Insel herumzustöbern?«

»Und was machst *du* hier ...?«, frage ich mich und muss über diesen komischen Dialog lachen.

Mein Übernachtungsplatz ist eher eine tiefe Kuhle. Nachdem ich dort meine Tagesnotizen beendet und die Route auf der Karte markiert habe, ist's doch ganz gemütlich. Nur einmal schrecke ich auf: Hatte da ein Bär Felsbrocken ins Wasser gerollt? Ich greife zum *bear spray*.

Da, wieder das Geräusch! Ein Biber, der mit dem Schwanz aufs Wasser schlägt? Nein, das muss ein Seelöwe sein.

Ich lege mich zurück, mache es mir gemütlich und lächele, als ich mir vorstelle, dass ich heute beim zehnstündigen Powerpaddeln im Irrgarten des Stikine 60 Kilometer zurückgelegt habe.

Da reißt der Erinnerungsfaden plötzlich ab. Ich muss wohl eingeschlafen sein ...

20 LEBEN IN DER INSIDE PASSAGE

Wind pfiff über Chief Shakes Island, dass die Espenblätter zitterten und die Fichtenzweige tanzten. Aus dem wolkenlosen Himmel schien die Sonne.

Joseph, der freundliche Tlingit mit dem breiten, asiatisch anmutenden Gesicht der Küstenindianer, fuhr mit einer weiten Handbewegung durch die Luft. »Das ist das *Shakes tribal house*, benannt nach einem unserer großen Häuptlinge.«

Auf die Vorderfront des hölzernen Stammeshauses war eine Figur mit gut einem Dutzend Gesichtern gemalt. An der Stelle des Bauches befand sich die niedrige, schwarze Haustür. Wer das Gebäude betrat, musste sich ducken. Joseph, den ich bei meinem Bummel hier getroffen hatte, sah meinen fragenden Blick.

»Dieses Haus, die Replik der Behausung eines Stammesführers von vor 150 Jahren, wurde 1939 gebaut. Es heißt auch Haus der vielen Gesichter, in unserer Sprache *Ck! Udatc Hit*.«

Ich folgte Joseph zu einem Totempfahl, der im Vergleich zu den anderen bunten schlicht wirkte: »Das ist der *bear up the mountain totem*«, sagte er. Auf dem verwitterten Zedernholzstamm führten geschnitzte Bärenspuren zur Pfahlspitze, auf der ein hölzerner Bär lag.

Jedes Totem in Wrangell ist der bildliche Ausdruck einer tief in der Tlingit-Kultur verwurzelten Legende.

»Erzähl mir die Geschichte dieses Totempfahls«, bat ich.

»Eines Tages«, sagte Joseph, »wurden die Bewohner von Shakes Island in ihrem Sommercamp am Stikine River vom Hochwasser überrascht. Als sie durchs Unterholz bergaufwärts kletterten, stießen sie auf zwei gleichfalls flüchtende Grizzlys. Die Bären waren freundlich und ließen sich auf den sicheren Gipfel von Cone Mountain begleiten.«

Joseph ging vor mir her. »Komm mit! Gleich hier steht der *double whale crest hat totem*«, sagte Joseph. »In unserer Sprache heißt er *Ko-Na-Ke-Det*.« Die obere Pfahlhälfte zeigte eine sitzende Figur, auf deren Kopf ein verwittertes Holzstück in der Form eines Wals lag.

»Der Mann dort ist Ko-Na-Ke-Det, einer der Oberen seines Klans. Er war mit einem Mädchen aus dem Nachbardorf verheiratet, aber seine Schwiegermutter mochte ihn nicht«, wusste Joseph. »Eines Tages baute er eine Hütte an einem See, in dem ein Ungeheuer lebte. Der Mann fing das Monster und zog ihm das Fell über die Ohren. Als im darauffolgenden Jahr eine Hungersnot die Bewohner von Shakes Island bedrohte, streifte der mutige Bursche sich das Fell des Ungeheurs über, ging zum Meer und war als Einziger in der Lage, Lachse zu fangen. Da außer seiner Frau niemand von seinem Geheimnis wissen sollte, legte er seinen Fang im Morgengrauen am Dorfrand nieder, wo die böse Schwiegermutter sie fand. Nacht für Nacht ging das so; jeden Morgen brachte er Lachse, und immer kassierte die Alte sie ein. Die prahlte mit ihrem Erfolg und verbreitete, im Gegensatz zu ihr sei ihr Schwiegersohn ein Nichtsnutz. Eines Morgens fand seine Frau ihn im Fell des Ungeheurs tot am Strand; er hatte sich mit zwei Walen zu Tode geschleppt, die er den Dorfbewohnern schenken wollte.«

Mein Begleiter sah auf: »Es bringt Glück, am Totempfahl von *Ko-Na-Ke-Det* zu stehen.«

Während wir über Chief Shakes Island bummelten, wurde der Wind stärker. Über der Inside Passage braute sich was zusammen ... Feiner Dunst lag über dem eben noch stillen Wasser, am Horizont konnte ich meine gestrige Übernachtungsinsel nur noch erahnen.

Auf Chief Shakes
Island erzählen
Totempfähle
geheimnisvolle
Geschichten.

Dort hatte ich heute Morgen meinen Kajak über den Steilhang zum Meer abgeseilt und dann die Überfahrt durchs südliche Stikine Delta gewagt.

Ich hatte die kürzeste Linie nach Wrangell angepeilt, doch die auch hier noch vorhandenen Sandbänke zwangen mir einen zweistündigen Umweg auf. Als ich endlich Markierungsstangen im Wasser entdeckte, kam ich dem kleinen Küstenort rasch näher.

Das war vor zehn Stunden gewesen.

»Kennst du hier einen guten Übernachtungsplatz?«, fragte ich Joseph, der gedankenverloren auf die Totempfähle von Chief Shakes Island schaute.

»Shoemaker Bay.« Er wies nach Süden.

Bis dorthin war es noch ein gutes Stück. Ich musste mich sputen.

Das Wichtigste war erledigt: das Telefonat mit Juliana und der Gang zum *post office*. Ich musste nur noch Lebensmittel kaufen und einen Waschsalon finden. Und ganz ehrlich: Nach fast zwei Wochen *on tour* wäre eine heiße Dusche auch nicht zu verachten.

Im *city market* gab ich zu viel Geld aus. Das lag weniger an mir als daran, dass nur große Packungen auf Lager waren.

Doreen, die Kassiererin, sah mich in *dry suit* und XTRATUFs mit drei vollen Einkaufstüten an der Kasse stehen, musterte mich von Kopf bis Fuß und fragte: »Wo willst du denn hin?«

»Prince Rupert.« Sie kapierte, dass ich nicht auf die Fähre wartete. »Sekunde mal! Ich rufe Gerry ...«

Wenig später rumpelte ich in Gerrys Truck über die Front Street runter zum Anleger. Die drei neben meinem Kajak angelnden halbwüchsigen Mädchen staunten, als ich die Lebensmittelberge im Kajak verstaute. Danach war ich schweißgebadet – und reif für eine Dusche!

Die Angestellte im Büro des Hafenmeisters gab mir den heißen Tipp: »In der *marine bar* gibt's öffentliche Duschen und Waschmaschinen.«

Das Schild über dem Eingang der Kneipe verriet, dass genau hier das ehemalige russische Pelzhandelsfort St. Dionysius gestanden hatte. Aber jetzt war nicht Geschichte angesagt, sondern Körperpflege ...

Drei Männer stemmten an der schummrigen Bar eisige Bierchen, im Radio sang Country-Barde Willie Nelson. Hinter dem Tresen bediente eine schlanke Frau, etwa Ende 20, mit hübschen indianischen Zügen.

»Klar kannst du hier duschen«, sagte sie. »Kostet drei Dollar.« Und dann leise: »Dusch, solange du willst. Waschmaschine kostet zwei, Trockner einen Dollar.« Ich schob ihr *ten bucks* zu und strich eine Handvoll 25-Cent-Stücke ein.«

Ich kam als neuer Mensch zurück, durchbrach meine eisernen Prinzipien und kaufte mir zwei kalte Budweiser für den Abend.

Als ich anderthalb Stunden später das steinerne Tor des Hafens von Shoemaker Bay durchpaddelte, war es dunkel.

Hier sollte die *campsite* sein. Aber wo? Ich durchfuhr mehrere Reihen einfacher Motor- und Fischerboote. Blickfang war ein mit Schindelholz verkleidetes Hausboot. Dies war kein Protzhafen für die dicken Pötte der oberen Zehntausend, sondern der bescheidene Anleger für die Arbeits- und Wochenendboote der kleinen Leute von Wrangell.

Einige Minuten später hörte ich Motorengeräusch. Ein altes Kajütboot parkte ein, der Fahrer stieg aus, stellte sich als Mike vor und half mir, einen freien Platz für meinen Kajak zu finden. Ich ließ Boot und Ausrüstung im Wasser, schnappte Zelt, Wertsachen und Schlafsack und ging zu der nahe gelegenen Wiese, meiner *campsite*.

Das Meer klatschte gegen die Mole. Das schönste Geräusch aber war das Zischen des Verschlusses der Budweiser-Dose.

Ich schlief schlecht. Vielleicht beschäftigte sich mein Unterbewusstsein mit dem Verstauen der neuen Lebensmittel. In Wrangell hatte alles fix gehen müssen, ich konnte nur improvisieren. Morgen früh sollte es ernst werden ... Ich schwor mir, im kommenden Sommer Müsli, Fertiggerichte, *trail mix,* Kaffee, Tee, Kakao und Schokoladen für die gesamte Reisedauer vorab zu portionieren und etappenweise vorauszuschicken.

Oder hatte mich nach der langen Einsamkeit der Trubel in Wrangell zu sehr bewegt? Oder das Telefonat mit Juliana? Oder die Begegnung mit den Tlingit-Legenden auf Shakes Island?

Im Traum sah ich Bilder von Menschen, die Bären folgten, und Ko-Na-Ke-Det zwei Wale anschleppen.

Weniger als 300 Jahre ist es her, dass die Tlingit und der »weiße Mann« zum ersten Mal in Berührung kamen. Am 15. Juli 1741 schickte Kapitän Alexei Tschirikow auf Vitus Berings legendärer Nordlandexpedition hier zwei Bootsbesatzungen an Land, die nicht zurückkehrten. Bei den Tlingit heißt es, dass die Männer sich in Tlingit-Frauen verliebten und deswegen hierblieben .... Vielleicht stimmt's, vermutlich aber nicht.

Über weitere Kontakte weiß man wenig. Das ändert sich, als der Gouverneur der Russisch-Amerikanischen Kompagnie, Alexander Baranoff, 1799 das Zentrum des Pelzhandels von Kodiak Island nach Südosten verlegt. Nach langer Reise mit zwei Schiffen und einer Tausendschaft Aleuten in mehr als 500 Baidarkas landet er einige Kilometer vom heutigen Sitka entfernt und gründet Fort Saint Michael. Die Zusammenstöße mit den dort lebenden Tlingit sind vorprogrammiert. 1802 greifen die den Handelsposten an und töten die meisten Pelzhändler. 1804 kehrt Baranoff mit einem Kanonenboot, drei Begleitschiffen und knapp 1000 Männern zurück. Nach sechstägigem Kampf hat er den Widerstand gebrochen: 700 Tlingit flüchten im Schutz der Nacht in die Wälder. Auf den Ruinen ihrer Siedlung Shee Atika entsteht Neu-Archangelsk, das heutige Sitka. Baranoff, der »König von Alaska«, weitet den Pelzhandel bis fast nach San Francisco aus und macht Sitka zu einem reichen Ort. Der feudale Lebensstil des zaristischen Russlands prägt den Alltag in Südostalaska, Sitka führte bald den Spitznamen »Paris des Pazifiks«.

Und doch kontrollieren die Tlingit zu jener Zeit noch immer große Teile ihres Territoriums.

Es ist ein gegenseitiges Geben und Nehmen. Sie liefern den Russen Pelze und erhalten dafür Decken, Waffen und Medikamente. Bei der Pockenepidemie von 1836 sind die Tlingit von Sitka geimpft und kommen mit dem Leben davon. Die Tlingit schätzen die Kunst der russischen Ärzte, vor allem aber verehren sie den russisch-orthodoxen Missionar Innokentij Veniaminov, der sie zum Christentum bekehrt. Der heilige Innozenz von Alaska ist noch heute hoch verehrt. Viele russische Händler heiraten Tlingit-Frauen, ihre Kinder lernen lesen und schreiben.

Nachdem der Raubbau an den Seeottern sowohl Urbewohnern als auch Pelzhändlern die Existenzgrundlage entzogen hat, ändert sich das Leben. Vor allem, nachdem Alaska amerikanisch geworden ist.

Die neuen Herren reißen sich kurzerhand das Land der Tlingit, die sie als »Wilde« diffamieren, unter den Nagel. Keiner, am wenigsten die Missionare, schätzt ihre Kultur, sie gelten als Menschen zweiter Klasse. Erst 1924 werden die eigentlichen Eigentümer des Landes wie andere *natives* als US-Bürger anerkannt und bekommen das Wahlrecht.

Seitdem wurden ihre Rechte gestärkt, ihr kulturelles Anliegen wird ernst genommen; in Museen ausgestellte Tlingit-Schädel wurden zur Bestattung rückübereignet, auch einen bedeutenden Totempfahl bekamen sie wieder.

Materiell tat sich sehr viel: 1971 garantierte der *Alaska Native Claims Settlement Act* den Tlingit eine finanzielle Entschädigung und Rückübertragung von Teilen ihres Landes. Die stammeseigene *Seaalaska Corporation* vertritt heute die wirtschaftlichen Belange von mehr als 17 000 Tlingit, Haida und Tsimshian. Auch ihre Kultur wird mit großem Enthusiasmus und Ernst neu belebt.

»Soweit das nach hundert Jahren Diskriminierung überhaupt möglich ist. Unsere Sprache stirbt, ebenso wie unsere anderen Traditionen«, hatte Joseph mit Blick auf die Totempfähle von Chief Shakes Island gesagt.

»Freitag: Windstärke zwischen 25 und 40 Stundenkilometern, Regenwahrscheinlichkeit hundert Prozent. Samstag: Regenwahrscheinlichkeit hundert Prozent. Sonntag und Montag: Regen.« Diesen Wetterbericht empfing ich morgens in der Shoemaker Bay.

Die hundert Prozent waren bei mir längst angekommen. Es trommelte nur so aufs Zelt. Während kurzer Regenpausen sprintete ich zum Kajak und versuchte, meine neuen Vorräte unterzubringen. Ein gefährliches Unterfangen, wenn der Kahn im Wasser liegt. Das Verstauen der sperrigen *bear cans* ist schon an Land schwierig, auf dem Wasser, wo das Boot dem leisesten Druck weicht, wird es zur varietéreifen Nummer. Dass ich dabei nicht kopfüber ins Hafenwasser stürzte, betrachtete ich als gutes Omen. Letztlich gab ich doch auf, hievte meinen beladenen Kajak auf den Steg und packte dort. Natürlich wieder im Regen, und natürlich versperrte ich den Hafenbenutzern den Durchgang. Die nahmen es gelassen. Man stiefelte mit irgendeiner netten Bemerkung an mir vorbei. Ich hatte lange nicht so viele stoppelbärtige Kerle in Gummistiefeln und Regenklamotten gesehen. Zu denen zählte auch der freundliche Weißbart Jake.

»Ich lebe auf dem Hausboot da!«, sagte der 50-Jährige und wies auf einen schindelbeckten Holzkahn am Hafenende, der mir schon in der Nacht aufgefallen war.

So einen Tag können nur Frösche und Regenwürmer lieben, dachte ich. Trotzdem machte ich mich reiseklar. Kurz musste ich dabei an mein bevorzugtes Kanu-Dorado östlich der Rockies denken. Abgesehen von kurzen Gewittern ist im Canadian Shield ein Tag so schön wie der andere: heiter, trocken, und der Himmel ist so blau, wie sich das fürs Kontinentalklima gehört ...

Aber auch die Regenliebhaber haben recht; Nebel und Wolken verzaubern dieses Küstenbild. Und wenn durch einen Spalt im dramatischen Himmel etwas Sonne fällt, wird die Magie nur noch vom Zauber des Küstenregenwaldes, seinem halbmeterdicken Moosteppich und den uralten Baumriesen übertroffen.

Kaum aus der geschützten Shoemaker Bay heraus, klatschte mir der steife Südost ins Gesicht. Wenn die Fotoausbeute ein Indikator für Wind, Wellen und sonstige Schwierigkeiten ist, dann heute: Nicht ein einziges Mal drückte ich auf den Auslöser. Stattdessen stieß ich vornübergebeugt das Paddel ins Wasser.

Die Zimovia Strait zieht sich als vier Kilometer breiter Kanal nach Südosten. Der Wind pfiff dort hindurch und warf hohe Wellen über meinen Bug.

Auf Wrangell Island führt nur eine 20 Kilometer lange Straße entlang der Westseite nach Süden. Ihr folgte ich auf dem Wasser ... und stellte überrascht fest, dass sich hier Haus an Haus reihte. Ich schnaubte meinen in solchen Situationen in Nordamerika aufflammenden Zorn in den Wind: »Warum baut ihr die schönsten Flecken der Welt so gnadenlos zu?«

Die Dicke des Geldbeutels bestimmt, wie tief man in die unberührte Natur eindringen kann. Bebauungsvorschriften gibt's hier nicht. Und so stampft halt jeder nach Belieben sein Häuschen aus dem Boden. Das letzte Gebäude war ein Herrenhaus wie aus *Vom Winde verweht*. Kurz dahinter war ich zurück in der Wildnis.

Sechs Stunden lang kämpfte ich gegen Wind und Wellen an.

Dort, wo die Zimovia Strait sich durch eine Vielzahl kleiner Inseln verengt, veränderte sich das Wetter; der Wind ließ nach, und das

Meer wurde schwer wie flüssiges Silber. Alles war gespenstisch grau: Wolken, Nebel und Regen begrenzten die Sicht. Eine in weiche, graue Watte gepackte Welt. Die Geräusche waren gedämpft: Nur die Tropfen klatschten mit silberhellem »Pitsch, pitsch« auf die glatte Wasseroberfläche.

Die Inuit, Inupiat und Yup'ik der nördlichen Küsten haben hundert Bezeichnungen für die unterschiedlichen Schneeformen – hier müsste es eigentlich hundert Namen für den so variantenreich fallenden Regen geben.

Der Bug meines Kajaks zerschnitt dies Meer aus purem Silber. Ich steuerte eine am Ufer liegende alte *cabin* an. War sie offen? Könnte ich darin vielleicht übernachten? Nein, die Tür war verschlossen, und so paddelte ich weiter.

Es war höchste Zeit, am Ufer im quatschnassen Gras zwischen triefnassen Farnen und tropfenden Zweigen einen Übernachtungsplatz zu finden. Ich zögerte noch und hoffte auf einen »Traumplatz«.

Da hörte ich ein Geräusch, drehte den Kopf und sah ein Motorboot auf mich zukommen. Am Steuer stand ein weißbärtiger Mann, der behutsam längsseits kam, grüßte und fragte: »Wohin geht die Reise?«

»Nach Ketchikan und Prince Rupert.«

Er lachte: »Bei dem Wetter baut keiner gern ein Zelt auf. Du kannst in meiner *cabin* übernachten.«

So lernte ich Bill Byford kennen.

»Meine Hütte liegt eine Meile weiter südlich, los, wirf mir deine Bootsleine zu. Ich schleppe dich hin.«

Das war für mich Premiere.

»Fahr langsam, Bill!«

»*Only ten miles per hour!*« Er lachte.

Acht Stunden lang war ich ohne Unterbrechung im Regen gegen Wind und Wellen angepaddelt, aber jetzt ließ ich mich bei 16 Stundenkilometern einfach treiben. Schließlich lag mein Kajak sicher im

Wasser, und wenn es durch Bills Wellen etwas schlingerte, stabilisierte ich es mit dem Paddel.

Du musst die Dinge einfach geschehen lassen ..., dachte ich.

Bill war offensichtlich zum Plaudern aufgelegt. Er beugte sich über seinen Motor hinweg zu mir und rief über das fünf Meter lange Abschleppseil:

»Bin Alaskaner der dritten Generation ... Allerdings *down south* geboren, unten in den südlichen Bundesstaaten.« Seine Großeltern waren während des Klondike-Goldrauschs nach Alaska gekommen. »Mein Vater wurde hier geboren, arbeitete aber einige Zeit im Süden. 1959 kamen meine Eltern mit mir nach Alaska, seitdem lebe ich hier. Jetzt bin ich 70!«, sagte Bill, der jünger und sehr rüstig wirkte.

»Vor einigen Jahren ist meine Frau gestorben. Bin jetzt mit Maria aus Kalifornien befreundet.«

Wir hatten seine kleine Bucht erreicht.

»Lass deine Sachen im Boot. In der Hütte ist alles, was du brauchst!«, sagte Bill.

»Und wie sieht es hier mit Bären aus?«

»Hatte dieses Jahr noch keinen im Camp. Oder hast du duftenden Schinkenspeck dabei?« Bill lachte.

Ich verneinte. »Na also«, sagte er, und zu zweit zogen wir den voll beladenen Kajak bis über die Gezeitenlinie.

Begegnungen wie diese sind die Würze des Reisens.

Maria, Lehrerin aus Carmel in Kalifornien, die ihre Sommerferien hier verbrachte, kochte gerade Lachs.

»Frisch gefangener *sockeye salmon*«, schwärmte Bill. Sein Lebtag war er Berufsfischer gewesen, jetzt ist er im Ruhestand und fischt nur noch für den Eigenbedarf.

»Ich besitze auch ein Haus nahe der Shoemaker Bay, doch im

Lebenskünstler: Mit 70 Jahren hat Bill beschlossen, für sich und seine Liebste ein neues Haus zu bauen.

Sommer zieht's mich hierher«, sagte Bill. Das Grundstück kaufte er vor 20 Jahren. In nur sechs Tagen baute er damals die *cabin*, als Wochenendhütte. Es wurde mehr daraus.

»Ich möchte permanent hier leben.« Bill blickte zu Maria. »Kommendes Jahr geht sie in den Ruhestand. Dann brauchen wir mehr Platz. Ich säge schon die Stämme für eine neue Cabin.«

»Mit 70 Jahren für seine Liebste und sich mit eigener Hand ein Haus bauen ... toll!«, dachte ich.

Bills *cabin* ist wie alle Buschhäuser in Alaska ein Zweckbau. Es gibt kein fließendes Wasser, das Badewasser wird im Kessel auf dem Ofen erhitzt. Zählt man alle Winkel des Hauses zusammen, kommt man auf 40 Quadratmeter. Die »gute Stube« ist zugleich Küche und Arbeitszimmer. Das alte Sofa wird mein Bett sein. Was in den Schränken keinen Platz mehr findet, hängt an den Wänden: Trinkbecher,

Bratpfanne, Kochtöpfe … Gekocht wird auf einem Gasherd. Und das sehr gut! Marias Lachs ist köstlich.

»Was möchtest du trinken?« Bill sieht mich fragend an.

»*Hot chocolate.*«

»Prima«, sagt er und gießt uns beiden aus seinem Flachmann einen Schuss *peppermint schnapps* dazu.

»Als meine Frau noch lebte, fischten wir eines Tages in der Clarence Strait Lachse. Ein fieser Regentag wie heute. Wir hatten viel gearbeitet, und meine Frau wollte mich mit selbst gebackenen *blueberry muffins* verwöhnen, als ich zwei Kajakfahrer entdeckte. Die beiden stammten aus Schottland und paddelten von Ketchikan nach Wrangell. Sie waren an jenem Tag bereits morgens um fünf gestartet, waren durchnässt und völlig verfroren. Ich bat sie an Bord und spendierte ihnen heiße Schokolade. In diesem Moment holte meine Frau die Blaubeermuffins aus dem Ofen. Ich sah ihre Augen leuchten – die beiden aßen zehn, ich kriegte einen!« Bill schüttelt sich vor Lachen.

Dann wird er ernst: »Als Fischer war ich nie hinter dem großen Geld her. Ich fischte, weil es meiner Philosophie entsprach und mir der Beruf auf dem Meer Lebensqualität gab. Von jedem Dollar, den ich verdiente, versuchte ich 90 Cent für meine Familie abzuzweigen und nur den kleinen Rest in Sprit und mein Unternehmen zu stecken. Ich empfand es als Privileg, ein Fischer zu sein.«

Als Bills Frau an Krebs erkrankte, verkaufte er sein Fischerboot.

»Vielleicht war das ein Fingerzeig des Schicksals«, sagt er. »Bei dem hohen Spritpreis heute müssen die Lachsfischer auch Krabben, Garnelen und Heilbutt fangen, um über die Runden zu kommen.«

»Aber ihr habt ja immer noch den *Alaska Permanent Fund*«, werfe ich ein. »Aus der Ölförderung hier bekommt ihr doch als gemeldete Bewohner pro Jahr eine Dividende zwischen 1000 und 2000 Dollar.«

»Allerdings darf man Alaska nicht länger als drei Monate im Jahr verlassen, wenn man *resident* bleiben will. Stell dich also drauf ein: Wenn ich dich mal in Deutschland besuche, wird das höchstens für drei Monate sein!«, sagt er und lacht sein ansteckendes Lachen.

Gut, dass mir am nächsten Morgen das Lachen nicht verging: Ein Braunbär trottete 20 Meter neben meinem beladenen Kajak entlang. Er fraß Gras und wühlte die Knollen pinkfarbener Lupinen auf.

»Die habe ich gerade letztes Jahr gepflanzt ...«, grummelt Bill. »Besonders gern fressen sie unsere *chocolate lilies*, vermutlich weil ihre braunen Blüten so herrlich nach Schokolade duften.«

Besser die als meine Schokoladenvorräte im Kajak!

Der Braunbär ignorierte das Boot, und so friedlich, wie er gekommen war, verschwand er im hüfthohen Gras.

Als ich aus Bills geschützter Bucht auf die Zimovia Strait zurückkam, erwischte mich der Wind so heftig wie 24 Stunden zuvor. Aber da lag noch mehr in der Luft ...

Der Wettermann mit der schnarrenden Computerstimme hatte eine mehrtägige Sturmwarnung für den Ernest Sound und die Clarence Strait ausgegeben. Meine Route!

»Nimm dich vor Caamano Point in Acht!«, klang mir Bills Warnung im Ohr. »Bei Sturm ist dort der Teufel los!«

21 REISENOTIZEN: PADDELN IM STURM

Der Nordlandsommer ging langsam in den Herbst über. Ab September ist in der Inside Passage mit Stürmen zu rechnen. Für Outdoor-Aktivitäten blieb mir also nicht mehr viel Zeit. Bereits Mitte August wollte ich in Prince Rupert sein, von wo eine Fähre mich samt Gepäck nach Juneau zurückbringen sollte.

Nachdenklich sah ich auf meine topografischen Karten und sinnierte über meinen Zeitplan. Bis Prince Rupert lagen noch tausend Unwägbarkeiten vor mir. Die in Richtung Süden verlaufenden breiten Wasserarme sind ideale »Landebahnen« für Winde. Ein einziger mehrtägiger Sturm, und mein Zeitplan wäre Makulatur ... Dann aber hätte ich ein ernstes Problem: Mitte August wollten unsere Tochter Bettina und ihr Freund Philip mit der Fähre von Seattle nach Juneau kommen, um gemeinsam mit mir auf dem Yukon River zu paddeln.

Das setzte mich ein wenig unter Termindruck.

Diesem Sommer sollte auf jeden Fall ein weiterer Kajaksommer folgen.

Meine seit Jahren gehätschelte Idee, die im Pazifik liegenden Queen Charlotte Islands im Kajak zu befahren, hatte Gestalt angenommen. Und im nächsten Sommer wollte ich mich auf der Spur der Wale südwärts bis Vancouver durchschlagen.

Nachdem ich Bills Camp verlassen hatte, paddelte ich acht Stunden entlang der Zimovia Strait und erreichte den Zusammenfluss von Seward Passage und Ernest Sound. Kurz vor Mitternacht saß ich dort

Sturm und Wellen halten mich tagelang an Caamano Point gefangen.

im Zelt, nahm meinen Notizblock und notierte für Juliana ein paar aktuelle Reiseimpressionen:

»*Seward Passage*«
Die Sonne freute sich mit mir, als ich gegen acht Uhr abends anlegte! Sie durchbrach die Wolken und zauberte den schönsten Sonnenuntergang seit dem Beginn meines Alleingangs.

Was für ein Platz! Meine 60 Meter breite Bucht ist mit Kies bedeckt, eine campsite *finde ich schnell. 20 Meter oberhalb murmelt ein Bach, der mir morgen früh das Kaffeewasser spendieren wird. Die Sonne blitzt durch einen Wolkenspalt, und im Westen leuchten die Spitzen schneebedeckter Berge.*

Mein Reich! Ist es nicht verrückt? Tagsüber paddele ich wie ein Galeerensklave, und abends fühle ich mich wie ein König. Was für ein Widerspiel ...

Oft lagen Nebelschwaden über dem Wasser, dann zerfetzte sie der Wind, und kurze Zeit später schien die Sonne. Doch an der West Coast haben die Regengötter das letzte Wort; schon ballten sich Wolken zusammen. Und dann hörte ich im marine radio *die Sturmwarnung!*

Neuneinhalb Stunden im Kajak! Dies war einer meiner stärksten Paddeltage! Davon hatte ich natürlich keine Ahnung, als morgens um sechs der Wecker klingelte. Um Kräfte und Kalorien zu sparen, wollte ich pünktlich gegen neun bei high tide *auf dem Wasser sein.*

Es dauerte nur zehn Minuten, bis ich im Zelt alles geordnet hatte; bis das auch nachts griffbereit liegende bear spray *in den Holster gesteckt, der Schlafsack zusammengerollt, die Stirnlampe in der Fototasche verstaut und meine Kleidung sortiert war. Ich zog meine gute alte schwarzrote Holzfällerjacke an.*

Das war die einzige Farbe: Der rote Zauber der vergangenen Nacht war dahin, alles war grau in grau. Eine leichte Brise summte in den Baumwipfeln und ließ die langen Bartflechten schaukeln. Eine Stunde lang riefen Raben: aufdringlich, anmaßend, fast herrschsüchtig, als wäre ich ein Eindringling in ihr Paradies. Dem »Weltenschöpfer« in der Mythologie der Tlingit mag es zustehen, sich über meine Gegenwart zu ereifern.

Um zum Kaffeewasser im moorig-braunen creek *zu kommen, stapfte ich über 70 Zentimeter dicke Moosteppiche, die jeden Schritt dämpften. Groß wie Salatschüsseln wuchsen die Blätter des mannshohen stacheligen* Devil's Club. *Dazwischen wucherten Gräser mit harten Früchten, ähnlich braunem Reis. Ich bahnte mir einen Weg durch große Farne und umgestürzte Baumstämme, einige waren morsch, andere zersplittert. Alles gedieh und zerfiel in wunderbarer Harmonie. Ein Märchenwald, in dem nur noch Gnome und Zwerge fehlten.*

Vorsichtig tastete ich mich über von Algen überwucherte Steine zum Bach, wo ich meinen Wasserbeutel füllte.

Als ich meinen Kajak bei high tide ins Wasser schob, schaute ein Seelöwe aus dem Wasser, machte bei meinem Anblick einen Salto und tauchte ab. Danach begann mein sechsstündiger Kampf gegen Wind und Wellen. Wolkenwürste drifteten von Süden heran, während sich im Nordwesten eine Unheil verkündende pechschwarze Unwetterfront etablierte.

Meterhohe Wellen rollten über den Bug, das Vorschiff, mein Spraydeck … mir bis zum Hals. Ich sang ein weiteres Loblied auf meinen dry suit. Derweil prügelte der verrückte Wind auf mich ein. Konzentriert studierte ich den Rhythmus der Wellen und stabilisierte das Boot, wenn mich eine Woge seitwärts erwischte. Besonders gefährlich kochte es an den points, Felsvorsprüngen, an denen das Meer brodelte und der Wind seine Richtung plötzlich änderte.

Oft sprangen hier Lachse drei Meter hoch. Die silbernen Bäuche nach oben, die dunkleren Rücken nach unten, tauchten sie ab, um sofort wieder rauszuschießen. Bei Vixen Point plumpsten unmittelbar neben mir Seehunde ins Wasser. Überall lauerten Adler auf vom Wind zerzausten Fichtenspitzen auf unvorsichtige Lachse.

Nach Norden, wo die Wetterküche blubberte, blickte ich selten. Ich hatte nur die nächste heranrollende Welle im Blick. Die große Spiegelreflexkamera wagte ich nicht herauszuholen. Ein kippelndes Boot wäre lebensgefährlich.

Nur mein Freund, der Eistaucher, liebt diesen Wind. Er lachte sein wildes, spitzes, vibrierendes Lachen, als ich Sunshine Island – was für ein Name! – erreichte, mir dort im Windschatten eine Handvoll trail mix reinwarf und weiterpaddelte.

Nach sieben Stunden legte ich an. Zum Mittag gab's Cappuccino, Wurst und Brot aus Wrangell, dazu einen halben Apfel. Seit einiger Zeit habe ich mächtigen Kohldampf. Wer schafft, braucht Kraft!

Vor mir lag die acht Kilometer breite Union Bay. Eine Querung in gerader Linie wäre unmöglich. Der Wind griff von allen Seiten an! Umständlich folgte ich dem Ufer der großen Bucht und paddelte so statt acht mehr als 16 Kilometer.

Hier mündet der Ernest Sound in die mächtige Clarence Strait. Dazwischen ragt Lemesurier Point wie ein Stachel in beide Wasserstraßen hinein. Und dahinter liegt Misery Island, die Insel der Trübsal. Ich machte mich auf einiges gefasst!

In der Bay war es einigermaßen windstill, also fingerte ich mein marine radio raus und empfing endlich den Wetterbericht: »Morgen und übermorgen Südwind, Windstärke zwischen 50 und 60 Stundenkilometern.«
Im Klartext: Höllenwind genau von vorn!

Eine Stunde vor Mitternacht: Ich versuche, meine Augen offen zu halten, was nach 16 Stunden full-power-Einsatz nur mäßig gelingt. Meine sichelförmige Bucht mit den von der Brandung glatt polierten Felsstacheln ist ein Traum. Etwas oberhalb steht mein Zelt auf Millionen centgroßen, glatt polierten Steinplättchen.

»Caamano Point«
21:30 Uhr: Dies war der härteste Tag meiner Seekajakabenteuer, der großartigste auch, auf jeden Fall wird er unvergesslich bleiben.

Wieder jagen Böen übers Wasser; Sturmstöße von 80 Stundenkilometern und mehr, wie sie mich vorhin auf dem Meer fast umgeworfen hätten. Das Krachen der zehn Meter hohen Brandung klingt wie Kanonendonner.

Stell dir dies Bild vor: Du siehst mich unter Baumkronen, von denen dicke Wasserperlen auf meinen Trockenanzug platschen. Am Kiesstrand das malerische Chaos übereinandergewirbelter Treibhölzer: meist hellbraune Stämme, manche weiß, alle ohne Borke.

Ich beuge mich beim Schreiben schützend über das Papier.

Der Tag beginnt unspektakulär. Nieselregen. Dennoch bin ich gut drauf, bringe zügig das Packen hinter mich und sitze um neun im Kajak. Keine Anzeichen von dem angekündigten Sturm.

Das übliche Bild: weite, dichte Wälder, auf den Uferfelsen kreischen Adler, im Wasser ein paar Seehunde mit lustig gefleckten Gesichtern.

Ein landendes Wasserflugzeug ist die erste wirkliche Überraschung. Ein Ort? Dann bemerke ich ein sechseckiges Holzhäuschen, das wie ein Adlerhorst auf den Spitzen hoher Uferfelsen thront. Neugierig biege ich in die Bucht ein und sehe im Hintergrund weitere 30 Holzhäuser. Alle stehen auf fünf bis zehn Meter hohen Stelzen, wohl der Winterstürme wegen ... Hier und da ankern Motorjachten.

Ein Mann in Gummistiefeln und Regenmantel zieht ein kleines Beiboot an Land.

»Ist das hier ein Fischerdorf?«, frage ich.

»Nein, das ist Meyers Chuck«, antwortet er einsilbig. »Nur recreational use, *unser Sommerdomizil.« So viel entlocke ich ihm noch: Hier leben 20 Menschen, im Sommer ein paar mehr.*

Zurück auf dem Meer, spüre ich einen schwachen Windhauch, kaum mehr als ein leichtes Pusten. Das Folgende spielt sich innerhalb von zehn Minuten ab: Miniwellen entstehen, das Rauschen in den Bäumen nimmt zu, und mit dem Sturm kommen die richtig hohen Wellen.

30 Minuten später tobt das Meer.

Ich weiß, was die Stunde geschlagen hat.

Die Wogen schlagen jetzt zwei Meter hoch – und ich mittendrin. Während ich anfangs die von vorn kommenden Wellen glatt durchschneide, treffen sie meinen Kajak später von der Seite.

Zahllose points, *hundert und mehr Meter lange Landspitzen, umfahre ich in einem Zickzackkurs, bei dem der mal von Westen, Süden oder Osten kommende Wind mich gnadenlos schüttelt. Bei jedem* point *heißt es: totale Konzentration, völliger Körpereinsatz. Es ist nicht ohne, wenn einem*

205

die Wellen bis zum Hals schlagen und der Bug hoch aufgerichtet andert-
halb Meter über dem Wasser steht.

Eigenartige Gedanken huschen mir durch den Kopf; Naturvölker beten zu
den Elchen, Bären und Walen, bevor sie sie erlegen, und zeigen so ihre Ehr-
furcht vor dem Leben. Andere Kulturen wie die der australischen Abori-
gines zollen der Natur auf ähnliche Weise Respekt.

Ähnlich bei mir. Hier verschieben sich die Prioritäten, alles bekommt
eine völlig andere Gewichtung.

Einmal falsch auf die Seitenwelle reagiert, und das war's ...

Ich stelle mir vor, dass mich eine Welle umhaut. Bis zum Ufer sind es
tausend Meter. Das wäre mit dem Kajak im Schlepp vielleicht zu schaffen.
Spätestens aber dort, wo acht Meter hohe Brecher gegen die Steilküste
branden, hätte ich ein Problem ...

Schluss mit diesen Gedanken!, weise ich mich selbst zurecht.

Es bleibt das Empfinden, zwar klein und unbedeutend, aber doch Teil
dieser Elementargewalten zu sein. Und mir ist klar, wo ich stehe, wenn
alle Computer- und Handyleitungen gekappt sind und kein Hilfsdienst an
der nächsten Ecke wartet. Die banale Alltagsweisheit »Hilf dir selbst, so
hilft dir Gott« wird hier nachvollziehbar.

In diesem Moment erwischt mich die Welle von rechts. Ich ramme links
das Paddel ins Wasser und bin sofort in der Realität zurück.

Zum Glück ist das Ufer etwas kajakfreundlicher, es gibt sogar sandige
Buchten. In einer bemerke ich einen Schwarzbären! Gemütlich tapst er
von Stein zu Stein, dreht ihn lässig mit der Tatze um, schnüffelt und frisst
Muscheln und Krebse.

Eine Stunde später erneut!

Zwei braune Bären mit wuscheligem Fell: eine Mutter mit Jungem.
Vorsichtig hole ich die Kamera raus und fotografiere. Die Bilder bele-
gen: Die rotbraunen Bären sind Schwarzbären. Black bears *gibt es in*

206

allen Farbvarianten; schwarz, dunkel- und hellbraun, sogar blond und
weiß.

Der Wind wird immer verrückter, ich komme nur noch mit äußerster
Anstrengung voran.

Die nächste Bucht ist deine!, sage ich mir. Aber da ist keine Bucht
mehr, nur Steilküste, gegen die das Meer zehn Meter hoch gischtet. Also
weiter.

Draußen hebt und senkt sich das Meer wie die Brust eines unruhig
schlafenden Riesen; ungestüm trifft es aufs Land, rollt zurück; fast so, als
nähme der Stille Ozean einen tiefen Schluck, um ihn dann wieder auszu-
spucken.

Längst habe ich den Spot Messenger in meine Schwimmweste gesteckt
und sicher verknotet. Für alle Fälle ...

Boot stabil halten!, hämmere ich mir ein. Nur noch bis zur nächsten
schützenden Bucht!

Mittlerweile paddle ich Kurs Südost, die Wellen prügeln jetzt gegen
die rechte Bootsseite.

Endlich, eine breite Bucht! In voller Fahrt surfe ich rein. Schwere Brecher rollen über den Kies, ziehen sich mit Wucht zurück, sammeln sich,
um sich erneut auf den Strand zu werfen. Und ich mittendrin!

Jetzt oder nie: Mit einem Ruck reiße ich das Spraydeck vom Boot,
springe ins Wasser, drücke den Kajak an mich, bevor die nächste Welle
ihn umwirft und uns beide zum Spielball der Brandung macht.

Geschafft!

22:29 Uhr: Draußen tobt der Sturm, das Meer brüllt. Es ist einer der geis-
terhaftesten und auch geheimnisvollsten Momente in meinem Leben. Wo
ich vorhin anlandete, sind die Brandungswellen jetzt drei Meter hoch,
überschlagen sich, graben das Ufer um, saugen Kies mit sich, der mit un-
heimlichem Geklicker in Richtung Pazifik schlittert.

Genauso war die Stimmung vorhin, als ich, am Ufer im Regen stehend, eine leckere Pasta aus der Mountain-House-*Tüte löffelte und dann heiße Bouillon trank. Meine Sicht reichte nur 200 Meter weit, aber die Karte verriet, dass irgendwo in dem Schwarz der Nacht Ketchikan liegen musste. Luftlinie nur 35 Kilometer entfernt, aber unerreichbar ...*

Das Licht der Stirnlampe fiel auf meine Brust. Ich war eingeschlafen, schreckte aber durch das Krachen der Wellen hoch. An diesem Tag war ich siebeneinhalb Stunden gepaddelt. Schluss für heute.

Ich klappte meine Notizen zu und knipste die Lampe aus.

22 VON KETCHIKAN NACH PRINCE RUPERT

Über Nacht hatten sich unter meinem Zelt Rinnsale gebildet, die erd-
braune Brühe in den Pazifik schwemmten. Mein Kaffee war an diesem Morgen eine Nuance dunkler als sonst.

Der zweite Happen Müsli blieb mir fast im Hals stecken: 20 Meter
vor mir kam ein ausgewachsener Schwarzbär direkt auf mich zu.

Hatte er mich nicht bemerkt? Oder gerade doch?

Ich klatschte in die Hände, er stutzte, machte auf den Hinterbei-
nen kehrt und verschwand in die Richtung, aus der er gekommen
war.

Wird er zurückkehren? Wohl nicht! Bären schleichen sich nicht
wie Löwen an. Sie sind direkt; wenn sie etwas von dir wollen, kommen sie und holen es sich. Vorsichtshalber trommelte ich mit einem
Stock auf meinen Kochtopf.

Heute ist Paddeln unmöglich, sagte ich mir und schlenderte über das
150 Meter lange Geröllufer, bestaunte bunten Seetang und meterlan-
gen Riesentang.

Es zog mich an den Rand des Urwaldes: Neben verwitterten Baumriesen leuchteten die roten Früchte des Kanadischen Hartriegels.
Zwischen grauen Felsen wuchsen blaue Glockenblumen. Bei den
wilden Erdbeeren waren die Bären leider schneller gewesen als ich.

Mein halbkreisförmiges »Zwangsparadies« war an beiden Seiten
von schroffen Felsspitzen eingefasst. Ich fühlte mich bald zu Hause
und stöberte gern in meterhohen Treibholzbergen. Verrückt, diese
Stämme waren vielleicht von Sibirien oder Japan über den Pazifik
hierhergereist …

Dazwischen lagen dicke Bohlen. Vielleicht die Planken gestrandeter Schiffe? Ich fühlte mich wie Tom Hanks nach seiner Bruchlandung in *Cast Away – Verschollen*.

Völlig unverhofft riss der Himmel auf und goss warmes Licht auf den Schauplatz meiner Robinsonade.

Zunächst trocknete ich meine Ausrüstung und die völlig benebelte Kamera.

Nach drei Stunden war die Feuchtigkeit aus den Objektiven verschwunden. Halbherzig packte ich, ließ das Zelt aber noch stehen. Nach wie vor stürmte es, und Brecher krachten gegen die Felsen. Ich schleppte eine der Planken herbei und baute eine Sitzbank. Mein Zuhause nahm Gestalt an.

Das Dröhnen eines *bush plane*, einer Beaver, übertönte Wind und Wellen. Der Pilot hatte mich längst entdeckt, flog tiefer, schaute runter und zog eine Schleife. Ich hob den Daumen: Alles okay! Er ließ die Maschine zur Antwort leicht wippen und brummte davon.

Das gute Wort dieses Tages ist »*calm*«. Der Wettermann im *marine radio* beschrieb so das Meer. Noch nicht für heute oder morgen – aber spätestens übermorgen würden Wind und Wellen sich beruhigen. Ein Hoch stand vor der Tür!

Morgen geht's los!

Abends stellte ich den Wecker auf 3:30 Uhr. Aber nicht er weckte mich, sondern prasselnder Regen.

Ich stellte den Wecker erneut, jetzt auf 6:30 Uhr. Wieder dasselbe: Brandung und Regen. Ich drehte mich auf die andere Seite. Um acht Uhr lauschte ich dem Wetterbericht, von dem mir zwei Worte in Erinnerung blieben: »*barometer rising*«.

Das Barometer steigt, es geht aufwärts!

Ich packte, machte mich startklar und überflog trotz der guten Wetterprognose meine Vorräte: Der Kakao ging zur Neige, ich hatte

210

So schön kann den Pfannen-*Bannock* nur Juliana wenden (hier zu Beginn der Reise im Prince William Sound).

noch zwei gefriergetrocknete Abendessen und zwei Beutel Reis, meine Notfallreserve. Das reichte.

Aber was war das?

Ein Tier! So groß wie ein Hund, grau, mit rötlichbrauner Zeichnung. Es kam die Felsen herunter und lief am Ufer auf mich zu.

Ein Wolf!

Premiere! Klar, ich hatte viele Wölfe in Kanada und Alaska gesehen, aber noch nie einen im Camp. Natürlich weiß ich, dass es mir nicht so ergehen wird wie Rotkäppchens Großmutter. Trotzdem ...

Als ich einen Stein nach ihm warf und »*Wolf, go home!*« brüllte – etwas Gescheiteres fiel mir nicht ein –, drängte er seitwärts in die Büsche und verschwand.

Zufrieden trank ich einen Schluck Kaffee, backte einen großen Pfannen-*Bannock*, goss Honig darüber und genoss mein Fünfsternefrühstück.

Vier Stunden später wusste ich, was Bill meinte, als er mich vor Caamano Point gewarnt hatte. Im Süden lag Dixon Entrance, das weite Tor der Inside Passage zum Pazifik, das im Norden in die Clarence Strait übergeht. Und genau an Caamano Point traf der scheinbar endlos breite und lange Behm Canal dazu. Solche Strömungen sind kompliziert, oft unberechenbar, und wenn Sturm dazwischenhaut, kann es die Hölle sein.

An diesem Nachmittag gab ich alles, was ich körperlich geben konnte. Ich arbeitete mich um Caamano Point herum nordwärts bis zu dem Punkt, an dem ich die Querung des gut zehn Kilometer breiten Behm Canal in Richtung Ketchikan wagen könnte.

Der von Süden kommende Wind schob mich förmlich vor sich her, zumeist ritt ich auf meterhohen Wellenspitzen. Das ist okay, solange keine Seitenwelle mein Surfen stört oder eine Sturmbö mich mit einem Klaps aus der Bahn wirft.

Es war ein Paddeln oberhalb des Limits, das ich mir gesetzt hatte. Juliana hätte das nicht gutgeheißen. Aber ich war jetzt drin und musste durch.

Die Welt war tristgrau. Nachmittags wurde es finster. Meine polarisierenden Brillengläser verdunkelten sich noch mehr: Salzwasser hatte schmierige Schlieren darauf hinterlassen. Ich sah fast nichts mehr, nahm sie ab und blickte nun besser durch ...

Zur Rechten lag die fast 3000 Quadratkilometer große Revillagigedo Island mit Ketchikan im Südwesten, benannt nach einem spanischen Entdecker des 18. Jahrhunderts. Da wollte ich morgen hin.

Die Sicht war erbärmlich, und in Nebel und Sturm geriet ich zu weit nach Norden, kämpfte mich zurück und fand letztlich eine Bucht, in der ich zwischen meterdicken Baumstämmen nach halbstündiger Arbeit mit der Machete ein winziges Plätzchen fürs Zelt geschaffen hatte. Im strömenden Regen trank ich den allerletzten Schluck Kakao und vertraute dem Wettermann, der für morgen eine

Regenwahrscheinlichkeit von 40 Prozent angekündigt hatte. »Barometer rising!«

Als ich spät abends den Schlafsack zuzog, regnete es. Als ich um 4:30 Uhr aufstand, regnete es nicht mehr. Nur leichte, nervöse Wellen klatschten in meine Bucht. Die tief hängenden Wolken waren verschwunden, und die Welt war wieder in Ordnung. Der Wechsel war so dramatisch, dass ich ohne das *barometer rising* der Wettervorhersage dem Frieden kaum getraut hätte.

An diesem Morgen geschah alles in Rekordzeit: Frühstücken, Packen, Aufbrechen!

Mitten im 13 Kilometer breiten Behm Canal war das Meer noch in starker Bewegung, es hob und senkte sich ohne sichtbaren Grund um zwei Meter. Und ich tanzte auf ihm ...

Eine meiner sportlichen Verrücktheiten als Junge war, dass ich eines Tages beschloss, 1000 Kniebeugen zu machen. Kniebeuge für Kniebeuge arbeitete ich mich an mein Ziel heran, und als ich es erreicht hatte, war ich noch so fit, dass ich mich auf 1222 steigerte. An diesem wunderbaren Morgen auf dem Behm Canal erinnerte ich mich daran und setzte die Marotte gleich auf dem Wasser in Paddelschläge um: Ohne nur ein einziges Mal abzusetzen, stieß ich das Paddel 1222-mal kräftig ins Wasser. Als ich auch das geschafft hatte, setzte ich noch einen drauf und steigerte mich auf 2222 Schläge. Merkwürdig, auf was man kommt, wenn man allein ist ...

Ich genoss jeden Paddelschlag. Mir war, als hätte man mir die Freiheit zurückgegeben. Und wenn Puste übrig war, pfiff ich: »So ein Tag, so wunderschön wie heute!«

Paddelschlag für Paddelschlag kam ich Revillagigedo Island näher, sah Angler in »Kampfausrüstung« auf Motorbooten: meistens zwei Mann, dazu sechs, acht oder zwölf große Angeln, zwei Kescher. Gnade euch Gott, ihr Lachse!

Und so, als wollten die es den *fishermen* zeigen, sprangen sie in hohen Bögen aus dem Wasser.

Es wurde heller und wärmer. Und doch blieb dies ein Bild wie bei der Erschaffung der Welt: An den Bergen beidseits der Tongass Narrows ballten sich kilometerlange, regenschwere Wolken. Darüber schimmerten hellgraue Höhenwolken, die zunehmend aufrissen. Das Meer war bleischwer. Leicht glitt mein Kajak durch diese glanzvolle Inszenierung.

Tongass Narrows heißt der Wasserarm zwischen Revillagigedo Island und der südwestlich davon gelegenen Gravina Island. Er ist Ketchikans »Hauptstraße«; im Süden wird er sich in eine Vielzahl von *straits, arms, canals, channels, fjords* und *passages* gabeln.

Als Erstes begrüßte mich ein großes Haus in Form eines Iglus, davor baumelte an einem hohen Mast die US-Flagge.

Aber noch waren drei oder vier Stunden bis Ketchikan zu paddeln … Und Schlag um Schlag kam ich in die Zivilisation zurück.

Mit vier Metern Niederschlag pro Jahr rühmt sich Ketchikan, Alaskas Regenhauptstadt zu sein. Und es hat sich noch einen weiteren Beinamen zugelegt: »*Salmon capital of the world*«.

Die mit rund 8000 Einwohnern fünftgrößte Stadt Alaskas wirkt auf mich wie ein großes Dorf. Einfache, alte Holzhäuser säumen die Straße. Hier und dort sitzen junge Leute auf Fensterbänken und genießen den ungewöhnlich warmen, trockenen Tag. Am Fahrbahnrand parken Rostlauben Seite an Seite mit schicken Tourbussen, die Kreuzfahrtpassagiere zu den Sehenswürdigkeiten bringen. In der Luft liegt das Dröhnen der im Zweiminutentakt startenden und landenden Wasserflugzeuge. Am Hintereingang eines Hauses schaukelt ein Wasserflugzeug auf den Wellen. Mächtige Schleppkähne ziehen containerbeladene Pontons von der Höhe mehrstöckiger

Wohnhäuser. All das spielt sich innerhalb weniger Hundert Meter neben der Hauptstraße ab. Gleich dahinter beginnt die Wildnis.

Es war einiges zu erledigen: den Brief an Juliana aufgeben, das von Sam in Juneau abgeschickte Paket abholen, und dann wollte ich einen der drei Totem-Parks besuchen.

Das Wetter wechselt derweil ins andere Extrem: strahlend blauer Himmel statt schwarzer Wolken. Es wird warm. Ein weiterer Glücksfall ist, dass ich Ken Miller treffe. Er stammt aus Alabama, kam vor 20 Jahren als Tramper nach Alaska und blieb im Panhandle hängen. Ken ist Single und lebt unweit vom Wasser in einem alten Haus an der Tongass Avenue.

»Ich habe Platz, du kannst bei mir wohnen!«, lädt er mich ein. »Und einen meiner Trucks kannst du auch benutzen.«

Klasse, denn ich weiß von früheren Besuchen, dass Ketchikan ausgedehnt ist, und bis zur Totem Bight wäre es ein langer Fußmarsch.

»Los!«, sagt Ken. »Wir holen dein Boot und die Ausrüstung!«

Zelt und Kleidung sind pitschnass, aber nach drei Stunden in der warmen Sonne ist alles trocken.

»Und jetzt geht's Richtung *downtown*!«

Gut ein Jahrhundert ist es her, dass Siedler herausfanden, was die Tlingit schon lange wussten: Ketchikan ist ein Anglerparadies.

Ich folge Ken in die parallel zum Ketchikan Creek verlaufende Creek Street.

»Noch vor 150 Jahren standen hier die Sommer-*Fish-Camps* der Tlingit. Doch als um 1880 die Fischindustrie diesen Lachsreichtum entdeckte, krempelte sie das Leben um. Gegen 1900 entstand die erste Fischverarbeitungsfabrik, irgendwann befanden sich hier zwölf solcher *canneries*. Um die Arbeiter bei Laune zu halten, schossen entlang der Creek Street 30 Bordelle aus dem Boden.« Ken zeigt auf eine Reihe bunter, kleiner Häuser: »Los, lass uns rübergehen!«

Heute beherbergen die recht malerisch am Rand eines langen Holzstegs gelegenen ehemaligen Freudenhäuser Restaurants, Kunstgalerien und Souvenirshops.

»Ich spendier uns 'nen Kaffee«, ködert mich Ken.

Kneif dich, denke ich. Wenn du aufwachst, hast du nur geträumt und sitzt stattdessen in deinem Kajak. Aber dem ist nicht so; tausend Passagiere eines Kreuzfahrtschiffes fluten die Creek Street. Pro Jahr legen fast 500 Kreuzfahrtschiffe an, und 650 000 Gäste strömen im Laufe eines Sommers durch die malerischen Gassen von Old Ketchikan.

Ich lehne mich in meinem gemütlichen Stuhl zurück und genieße den Kaffee, der in diesem schicken Restaurant fast so gut schmeckt wie der, den ich heute Morgen in »meiner« Bucht trank.

Am nächsten Tag rattere ich mit Kens 35 Jahre altem GMC-Truck rüber zur Totem Bight.

Ende der Dreißigerjahre begann der US Forest Service hier nach alten Fotos aus verlassenen Tlingit-Siedlungen Häuser und Totempfähle nachzubauen. Am beeindruckendsten ist das reich verzierte Potlatch-Haus, das bis zu 50 Menschen Platz zum Leben bot. Merkwürdig niedriger Eingang, denke ich. Einer der Anwesenden klärt mich auf: »Wer eintreten wollte, musste den Kopf senken. War er unerwünscht, schlug man ihm drinnen die Keule über den Schädel.«

Von allen Eindrücken in Ketchikan ist mir vor allem das dauernde Dröhnen der Wasserflugzeuge in Erinnerung geblieben. Die wenigen Straßen sind kaum erwähnenswert, und so ist neben den Fähren und Frachtschiffen das *floatplane* der allgegenwärtige Lastesel; vor allem die Cessna, Piper, die legendäre Beaver und viele andere. Ketchikan ist das Drehkreuz des südlichen Panhandle, und lange noch hörte ich das harte Wummern der Motoren in der Luft.

Mit einem Mal war es still. Ich war froh, wieder allein auf dem Wasser zu sein.

Seit geraumer Zeit durchpaddelte ich den knapp 70 000 Quadratkilometer großen Tongass National Forest. Ein Siebtel davon umfasst die zwischen Ketchikan und der kanadischen Grenze gelegene Misty Fjords National Monument Wilderness, ein von langen Fjorden durchzogenes Schutzgebiet, das im Norden die Gletscher von Hyder/Alaska berührt. »Halt die Augen auf!«, hatte Ken mir geraten. »Dort gibt's 'ne Menge Bären!«

Die Sonne schien, das Meer war silbern, der *dry suit* war verstaut, und es sah nicht so aus, als würde ich ihn die nächsten Tage benötigen. Problemlos durchquerte ich die George und Carroll Inlets und übernachtete auf einer Halbinsel unterhalb von Black Mountain.

Noch steckte die Nässe der letzten Wochen im Treibholz, doch mit Baumrinde, Tannenzapfen und viel Geduld bekam ich ein kleines Feuer in Gang. Endlich lag ein feiner Rauchschleier über meinem Camp.

Mit Gott und der Welt zufrieden, trank ich heiße Schokolade und schaute übers Meer. Auf der anderen Seite des Revillagigedo Channel lag Annette Island. Mit der Insel verbinde ich eine interessante Episode, die mit dem Volk der dort lebenden Tsimshian zusammenhängt.

Im Mittelpunkt der Geschichte steht ein gewisser William Duncan. Mitte des 19. Jahrhunderts kommt der als Missionar seiner Church Missionary Society nach Westkanada, erlernt die Sprache der Tsimshian, um sie von seinem Glauben zu überzeugen.

1862 führt er 80 Tlingit-Frauen und -Männer an den westlich von Prince Rupert gelegenen Metlakatla Pass und gründet dort die Siedlung Metlakatla. Das Dorf wächst. Duncan kommt bei den *natives* gut an, auch wenn er predigt, die alten Sitten und Bräuche aufzugeben, englisch zu sprechen und sich europäisch zu kleiden.

Als in British Columbia die verheerende Pockenepidemie wütet, sterben viele Tsimshian in anderen Dörfern, aber nur etwa zehn in Metlakatla. Duncan sieht sich in seinem göttlichen Auftrag bestätigt.

Sein eigenmächtiges Vorgehen kommt allerdings bei den Vorgesetzten in England nicht gut an. Er wird aus der Kirche ausgeschlossen und gründet die Independent Native Church. 1887 zieht er mit Zustimmung der USA und 800 Tsimshian von Old Metlakatla in British Columbia nach Annette Island in Alaska und gründet Neu-Metlakatla. 1918 stirbt William Duncan und wird dort auch begraben. Bis heute ist er angesehen, sein Haus ist ein Museum. Weit über seinen Tod hinaus hat er unter den Tsimshian überzeugte Anhänger, aber auch Gegner. Die beiden von ihm gegründeten Orte existieren noch: So zählt Metlakatla auf Annette Island heute knapp 1400 Einwohner.

Die überwiegend im kanadischen Prince Rupert und Terrace beheimateten Tsimshian haben mit den Haida von den Queen Charlotte Islands und den alaskanischen Tlingit viel gemeinsam; auch die spezielle Form des Matriarchats, in der sich die Erbfolge nach der mütterlichen Seite richtet. Der Bruder der Mutter bereitet deren Kinder aufs Leben vor, während ihr Ehemann die Kinder seiner eigenen Schwester erzieht.

Klar ist aber auch: Wenngleich Frauen Macht und Einfluss haben – der Häuptling ist immer ein Mann.

Während die Tlingit im Norden sich entsprechend ihren legendären Vorfahren in Raben- und Adler-Clans unterteilten, sind es in der

Tsimshian-Gesellschaft vier Stämme: Adler, Orca, Rabe und Wolf. Heiraten waren nur mit dem Partner aus einem anderen Clan gestattet; ein Rabe konnte nur einen Wolf oder zum Beispiel Adler heiraten.

Jeder Clan hütete seine Legenden. Diese Geschichten waren ebenso wie die Lieder Stammeseigentum und durften von niemandem, auch nicht von einem anderen Clan, erzählt oder gesungen werden.

Ein alter Tlingit sagte mir: »Darin liegt der grundlegende Unterschied zwischen euren und unseren Werten: Für euch zählt Landbesitz, unseren Völkern war das spirituelle Eigentum wichtig, unser Schatz an Gesängen und Legenden. Das Land gehörte nicht Einzelnen, sondern allen!«

Jedes Clanmitglied erhielt einen traditionellen Namen, der die Position der Familie in der Gemeinschaft widerspiegelte. Jeder Name gehörte nur zu einem Familienstrang, und jeder wusste, dass nur er das Recht besaß, ihn zu tragen; es war eine Art kultureller Personalausweis, gleichsam ein lebender Stammbaum.

Haida, Tlingit und Tsimshian waren aristokratische Gesellschaften. Oben stand der »Hochrespektierte«, den die Weißen später »Häuptling« nannten, darunter die »Gemeinen«, die einfachen Clanmitglieder. Ganz unten standen die Sklaven, denn Raubzüge bei anderen Küstenvölkern mit dem Ziel, Gefangene zu machen, unternahmen vor allem Tlingit und Haida.

Wer in Sklaverei geriet, war eine Schande für seine Familie. Bei den neuen Herren hatte er erst recht nichts zu lachen und musste niedrigste Arbeiten verrichten: den Strand von Treibholz und Steinen räumen und Feuerholz schleppen.

Auch diese Strukturen zerbrachen, als die Weißen, der Alkohol und die Pocken kamen …

Ein Geschenk des Himmels: Das Hochdruckgebiet saß wie angewurzelt über Südostalaska.

Ich paddelte täglich acht Stunden und mehr. Meine Arme bewegten sich von selbst, die anfänglichen Beschwerden in der linken Schulter waren vergessen. Allerdings schmerzte nach drei oder vier Stunden wegen der starr auf den Steuerungspedalen fixierten Füße der hintere Oberschenkelmuskel. Ich versuchte es im Boot sitzend mit Entspannungsübungen und Beingymnastik. Wenn alles nicht klappte, legte ich an irgendeinem Felsen an und machte dort ein paar Kniebeugen.

Der Name Foggy Bay wäre an einem stürmischen Tag ein böses Omen gewesen. Aber nicht jetzt: Die Sonne lachte, und als ich südlich der Bucht im Camp saß, blickte ich auf ein stilles offenes Meer. Im Südwesten öffnete sich Dixon Entrance, das riesige Tor zum Pazifik. Zwischen Festland und Duke Island lagen fern im Westen die Queen Charlotte Islands, das Haida Gwaii. Von hier aus überquerten die Haida in großen Zedernkanus die Hecate Strait, um sich vom Festland Sklaven zu holen.

Lauer Wind wehte, und das Meer schimmerte violett, als der glutrote Sonnenball über Duke Island versank.

Ich bummelte entlang der Gezeitenzone und staunte über deren Reichtum und Vielfalt: Abertausend Miesmuscheln bedeckten den steinigen Boden. Seepocken klebten auf den Felsen. Alles wartete auf die einlaufende Flut. Die Seepocken schmatzten und klickerten, wenn mein Schatten auf sie fiel und sich die Öffnungen ihrer kraterartigen Behausungen blitzschnell schlossen. Krebse huschten über den Boden, und im Meer sprangen Lachse.

»Dies Leben verdanken wir dem Raben«, sagen die Küstenvölker.

Denn eines Tages stellte der Rabe fest, dass die auf dem Kliff lebende Hüterin der Gezeiten die Flut viel zu hoch beließ. So konnten die Menschen selbst bei Ebbe nicht ausreichend Nahrung am Strand finden.

Also hüpfte der schlaue Rabe zum Wasser, nahm ein paar Seeigel und flog zur Hüterin der Gezeiten.

»Bitte senke den Wasserstand!«, bat er.

Sie lehnte ab, und er pikste sie mit einem Seeigelstachel in den Hintern.

»Aua!«, schrie sie und senkte den Pegel ein wenig.

»Weiter!«, befahl der Rabe und stach erneut.

»Aua, aua!«, schrie sie und senkte den Pegel erneut.

Der kluge Rabe piesackte sie so lange, bis das Meer weit genug abgesunken war, dass alle Menschen sich von den Meeresfrüchten am Ufer ernähren konnten.

Schwer atmete der Stille Ozean, er hob und senkte sich mit mir, als ich über das sieben Kilometer breite Portland Inlet in Richtung Hogan Island paddelte. Ich war in Kanada angekommen!

In Prince Rupert musst du als Erstes zum *immigration* und zum *customs office*, hämmerte ich mir ein, sonst kriegst du Probleme!

Ein Frachtschiff tuckerte ins Portland Inlet. Ich wäre ihm gern gefolgt, denn die Gebirgs- und Gletscherlandschaften an seinem Ende zählen für mich zu den schönsten der West Coast ... In Hyder endet das Portland Inlet nach fast 120 Kilometern. Es ist damit einer der längsten Wasserarme der Inside Passage.

»Ein andermal ...«, sagte ich mir und warf einen schnellen Blick auf meine Armbanduhr: Morgen legt die *Matanuska* von Prince Rupert nach Juneau ab!

Würde ich es schaffen?

Ansonsten müsste ich zwei Tage aufs nächste Schiff warten ...

Dank gnädig gestimmter Wettergötter lag ich bestens im Zeitplan. Allerdings stand ein Umschwung bevor: Laut *marine radio* verbündeten sich Wind und Regen für den Angriff.

Ein Tag blieb mir noch ... Also los!

Wie schon beim Spurt auf Ketchikan bimmelt der Wecker um 4:30 Uhr. Es ist dunkel. Im Schein der Stirnlampe breche ich das Zelt ab, ordne mein Gepäck, koche Kaffee, studiere noch einmal den Kurs: an der Westküste von Tsimshian Peninsula entlang durch den Chatham Sound nach Süden und dort, wo der Venn Pass beginnt, nach Osten in Richtung Prince Rupert abbiegen.

Das heißt, dass heute 50 bis 60 Kilometer vor mir liegen. An einem Tag ohne Gegenwind ist das zu schaffen.

Und die Flut?

Mal wird sie mich tragen, dann wieder gegen mich sein. Beides werde ich kaum bemerken, denn ich bin am Rand des offenen Meeres ...

Kurz nach sieben schiebe ich den Seekajak ins Wasser.

Stunde um Stunde paddele ich meine persönliche Bestzeit. Bald erreiche ich die kleine Siedlung Port Simpson, in der Sprache der Tsimshian: Lax Kw'alaams. Als Pelzhandelsniederlassung hieß der Ort Fort Simpson. Von hier startete William Duncan 1857 mit seiner ersten Schar Gläubiger nach Old Metlakatla. Als ich mich diesem Ort Stunden später nähere, höre ich das Hämmern von Wasserflugzeugen: Prince Rupert ist nicht mehr weit. Nur drei Stunden bleiben mir noch ...

Ich toppe meinen bisherigen Rekord von vor Ketchikan und paddele kraftvolle 3000 Schläge am Stück.

Nur noch zwei Stunden: Ich sehe die *Matanuska* im Hafen liegen ...

Eine Stunde später bin ich dort. Noch weiß ich nicht, ob ich rechtzeitig an Bord kommen werde ...

Das Weitere läuft wie im Film ab: zügige Abfertigung durch die freundlichen kanadischen Grenzbeamten, dann das Entladen des Kajaks.

Noch eine Dreiviertelstunde ...

Um die Hände freizuhaben, deponiere ich Kameras und Wertsachen bei der Zahlmeisterin des Schiffes, schultere die beiden prall mit Ausrüstung gefüllten Seesäcke und rolle meinen Kajak auf dem kleinen Transportwagen in den Bauch der *Matanuska*. Jetzt noch schnell die erneuten Einreiseformalitäten für Alaska erledigen ...

Fünf Minuten später legt das große »Blaue Kanu« ab.

Ich stand im gelb-schwarzen *dry suit* auf dem Oberdeck zwischen sportlich schick gekleideten Urlaubern und schaute nach Westen, Richtung Queen Charlotte Islands. Dort, in Haida Gwaii, würde ich im kommenden Frühsommer mein Abenteuer fortsetzen.

Es dauerte seine Zeit, bis ich zur Besinnung und dann zur Ruhe kam. Als ich meine Handynachrichten abrief, drückte ich versehentlich den falschen Knopf: Der Ruf ging raus ... Und plötzlich hatte ich Juliana am Telefon. Unser Gespräch dauerte lange und würde sehr, sehr teuer werden. Als ich ihr gegenüber das erwähnte, lachte sie und sagte: »*Je ne regrette rien!* Weißt du noch, wie wir das vor Monaten gesungen haben und ausgelassen wie Kinder über unseren Strand im Prince William Sound tanzten?«

»Ich bedaure nichts!«, antwortete ich und dachte an unsere Abenteuer zwischen den blauen Gletschern im Prince William Sound und in der Glacier Bay. »Ich freue mich auf die Fortsetzung mit dir. Im kommenden Jahr werden wir wieder hier sein!«

Darauf trank ich ein kaltes *Alaskan Amber*.

23 HAIDA GWAII, DAS VERLORENE PARADIES

An einem sonnigen Spätsommertag um das Jahr 1700 trudelte ein kleines, braunes Samenkorn unbemerkt aus 60 Meter Höhe zur Erde. Zwischen zerfallenen morschen Baumstämmen fiel es neben weichem Moos und elfenbeinfarbenen Pilzen auf ein freies Stückchen Erde. Es regnete, wie so oft am Yakoun River, der nicht weit von hier in einen Arm des Pazifiks mündet.

Dumpfer Trommelklang schallte von einer nahe gelegenen Haida-Siedlung über den Wald, in dem jetzt ein paar modrige Äste unter schweren Tritten knackten. Ein mächtiger Schwarzbär von jener Unterart, wie sie nur in Haida Gwaii lebt, mit langem Kiefer und sehr langen Zähnen, um damit Muscheln zu knacken, schleppte einen zappelnden Lachs herbei. Er legte ihn dicht neben dem Samenkorn ab und fraß. Es war gegen Ende des Sommers, und der Bär war wohlgenährt und fett. Sein pechschwarzes Fell glänzte. Er hatte jetzt genug gefressen, ließ den Rest liegen und zog weiter.

Der Fisch verrottete und wurde zum Nährboden für den winzigen Fichtensamen, der heranwuchs. Nur selten fanden die Strahlen der Sonne ihren Weg vorbei an den Baumstämmen dieses Waldes, die so dick waren, dass es drei ausgewachsenen Männern nicht gelang, auch nur einen zu umfassen.

In das Trommeln fielen jetzt Stimmen ein, die von ihrer Schöpfung erzählten; die Männer vom Raben-Clan sangen, wie ihre Vorfahren der urzeitlichen Flut entstiegen waren. Die vom Adler-Clan sangen davon, wie Jiila Kuns, die Creek-Frau, noch vor den großen Vulkanausbrüchen und den Fluten vom Cumshewa Inlet fortzog, um später mit ihren Kindern nach Haida Gwaii zurückzukehren.

Die Adler- und Raben-Stämme waren wohlhabend; Fisch und Wild gab es reichlich. Sie hatten Zugang zu den besten Jagdgründen und Lachsflüssen, zu den Plätzen mit den leckersten Beeren. Ihr eigentlicher Reichtum aber waren ihre Wappen, Tänze, Gesänge und Namen, die eifersüchtig bewacht und von Generation zu Generation weitergegeben wurden.

Die Sommer und Winter vergingen, und das einst winzige Samenkorn fand in dem vom Lachs gedüngten Boden ideale Lebensbedingungen.

Die kleine Sitkafichte wuchs und wuchs.

Noch erschien das von der Haida-Nation mehr als 10 000 Jahre bewohnte Haida Gwaii, die »Inseln der Menschen«, nicht auf den Karten der Europäer. Erst zu der Zeit, als Schiller »Die Räuber« schrieb, legte der spanische Entdecker Juan Perez auf der nördlichen Haida-Gwaii-Insel Langara an. Vier Jahre später kam Captain Cook. Doch erst der englische Seemann George Dixon kartografierte 1787 die Inseln.

Da war die kleine Fichte am Yakoun River schon groß.

Captain Dixon benannte den Archipel mit den zwei großen und 150 kleinen Inseln nach seinem Schiff: *Queen Charlotte*. Charlotte war eine deutsche Prinzessin, inzwischen Gattin des britischen Königs Georg III., die gewiss keine Ahnung von der Existenz dieser Inseln hatte. Bei der Ankunft des Schiffes lagen ein paar Haida-Jungen versteckt am Ufer und berichteten ihrem Stamm aufgeregt von dem »fliegenden Kanu«. Der erste Kontakt war friedlich.

Die Haida, ähnlich geschäftstüchtig wie die Europäer, fanden Gefallen an deren Gütern. Binnen weniger Stunden wechselten 300 Seeotterpelze gegen eiserne Äxte und Messer die Besitzer.

Der Pelzhandel mit den Fremden war für die Haida wie ein Segen; er brachte noch mehr Wohlstand, der sich im Bau neuer Holzhäuser und immer prächtigerer Totempfähle niederschlug. Schnitzkunst und Malerei blühten. Die Haida waren so versessen auf die fremden Güter, dass sie ihre eigenen natürlichen Schätze vernachlässigten, vor allem die Seeotter. Etwa 10 000 wurden auf Haida Gwaii wegen ihrer Pelze getötet.

Schon begannen die Weißen dem »grünen Gold«, dem immensen Holzreichtum, hinterherzujagen.

100 Jahre nach dem ersten Kontakt mit Dixon war die ökonomische Basis der Haida zerstört; Walfänger hatten die großen Meeressäuger fast ausgerottet, das Lachsvorkommen war ebenso zurückgegangen wie das des Kabeljaus. Der Seeotter schien gänzlich verschwunden.

Alkohol, die Abkehr von den eigenen Traditionen und die Zuwendung zum Christentum führten zum Verlust ihrer Identität. Auch das Verbot der zeremoniellen *potlatches* schwächte die Haida. Nach der grauenhaften Pockenepidemie von 1862 lebten von den einst 20 000 Haida nur noch 600.

Ihr Paradies war verloren.

Aus der Luft wirken die beiden Inseln Graham und Moresby Island wie ein spitzer Keil. Gut, dass dieser Adlerblick den frühen weißen Pionieren verwehrt war, denn so blieben ein paar Schätze unentdeckt. Die Neuankömmlinge hatten zwar längst begonnen, sich mit Sägen und Äxten immer tiefer in die Wälder hineinzufressen, aber so überlebten einige wenige Patriarchen in den versteckten Nischen ...

Für viele *logger* reduziert sich die Bedeutung des Küstenregenwaldes aufs Geld: »150 *bucks* kriege ich für den Kubikmeter Holz«, sagt mir einer.

Und so fällten sie zwischen San Francisco und dem hohen Norden die kostbarsten Bäume, von denen manche 2000 Jahre alt waren.

Die kleine Sitkafichte entging dem Raubzug. Wohlbehalten wuchs sie zwischen Hemlocktannen, Rotzedern und Alaskazedern heran.

Sie war eine Besonderheit, denn sie leuchtete immer golden. In ihrem Wald war es kühl und feucht; fast 300 Jahre stand sie so. Die überlebenden Haida verehrten sie wegen ihrer außergewöhnlichen Farbe und nannten sie Kiidk'yaas. Biologen gaben dem erst 1924 für die Wissenschaft entdeckten Baum den Namen *Picea sitchensis aurea*. Entsprechend bürgerte sich bald für den flammendgoldenen Baum der Name »*Golden Spruce*« ein.

Der kleine Samen von 1700 war 1980 ein Baumriese von 50 Meter Höhe und fast zwei Meter Stammdurchmesser. Besucher kamen von weit her, um die bei Port Clements stehende Golden Spruce anzuschauen.

»Wir nannten ihn den Aah- und Ooh-Baum, weil alle Besucher hier mit offenen Mündern staunten«, sagte später einer von ihnen.

Es grenzt an ein Wunder, dass ausgerechnet diese Goldene Fichte den Klingen der Holzfäller entging. Denn nach Einschätzung von Fachleuten haben die Küsten Washingtons, Oregons und Kaliforniens 90 Prozent und die British Columbias 40 Prozent des ursprünglichen Küstenwaldes an die *logging companies* verloren.

Die hatten sich längst schon über die Queen Charlotte Islands hergemacht und holzten gnadenlos im *Clearcutting*-Verfahren ganze Berghänge ab. Was nicht für den *quick buck*, den schnellen Dollar, benötigt wurde, blieb ungenutzt zurück. Das Ergebnis ist eine auf viele Jahrzehnte zerstörte Landschaft, die kaum noch Lebensraum für Tiere bot und der globalen Erwärmung Vorschub leistete.

Den Nachkommen der Haida aber gab der Job in der Holzindustrie Lohn und Brot. Sehr viele von ihnen waren dort tätig und von der Arbeit abhängig, aber allmählich setzte ein Umdenken ein.

Anfang der 1980erjahre kursieren Pläne, den Süden des Archipels als South Moresby Wilderness, auch Lyell Island, unter Schutz zu

Raubbau im Wald der ›Golden Spruce‹. Die Haida protestieren erfolgreich gegen den Kahlschlag.

stellen. Doch plötzlich rücken Holzfäller dort mit schwerem Gerät zum Kahlschlag an ...

Der Widerstand beginnt 1985 mit der Blockade einer *logging road* in der Sedgwick Bay. Junge Haida mit Gesichtsbemalung und Alte mit umgehängten bunten Decken säumen die Straßen.

Der still ausgetragene Konflikt zwischen Ressourcenausbeutung und kulturellem Erbe gipfelt ein Jahr später im Ort Skidegate, wo sich ein halbes Dutzend Haida-Häuptlinge und zahlreiche Gefolgsleute versammeln; manche mit dem traditionellen Hermelin-Kopfschmuck, einige wiederum in bunten Decken. Doch das prachtvolle Outfit kann nicht verbergen, dass viele dieser *natives* als Fischer, Polizisten, Büroangestellte und Holzfäller längst im Alltag des modernen Kanadas angekommen sind.

In dem Moment, als ein von zwölf Männern gepaddeltes, 15 Meter

langes Kanu um die Felsen biegt, streicht ein Weißkopfseeadler –
der Herrscher der Lüfte – über die Versammelten. Auf dem Boot mit
dem Namen *Wave Eater* prangen Abbildungen vom Orca, dem Herrscher der Meere. Ein Kanu, wie es bei der Ankunft von Captain Dixon
hundertfach durch den Archipel fuhr.

Nach dem Kollaps ihrer Gesellschaft spürt jeder, dass dies ein Sig-
nal für das Ende der 100-jährigen Wartezeit des Haida-Volkes ist ...

Wave Eater wird später zum Besuchermagneten bei der EXPO 1986
in Vancouver. Die Menschen von Haida Gwaii aber haben erreicht,
dass die Welt auf den Archipel im Pazifik schaut.

Der jahrelang auch in den Medien ausgetragene Kampf öffnet die
Augen für dessen einmalige Biodiversität. Bald werden die Inseln
»Galapagos des Nordens« genannt.

1987 wird im Süden ein Naturschutzgebiet proklamiert, aus dem
Gwaii Haanas National Park Reserve and Haida Heritage Site hervor-
geht.

Seit 300 Jahren stand die Golden Spruce in ihrem Urwald; von den
Haida verehrt, von Touristen bestaunt: ein Highlight auf Graham Is-
land. Der mächtige Baum sah die Jahrhunderte kommen und gehen.
Er sah Bären vorbeitrotten, sah Fichten und Tannen im Blitzen der
Axtklingen fallen. Aber er überlebte.

In der Nacht des 20. Januar 1997 streift der 47-jährige Grant Hadwin
seine Kleider ab, gleitet in den eiskalten Yakoun River und schwimmt
mit einer Motorsäge im Schlepp zum anderen Ufer. Es ist eine vergleichsweise kleine Motorsäge, als ehemaliger Holzfäller weiß er
aber, wo und wie er ansetzen muss, um einen Baumriesen zu Fall zu
bringen.

Grant Hadwin beginnt sein Werk.

Nur so viel vom Stamm der Golden Spruce lässt er stehen, dass der

Baum sich gerade noch hält. Den Rest wird der nächste Sturm erledigen ...

Tags drauf fliegt Hadwin nach Prince Rupert zurück, von wo aus er vorbereitete Mitteilungen an Greenpeace, die Zeitungen in Vancouver sowie Prince Rupert und an die Haida-Nation faxt: »Es war mir zuwider, diese großartige alte Pflanze zu schlachten, aber ihr verlangt offensichtlich nach einer Botschaft, einem Warnruf ...«

Die Goldene Fichte fällt wenige Tage später.

Der Aufschrei auf den Queen Charlotte Islands ist groß. Mit einem Mal verbünden sich die verfeindeten Lager von gestern; Holzfäller, Naturschützer und Haida – alle gegen Grant Hadwin. Dessen Motive sind unklar. War ein Saulus zum Paulus geworden, der jetzt auf spektakuläre Weise anprangert, was er früher selbst tat? War er ein durchgeknallter Selbstdarsteller?

Die Royal Canadian Mounted Police macht Hadwin schnell dingfest und klagt ihn wegen illegalen Holzfällens an. Die Gerichtsverhandlung soll wenige Wochen später im Städtchen Masset im Norden von Haida Gwaii stattfinden.

Dann geschehen merkwürdige Dinge: Hadwin, der frühere Prospektor, Sprengmeister, Holzfäller und selbstständige Unternehmer, bei dem allerdings schwere psychische Störungen diagnostiziert worden waren, kauft sich in Prince Rupert einen Kajak, um damit vom Festland übers Meer zum Prozess zu paddeln. Am Morgen des 13. Februar 1997 legt er in Prince Rupert ab, um die hier gut hundert Kilometer breite Hecate Strait zu überqueren. Fünf Tage vor der Verhandlung ...

Doch Grant Hadwin wird nie ankommen.

Vier Monate später werden Fragmente seines Seekajaks weit nördlich von Prince Rupert auf einer unbewohnten Insel gefunden. Er selbst bleibt vermisst.

Kaum einer glaubt, das Grant Hadwin einfach nur ertrunken ist. Spekulationen schießen ins Kraut: Wurde er von rachsüchtigen Haida erschlagen? Hat er eine neue Identität angenommen oder sich nach Sibirien abgesetzt, wo er einst lebte?

Fragen bleiben offen.

Und die Golden Spruce?

Sie liegt dort und wird nach und nach wieder zu dem Urwaldboden, aus dem sie kam. Ihr Ableger wächst und gedeiht im Botanischen Garten der Universität von British Columbia in Vancouver. Aber es wird noch Jahrhunderte dauern, bis sie so groß ist wie der Mutterbaum, als Hadwins Säge zubiss.

Auch die Haida-Nation wächst, ihre Stimme ist über die Queen Charlotte Islands hinaus hörbar. Die Haida verwalten heute gemeinsam mit der kanadischen Regierung den Gwaii Haanas National Park.

Ich erinnere mich sehr gut daran, wie ich zu Beginn der 1980er Jahre in unserem VW-Bulli auf einer *campsite* an der West Coast von British Columbia saß und die ersten Berichte über den Kampf um die Natur von Gwaii Haanas las. Seitdem habe ich die Entwicklung interessiert verfolgt.

Ich bin gespannt auf Haida Gwaii, die »Inseln der Menschen«.

24 IM GALAPAGOS DES NORDENS

Ich stand am Heck des Fährschiffes *Northern Adventure* und blickte auf die kanadische Flagge mit dem roten Ahornblatt auf weißem Grund, die laut im Winde knatterte. Möwen kreischten, im Meer spielten Tümmler.

Die Eindrücke des vergangenen Herbstes wurden wieder lebendig: Zurück am Pick-up-Camper in Juneau, waren Bettina und Philip zu mir gestoßen. Gemeinsam hatten wir den Teslin River und ein Stück des Yukon River abgepaddelt. Die Tage waren deutlich kürzer geworden, als wir später auf dem Alaska Highway runter in den Süden fuhren.

Die Bilder von Walen, Gletschern und Bären verschwanden ebenso wenig aus meinem Gedächtnis wie jener Geschmack der Freiheit, den ich im Seekajak in den Fjorden, Buchten und Lagunen der Westküste gekostet hatte.

Ich war nach mehr als einem halben Jahr »heimgekehrt« und freute mich auf den zweiten Teil meines Abenteuers West Coast.

Dies war der Sommer der Entscheidung. Würde ich es im Kajak allein bis Vancouver schaffen?

»Solche Überlegungen sind kontraproduktiv ... Der Erfolg beginnt bereits mit der Vorstellung von Erfolg!«, rüffelte ich mich und spürte, wie Juliana mich von der Seite ansah.

»Habe nur laut gedacht ...«, redete ich mich heraus.

Unsere gemeinsamen Kajakabenteuer des letzten Sommers hatten sie nicht entmutigt, im Gegenteil. Das freute mich: Während der nächsten Wochen wollte sie mich im Kajak entlang den Queen Charlotte Islands begleiten.

Liebe geht durch den Magen. Juliana bereitet in unserem Hauptquartier im Okanagan Valley den zweiten Kajaksommer vor.

Dann käme mein Alleingang durch den Südteil der Inside Passage: Nach 50 Tagen sollte ich in Vancouver sein, schätzte ich.

Vor einer Stunde waren wir in Prince Rupert aufgebrochen, in sieben Stunden würde das Schiff in Skidegate auf den Queen Charlotte Islands, so noch immer der offizielle Name für Haida Gwaii, anlegen. Die *Northern Adventure* war allenfalls zur Hälfte besetzt. Das galt auch für den Frachtraum, in dem unser Pick-up-Camper, die beiden Lettmann-Kajaks und die gesamte Ausrüstung auf ihren Einsatz warteten.

In Truck und Camper sah es so aus wie im Jahr zuvor: Überall stapelten sich Lebensmittel. Tagelang hatten wir in unserem *basecamp* im Okanagan Valley Einkaufslisten erstellt und abgearbeitet. So weit die Kür, dann begann die Pflicht: Auf den Boden des riesigen Car-

Das scheinbar Unmögliche wird gelingen: Alle Lebensmittel und Ausrüstungsgegenstände finden im Kajak Platz.

ports, in dem unser Camper überwintert, legten wir Planen, auf denen wir die Lebensmittel ausbreiteten.

Juliana würde mit mir elf Tage lang in den Queen Charlotte Islands unterwegs sein. 22 Reisetage plus Notfallreserven – wir kalkulierten 25 Verpflegungstage.

»Bei vier täglichen Mahlzeiten inklusive der Snackpakete sind das 100 Portionen«, fasste Juliana zusammen.

Auch mein Alleingang war schon teilweise vorbereitet.

»50 Tage plus zehn Prozent Reserve sind 55 Tage, multipliziert mit vier Mahlzeiten pro Tag also 220 abgepackte Essensrationen.«

Summa summarum hatten wir 320 Essenspäckchen dabei!

Schon der Pro-Kopf-Tagessatz von zwei Cappuccinos fürs *lunch* und drei Tüten Kakao für abends treibt unsere Berechnung auf 400 Portionen. Ausgehend von einem täglichen Bedarf von vier Esslöffeln Morgenkaffee schaufelten wir 320 Löffel Bohnenkaffee. Von den zahllosen liebevoll gemixten Müslis und *trail mixes* ganz zu schweigen. Fürs Abendessen setzten wir wieder auf die breite Palette von gefriergetrockneten *Mountain House*-Gerichten.

All das wollte dann auch noch wasserdicht verpackt, beschriftet und nach Etappen zusammengestellt sein ...

Im Truck lagerte die Lebensmittelmenge eines Tante-Emma-Ladens. Die 1500 Kilometer lange Anfahrt bis zum Fähranleger in Prince Rupert war dagegen *peanuts*.

So wie im letzten Jahr starteten wir auch diesmal Anfang Juni.

Im letzten Sommer war ich auf Eis und Kälte eingestellt gewesen, hier, 1000 Kilometer weiter südlich, würde es milder sein. Also hatte ich ein paar Kleidungsstücke aussortiert. Die übrige Ausrüstung glich fast der des Vorjahres.

Drei Neuerungen waren mir allerdings wichtig: Mein kanadisches Zelt hatte ich gegen das Mark II von Vaude ausgetauscht. Beim Mark II ist das Innenzelt mit der Außenhaut verbunden und daher regendicht abgedeckt – ein Riesenvorteil im Land des flüssigen Sonnenscheins! Ähnliches gilt für die bisherigen Regenjacken, die wir durch Paclite Anoraks von Kokatat ersetzt hatten. Goretex war mir auf der West-Coast-Expedition zur Garantie für komfortables Überleben geworden. *Last, but not least*: Da im Süden mit stärkerem Schiffsverkehr zu rechnen ist, hatte ich mir eine Signalpistole zugelegt.

Auch wenn sich das nach viel Gepäck anhört: Im Sinne der Beschränkung aufs Notwendige war mir wieder die Quadratur des Kreises gelungen ...

Der erste Eindruck ist bekanntlich der wichtigste. An diesem Abend findet sich in meinem Tagebuch die Notiz: »Unheimlich reizvoll! Wie Kanada vor 40 Jahren ...«

Als hätte die Zeit auf den Queen Charlotte Islands den Atem angehalten: keine Wohnmobilarmada, kaum Touristen. Ich bin überrascht, als wir Queen Charlotte City – ein Dorf! – in drei Minuten durchfahren haben. Das Ortszentrum sind der kleine *city center store*, das Postamt und der Waschsalon. Davor döst ein Husky. Ein Mann kommt heraus, blickt erst auf den Hund, dann auf uns, sagt, ohne eine Antwort zu erwarten: »*Is that your dog? Lovely!*«, und spaziert davon.

Auf der gegenüberliegenden Straßenseite verkauft eine Frau Pflanzen, ihr Angebot von hundert Töpfen steht am Straßenrand: Queen Charlottes Antwort auf kommerzielle Gartencenter! Dass ich im *BC liquor store* zwei Dosen Holsten Maibock ergattere, krönt den Tag.

Die *Rainbows Gallery* verkauft Kitsch und Kunst und ist der absolute Hingucker.

»Die Inhaber müssen Hippies von '68 sein«, sage ich zu Juliana. Was die in den gut 40 Jahren seitdem zusammengeklaubt haben, baumelt dekorativ an den Hauswänden: Dutzende Turnschuhe und bunte Arbeitshelme, jede Menge Gummistiefel und Hunderte Glaskugeln von Fischernetzen.

Der Pfeil am efeuumkränzten Haupt eines gemalten Indianers weist zum Parkplatz: »*24 hours private parking*« steht unter den Konterfeis zweier Wale.

All das ist sympathisch verrückt. Sofort fühlen wir uns wohl.

Tags drauf fahren wir entlang Graham Islands menschenleerer Ostküste nordwärts nach Port Clements, mit 450 Einwohnern einem der größeren Orte des Archipels.

»Folgt der *logging road*«, sagt ein Mann, »dann kommt ihr zur ehemaligen Golden Spruce.« So erreichen wir ein Schild, das um Respekt beim Betreten des Waldes bittet und an seine Bedeutung für die Kultur der Haida erinnert: »*The Yakoun River and this area are of vital importance to the cultural health of our islands!*«

Halbdunkel umschließt uns, als wir entlang mächtiger Hemlock-tannen und Sitkafichten wandern. Ein Vogel tiriliert, Sonnenstrahlen zwängen sich durch die Zweige, im nächsten Moment fällt Regen. Über uns baumeln silbergraue Flechten wie die Bärte von Druiden.

Dies war einmal ein Wald der Giganten. Baumstümpfe von drei Metern Durchmesser ragen aus dem Boden. Warum allerdings Riesenbäume von zwei Metern Stammdurchmesser vor Jahren gefällt wurden und heute einfach auf der Erde verrotten, bleibt ein Rätsel.

Still, mit unmerklicher Strömung, fließt der moorige Yakoun River durch dieses Gehölz, das langsam wieder zu einem Urwald heranwächst. Ein Schild erinnert an Grant Hadwins Schandtat, mit der er die Holzfällerpraktiken anprangern wollte: »*The tree was felled in 1997 in a misdirected attempt to protest logging practices in the Province.*«

Auf der uns gegenüberliegenden Flussseite ist alles zugewuchert. »Irgendwo dort muss die gefällte Golden Spruce liegen«, sage ich.

Jahrtausendelang war dieser Urwald für die Haida eine Art stilles Heiligtum. Die Veränderungen in der Welt gingen an ihm vorbei. Als die kleine Golden Spruce hier zu wachsen begann, wurde der erste preußische König gekrönt, erst ein paar Jahre nach dem Fall der Berliner Mauer stürzte auch sie …

Die 1123 Meter hohen San Christoval Mountains sind das Rückgrat des Gwaii Haanas National Park im Süden des Archipels. Berg-Hemlocktannen und Tundren bedecken ihre Höhen, in tieferen Lagen wachsen Kiefern, Zedern und Westamerikanische Hemlocktannen. In der Abgeschiedenheit entwickelten sich Tierarten, die es anderswo nicht gibt: ein Baummarder, der deutlich größer ist als seine Verwandten, die Hirschmaus, für die dasselbe gilt.

20 Walarten und Delfine durchstreifen hier die Wasser: Buckelwale, Orcas und Minkwale kommen regelmäßig, Sei- und Finnwale

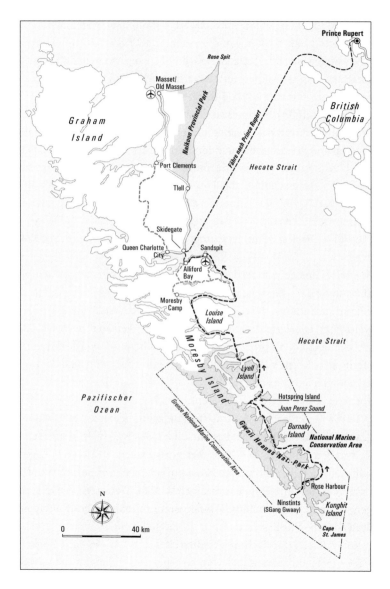

sind gelegentliche Gäste. Längst ist das Meer wieder mit Lachs, Hering und Heilbutt gefüllt.

Zwischen Mai und August bevölkern 1,5 Millionen Seevögel die 4700 Kilometer lange Küste, die Hälfte von ihnen lebt im Gwaii Haanas National Park.

In den Burnaby Narrows wird die Vielfalt an Land von der unter Wasser übertroffen: Rasante Gezeitenströme schenken der nur 50 Meter breiten Meerenge einen permanenten Planktonfluss. Das ruft Hunderte Arten Meereslebewesen auf den Plan, die hier in einmaliger Konzentration leben. 74 Seesterne zählte man allein auf einem Quadratmeter!

Heron Wier von Moresby Explorers soll uns per Motorboot zum Südzipfel des Nationalparks bringen. Von dort wollen wir uns mit den Kajaks nach Norden vorarbeiten.

In seinem Büro in Sandspit treffen wir Brian und Manami aus Vancouver. Sie haben sich von Heron einen Zweierkajak gemietet und werden morgen früh mit uns an Bord des Motorbootes gehen.

Heron – sein Name bedeutet »Reiher« – fällt auf, auch wenn er nichts sagt, was meistens der Fall ist. Er ist Anfang 30, sehr zurückhaltend, aber immer freundlich, kompetent.

Ich schlendere zu ihm und kann dem schweigsamen Individualisten immerhin seine Lebensgeschichte entlocken.

»Ich bin in Queen Charlotte City geboren«, sagt er. »Als ich drei Jahre alt war, zogen meine Eltern mit mir nach Rose Harbour.«

Wenn schon die Queen Charlotte Islands am Rande der Welt liegen, dann ist die ehemalige Walfangstation Rose Harbour noch ein Stück dahinter ...

»Fühltest du dich dort nicht isoliert?«

»Ich kannte doch nichts anderes!«

Heron wuchs als Sohn eines Heilbuttfischers in der Wildnis von Haida Gwaii auf.

Herons Vater war Heilbuttfischer. Der Ertrag der nur wenige Wochen dauernden Fangsaison brachte die kleine Familie einigermaßen durchs Jahr. »Natürlich unterstützt durch Vaters Jagd und Mutters Garten«, erinnert sich Heron.

»Wie viel Heilbutt durftet ihr denn fangen?«

»8500 Kilo pro Jahr.«

Herons Eltern trennten sich. Sein Vater lebt heute auf Vancouver Island, wo er seine Heilbutt-Lizenz an andere Berufsfischer vermietet. »Ein gutes Zubrot im Alter«, sagt Heron.

»Wie lief's damals mit der Schule bei dir?«

»Als ausgebildeter Lehrer unterrichtete Vater mich während der ersten Jahre zu Hause.«

Später kann Heron auf Vancouver Island problemlos die High School anschließen. »Ich wusste so viel wie die anderen Kids.« Nach ein paar Semestern an der Uni kauft er gemeinsam mit seiner Freundin Loura das Outfitter-Unternehmen Moresby Explorers.

»Louras Vater ist Arzt, aber eines Tages suchte er neue Herausforderungen«, erzählt Heron. »Anfangs half er meinem Vater beim Fischfang, dann wurde er zum erfolgreichen Tomatenfarmer. In seinem tausend Quadratmeter großen Gewächshaus wachsen die Tomaten, die du auf den Queen Charlotte Islands kaufen kannst. Und jetzt tüftelt der Ökofreak an einem Gezeitenkraftwerk, das die Energie des Tidenhubs in elektrischen Strom wandelt.«

Mit 200 PS und 60 Stundenkilometern peitschte Herons großes Schlauchboot in Richtung Südosten über den Stillen Ozean. Wir fuhren weit draußen auf dem Meer, parallel zur Küste. Um dem schneidenden Wind möglichst wenig Angriffsfläche zu bieten, zogen wir die Köpfe ein. Der Bug des Motorbootes wippte und schlug so hart aufs Wasser, dass ich die Stöße bis ins Kreuz spürte.

Einen Augenblick lang drosselte Heron die Motoren und brüllte durch das Höllenspektakel: »Vor Jahren wurde hier ein Kajaker vom Sturm überrascht. Er verlor beim Angeln seine Gruppe aus den Augen, kenterte und ertrank.«

Heron bemerkte Julianas Blick und ergänzte zur Beruhigung: »Er ist der bislang einzige tödlich verunglückte Kajakfahrer hier!«

Nach mehrstündiger Fahrt erreichten wir eine zauberhafte Insel, deren glatter Kiesstrand durch dichten Wald begrenzt wurde.

Brian und ich hüpften ins Wasser, Heron schob die Kajaks über den Schlauchbootrand, und wir schleppten sie an Land.

Wie mit einem Fingerschnipsen war ich wieder dort, wo ich vor neun Monaten meine Reise unterbrochen hatte: im Kajakabenteuer! Mein Herz klopfte. Ich nahm Juliana in den Arm: »Auf eine gute Reise!«, sagte ich und gab ihr einen Kuss.

Brian und seine japanische Frau Manami würden zunächst auf der

Insel bleiben. Während ich für die Strecke von der Südspitze des Archipels zurück bis zum Camper elf Tage eingeplant hatte, wollten sie doppelt so lange unterwegs sein.

»Wir sind *sunshine*-Kajaker, bei Regen bleiben wir im Camp«, lachte Brian.

Na, das mag ja eine lange Reise werden ..., dachte ich beim Blick in den sich verdunkelnden Himmel.

Die Motive für Paddeltouren sind so unterschiedlich wie die Herangehensweisen. Für den einen ist's ein ausgedehnter Campingtrip, für den anderen ein sportlicher Parcours.

Vor Jahren paddelten wir durch eines der beliebtesten kanadischen Kanureviere, die Bowron Lakes im gleichnamigen Provincial Park. Manche verbringen auf dem 116 Kilometer langen Rundkurs 20 Urlaubstage. Wir schafften die Strecke mühelos in fünf Tagen, hatten jede Menge Spaß dabei und waren danach fit für eine anschließende Kanutour in Manitoba. Ähnlich viel Freude hätte ich gewiss auch bei langsamerem Tempo gehabt, das Zeit für Lagerfeuerromantik und Entdeckungen lässt. Aber wie so oft im Leben ist es eine Frage der Prioritäten.

Auch in Gwaii Haanas ging es uns nicht darum, »Strecke zu machen«. Wir wollten in Ruhe der Spur der Wale folgen und bei den Haidas der wohl beeindruckendsten Kultur der Westküste begegnen.

Wir packten und paddelten los.

Von der ersten *campsite* in Gwaii Haanas sind mir vor allem drei Bilder in Erinnerung geblieben. Das erste: Unsere beiden Kajaks liegen so wie im Prince William Sound nebeneinander hinter unserem Zelt.

Zweites Bild: Vier zutrauliche Sitkahirsche äsen zehn Meter von uns entfernt Seetang.

Das dritte Bild zeigt Juliana in ihrer »Küche« zwischen Thermoskanne, Primuskocher und Kaffeepötten. Dieses liebe ich am meisten!

Willkommen zu Haus in der Wildnis!

Um 1880 beschlossen Siedler, ihren Speiseplan zu bereichern, und brachten die ersten Sitka-Schwarzwedelhirsche auf die Queen Charlotte Islands. Ohne natürliche Feinde verbreiteten sich die kleinen Hirsche so stark, dass sie heute eine ernsthafte Gefahr für das Ökosystem sind.

Auf SGang Gwaay, das 100 Jahre lang Anthony Island hieß und heute die kulturell bedeutendste Insel des Archipels ist, wurden die *sitka deer* von der Nationalparkverwaltung ausgerottet. Auch auf den anderen Inseln kontrollieren die Behörden ihre Ausbreitung. Dennoch sind die Tiere so zahlreich und zahm, dass Jäger bei ihnen kaum den Finger krumm machen müssen.

Waschbären sind ein ähnliches Problem. Nachdem der Seeotter quasi ausgerottet war, importierte man *racoons*, um dem internationalen Pelzmarkt eine Alternative zu bieten. Doch Waschbären sind gute Schwimmer, die zu den der Küste vorgelagerten Vogelkolonien dringen, die erwachsenen Vögel töten und deren Gelege plündern.

»Bitte meldet der Nationalparkverwaltung jeden gesichteten Waschbären«, hatte Heron mir ans Herz gelegt.

Am Abend zog Regen auf und hielt sich bis zum nächsten Tag. Als ich beim Morgenkaffee über den Rand meines Bechers schaute, waren die Berge von Kunghit Island noch umnebelt. Unser Ziel, die Insel SGang Gwaay mit dem verlassenen Ort Ninstints, verbarg sich im Grau.

»Sieht nicht so aus, als würde sich der Tag in meine Erinnerung einbrennen«, brummelte ich missmutig.

Juliana sagte nichts und packte. Gut so, denn unvermittelt riss der Himmel auf.

Von hier waren es übers offene Meer fünf Kilometer Luftlinie bis SGang Gwaay, der heiligen Insel der Haida. Konnten wir die Überfahrt nach dem Sturm der vergangenen Nacht wagen?

Noch immer ging starke Dünung, dass die Seetangfelder auf dem Wasser sich in trägen Wellen wie fliegende Teppiche aus 1001 Nacht hoben und senkten. Um unsere Steuerruder nicht im *bull kelp* zu verhaken, paddelten wir drum herum.

Ich spürte das Auf und Ab des offenen Meeres und hörte in der Ferne die Brandung tosen. So näherten wir uns der Insel.

Wir akzeptieren, dass man sich auf SGang Gwaay nicht frei bewegen kann. Der Schock über den Diebstahl von Artefakten und das Stöbern nach Totenschädeln, wie es noch bis in die Fünfzigerjahre gang und gäbe war, sitzt bei den Haida tief.

Seit 1981 werden wichtige Stätten durch Wachmänner geschützt. So erklärt sich die exorbitante Gebühr für Gwaii Haanas, die um ein Vielfaches höher ist als der übliche Eintrittspreis für kanadische Nationalparks.

Zwei Haida-*watchmen* begrüßten uns in der Nationalpark-*cabin*. Mit Jordan, unserem Wachmann, hatten wir uns bei den Totempfählen von Ninstints verabredet.

Er ist Ende 40, hat ein offenes Gesicht mit schwarzem Schnurrbart, auch am Kinn sprießen struppige Borsten. Sein Haar ist zu einem Pferdeschwanz gebunden.

Während der Sommermonate führt Jordan die wenigen Besucher über diese außergewöhnliche Insel. Mit ihm bewegten wir uns Schritt für Schritt zurück in die Geschichte der Haida.

25 AM RAND DER WELT

10 000 Jahre ist es her, dass Jordans Volk von Sibirien über die Beringstraße kam und sich auf dieser nebelumhüllten Pazifikinsel niederließ.

»Seit 30 Jahren arbeite ich auf Moresby Island an archäologischen Projekten«, sagt er. »Auch hier auf SGang Gwaay, im heiligen Geisterort Ninstints, einem der bedeutendsten Orte des prähistorischen Kanadas. Der Ort ist sogar UNESCO-Weltkulturerbe! Niemand weiß, weshalb die Kunghit-Haida sich später ausgerechnet im entlegenen und schwer zugänglichen Süden ansiedelten«, fährt Jordan fort. »Vermutlich, weil sie sich hier vor Feinden sicher fühlten.«

Eine Untergruppe wählte eine winzige Insel, der sie den Namen SGang Gwaay gab. In einer vor den Meeresbrechern geschützten Bucht bauten sie die Siedlung SGang Gwaay Llanagaay, den »Ort auf den heulenden Inseln«. Die Europäer benannten ihn später nach dem bedeutenden Häuptling »Ninstints«, geheimnisvoll zu übersetzen mit »Der Eine, der zwei in Einem ist«.

Die hier Begrabenen, auch die, deren Schädel man in Höhlen fand und deren Asche auf den Totempfählen von Ninstints ruhte, zählten zu den mutigsten Kriegern und besten Seefahrern der West Coast. Ihre Expeditionen und Raubzüge, von denen sie Sklaven und Güter heimbrachten, führten sowohl in den Norden als auch den Süden der Westküste.

Wenngleich sie ein gutes Gespür für den Handel mit den Weißen entwickelten, galten die Kunghit-Haida, besonders unter Häuptling Koyak, als gefährliche Krieger.

Weltkulturerbe: Jordan führt uns zu den Totempfählen von SGang Gwaay.

Wie bei vielen Auseinandersetzungen zwischen Weißen und First Nations, egal ob Sioux im Süden, Schwarzfuß oder Haida im Norden, steht die Frage »Wer warf den ersten Stein?« eng im Zusammenhang mit der Frage »Wer besetzte wessen Lebensraum?«.

Die Antwort hatte schon vor 200 Jahren der weit gereiste Händler William Sturgis aus Boston gegeben: Ursache für die Gewalt gegenüber den Händlern sei die »*Gesetzlosigkeit und Brutalität des weißen Mannes*«.

Doch das waren Geplänkel verglichen mit dem, was folgte.

Der Kollaps des wirtschaftlich wie kulturell reichen Ortes Ninstints und seiner 300 Einwohner erfolgte über Nacht.

1863 befand sich ein gewisser Francis Poole an Bord eines Schiffes auf dem Weg nach Vancouver Island, als einer der mitreisenden

Europäer an Pocken erkrankte. Trotz Protesten setzte der Kapitän den Todkranken in Ninstints aus.

Poole schrieb:

»Die übrigen Weißen an Bord erkrankten nicht. Aber sobald der Kranke an Land war, steckte er die Indianer an; und in kürzester Zeit waren einige unserer besten Freunde vom Ninstints- und Cape St.-James-Stamm für alle Zeit verschwunden.«

Weitere Pockenepidemien folgten, und als der Landvermesser George M. Dawson, nach dem später die Klondike-Stadt Dawson City benannt wurde, 1878 hier ankam, war die Bevölkerung von Ninstints ausgelöscht. 14 Jahre später zündete eine Schiffsbesatzung den einst stattlichen Ort an.

»Eine 2000-jährige Kultur war binnen weniger Jahre zerstört«, sagt Jordan, während er uns entlang den verbliebenen Totempfählen von Ninstints führt.

Zunächst habe ich Orientierungsprobleme. Nach Erkenntnissen von Ausgrabungen und der 1901, also lange nach Zerstörung des Ortes, gemachten Fotos, standen in Ninstints 17 Häuser und 44 Totempfähle.

Alle Häuser sind verschwunden. Nur 17 *totem poles* überdauerten die nachfolgenden anderthalb Jahrhunderte.

Man kann sich der Magie von SGang Gwaay nicht entziehen; seinem düsteren Zauber, dem Geheimnis des Untergangs und der damit einhergehenden Tragik. Und doch gibt es hier wieder Leben: Längst holte der Wald sich Handbreit für Handbreit zurück, was die Kunghit-Haida zwei Jahrtausende lang genutzt hatten.

Nur ein paar im Gras versteckte Hausfragmente blieben. Schnee, Regen und Stürme polierten die Motive der verbliebenen Totempfähle bis zur Unkenntlichkeit.

»Unser Volk schnitzte *memorial, mortuary* und *frontal poles*«, sagt Jordan. »Oben im *mortuary pole* wurde die Asche einer ranghohen Person aufbewahrt. Begräbnispfähle waren kleiner als die großen *frontal poles,* die an der Stirnseite der Häuser standen. *Memorial poles* hingegen erinnerten an fern der Heimat bestattete Personen. Aber alle waren reich geschnitzt und erzählten von den Menschen ...« Jordan sieht mich nachdenklich an: »Manche Geschichten gingen mit ihren Erzählern während der Pockenepidemien unter.«

Nach 1938 brachte man einige Pfähle in die Museen von Prince Rupert, Victoria und Vancouver, andere in das Universitätsmuseum von Seattle.

»Um an ein ausgestorbenes Volk zu erinnern.« Jordan lacht bitter: »Aber wir leben! Das Haida-Volk wird diese *totem poles* eines Tages nach SGang Gwaay zurückholen.«

»Hier werden sie schnell verrotten und umstürzen«, gebe ich zu bedenken.

»Das ist der natürliche Lauf der Dinge ...«

Etwas oberhalb stoßen wir auf tief im Moos liegende Balken.

»Dort stand das Haus mit dem langen Namen *people think of this house even when they sleep because the master feeds everyone who calls*«, sagt Jordan und erläutert: »Der Hausherr war ein Menschenfreund, der jeden so freigiebig bewirtete, dass man sogar im Schlaf von seinem gastlichen Haus träumte ...«

In diesem Moment schallt das laute »Klong, klong, klong« des mächtigen Raben über den Wald der düsteren Erinnerung.

»Woher weiß man das?«

»Teilweise von Fundstücken, denn 100 Jahre lang durchkämmten Hobbyarchäologen die Insel und verhökerten ihre Fundstücke an Privatmuseen und Sammler in New York, Chicago und Ottawa. Das wichtigste Erbe aber hinterließ uns Tom Price, der letzte Haida von Ninstints.«

Geboren kurz vor der Pockenepidemie von 1863, erhielt Tom Price einen christlichen Namen. Eigentlich wäre er Häuptling geworden, doch Untertanen gab es bald nicht mehr. Auf der Flucht vor der Seuche gelangte seine Familie nach Skidegate, wo Price später Anthropologen vom Leben in Ninstints berichtete. Seine bedeutendste Hinterlassenschaft ist die Schnitzkunst, die die Legenden und Mythen seines Dorfes in Bilder fasste.

Neben seinem ebenfalls in Skidegate lebenden Zeitgenossen Charles Edenshaw ist auch Tom Price ein Wegbereiter der heutigen Haida-Kunst. Und damit ein Vorgänger des vor Jahren verstorbenen Bill Reid, dessen Monumentalskulptur »Der Rabe und der erste Mensch« die Haida-Mythologie in die Wartehalle von Vancouver Airport sowie in die weltweit bedeutendsten Kunstgalerien brachte.

Ob in Persepolis, in Machu Picchu oder bei den Pyramiden von Giseh, ob in Karthago, Athen, Rom oder Ninstints: Ich lausche gern den Stimmen der Vergangenheit. Sie ebneten den Weg zum Heute.

In diesem Heute haben die Haida als stolzes Volk Fuß gefasst. Ein neues Selbstbewusstsein, aber auch die ihnen übertragenen Rechte manifestieren sich in einer eigenen Verfassung, wie sie vom *Council of the Haida Nation* verabschiedet wurde:

Das Volk der Haida ist rechtmäßiger Erbe von Haida Gwaii.

Unsere Kultur gründet sich auf Respekt und Vertrautheit mit dem Land, dem Meer und der Luft.

So wie in den Wäldern sind auch die Wurzeln unseres Volkes eng miteinander verwoben, nichts kann sie zerstören.

Unsere Existenz verdanken wir Haida Gwaii.

Die heutige Generation stellt sich der Verantwortung, unser Erbe nachfolgenden Generationen weiterzugeben.

Auf diesen Inseln lebten und starben unsere Vorfahren. Auch wir wer-

den hier leben, bis man uns abruft, uns im großen Jenseits mit ihnen zu treffen.

Der Rabe rief auch noch, als wir zu unseren Seekajaks zurückschlenderten. Aus voller Kehle zwitscherte die unscheinbare Einsiedlerdrossel. Im Moos des Märchenwaldes wuchsen Riesenpflanzen mit anderthalb Meter langen Blättern.

»Amerikanischer Riesenaronstab«, wusste Juliana. »Oder auch Stinktierkohl. Die Haida machten daraus Körbe.«

In diesem Wald hatten Kinder getollt und Frauen Beeren gepflückt, Männer gingen von hier aus in hölzernen Kanus auf große Fahrt. Nachweislich 2000 Jahre lang lebten die Kunghit-Haida auf SGang Gwaay. Nach den tödlichen Viren blieb nichts außer ein paar hölzernen Totempfählen.

»Stimmt nicht!«, hatte Jordan vehement widersprochen. »Wir haben auch die Legenden und Erinnerungen an die Vorfahren, mit denen wir eines Tages im großen Jenseits zusammentreffen werden!«

Wir respektierten den Wunsch des Haida-Volkes, nicht auf SGang Gwaay zu übernachten, stiegen in unsere Kajaks und paddelten in Richtung South Moresby Island zurück.

Aus dem wolkenlos blauen Himmel floss weiche Abendsonne. Nur die meterhoch gegen die Uferfelsen dröhnende Brandung machte Juliana nervös. Sie sagte zwar nichts, aber ich las es in ihrem versteinerten Gesicht. Mal versank ihr Kajak im Wellental, dann meiner. Auf einem rundbuckeligen Fels, der mir als Markierungspunkt bei der Navigation gedient hatte, entdeckten wir mehrere weiß-braune Punkte: 15 Weißkopfseeadler auf wenigen Quadratmetern!

Noch lange nachdem die Sonne untergegangen war, hockten wir am Lagerfeuer. Himmel und Meer waren jetzt zu geheimnisvollem Graublau verschmolzen. Ein Lüftchen trieb kleine Wellen ans Ufer, wo sie träge klatschend ausrollten. Ein Bach neben uns gluckste. Als ich Treibholz aufs Feuer legte, tanzten Funken wie Glühwürmchen.

»Ein Reiseauftakt nach Maß ...« Ich nahm unsere Karte und fuhr mit dem Finger nach Norden. »Es gibt zwei Routen zurück nach Sandspit; entweder entlang der Westküste von Moresby Island und dann durch den Skidegate Channel nach Osten oder ...«

Juliana machte einen langen Hals.

»... durchs Insellabyrinth der Ostküste nordwärts.«

Die ungeschützt zum Pazifik hin gelegene steile Westküste mag zwar das größere Abenteuer sein. Im Inselgewirr der Ostseite aber fänden wir das Galapagos des Nordens. Auf jeden Fall aber wären wir dort den Stätten der Haida näher.

»Wo liegt eigentlich Hotspring Island?« Juliana beugte sich über die Karte.

Mein Zeigefinger fand ein Pünktchen südöstlich von Lyell Island.

»Heiße Quellen – prima! Dann paddeln wir entlang der Ostküste!«, sagte sie begeistert.

Aufziehender Dunst verbarg den Sternenhimmel. Und während unser Kosmos enger wurde, saßen wir auf einem Baumstamm, plauderten, stocherten im Feuer oder schwiegen. Unsere kleine Welt reichte nur noch bis dort, wohin das Licht der Flammen fiel. Unmerklich näherte sich das Meer dem Feuer. Wir erhoben uns und sahen zu, wie die Wellen die Glut löschten.

Um sieben übertönte waagerecht peitschender Regen das Bimmeln unseres Weckers. Der trübe Morgen hatte den Zauber der vergangenen Nacht mit einem Handstreich weggewischt.

Am Nachmittag wurde der Wolkenbruch zum Landregen und damit berechenbar. Wir verpackten das triefnasse Zelt und brachen auf.

Am Nordende von Kunghit Island erfasst uns plötzlich eine starke Gegenströmung. Ich sehe, wie ich mit hoher Geschwindigkeit einen treibenden Algenteppich passiere. Oder saust der *bull kelp* etwa an uns vorbei?

»Wir kommen ja keinen Meter voran!« Obwohl ich mit aller Kraft paddele, bewegt sich mein Kajak nicht von der Stelle.

Der Houston Stewart Channel zwischen der Hecate Strait und dem offenen Pazifik gleicht bei ablaufender Flut einem reißenden Fluss, gegen dessen Strömung mit Muskelkraft kaum anzukommen ist.

»Bleib in Ufernähe!«, brülle ich Juliana zu. Dort arbeiten wir uns Meter für Meter voran, bis endlich die halb runde Bucht von Rose Harbour vor uns liegt. Erleichterung! So unvermittelt, wie sie begann, lässt die verrückte Tidenströmung nach.

1910 war dies eine lärmende Welt; kurz zuvor hatte sich die Queen Charlotte Whaling Company mit über 100 Arbeitern hier breitgemacht. Allein während der ersten sechs Wochen werden 80 Wale verarbeitet. Im Jahr darauf sind es schon 310. Mehrere Tausend Buckel-, Grau- und Zwergwale werden es insgesamt sein, bevor die *whaling station* in den Vierzigerjahren schließt.

Der Rauch eines Schornsteins vermengt sich mit den tief hängenden Wolken. Am Ufer rosten ein paar Hinterlassenschaften der Walfänger vor sich hin.

Ich beuge mich vor und mache ein schindelgedecktes Holzdach mit den Köpfen des Niedersachsenrosses aus. Daneben steht der Hausherr vom *Rose Harbour Guest House* und erklärt einem Besucher, wie er das Duschwasser umweltfreundlich und doch effizient erhitzt. Wir legen an und sind damit in der Welt des Aussteigers Tassilo Götz Hanisch aus Ahlhorn.

»Kennst du bestimmt«, sagt er. »Autobahndreieck Ahlhorner Heide bei Oldenburg...« Ebenso blitzschnell sind wir aber wieder zurück auf seiner Insel am Rand der Welt.

»Moment, muss nur noch schnell Holz in meinen Konvektionsofen legen.«

Der entpuppt sich als eigenwillige Miniaturpyramide, aus deren Backsteinfugen Rauch quillt.

»Simples Prinzip«, sagt er. »Wasser erhitzt sich in einem spiralförmigen Kupferrohr und steigt in den Wasserspeicher, während von hier kaltes Wasser nachläuft.«

Die Beschreibung ist so knapp wie seine Biografie: »1983 kam ich auf die Queen Charlotte Islands und blieb.«

26 ICH LEBE MEINEN TRAUM

Götz' Leben ist zunächst anders vorprogrammiert: Er soll Physik studieren, so wie der Vater.

»Doch erst kam die Bundeswehr, dann die Stereoanlage und bald das Motorrad. Mir wurde klar: Alles dreht sich ums Geld. Ich beschloss: Werde Zahnarzt, dann bist du schnell reich!«

Doch der Numerus clausus verbannt den 1955 Geborenen für ein paar Jahre in die akademische Warteschleife. Götz nutzt die Zeit und reist Ende der Siebzigerjahre erstmals nach Kanada.

»1981 hätte ich mit dem Studium beginnen können. Aber da wusste ich, dass ich in einer Blockhütte im kanadischen Busch leben wollte.« Dem Vater, der ihn daraufhin zur Rede stellt, sagt er: »Ich will mein Leben leben!«

In Kanada erfährt er durch Zufall, dass auf dem Gelände der ehemaligen *whaling station* von Rose Harbour noch ein Stück Land zu kaufen ist.

»Der Direktor der Company zeigte mir Rose Harbour auf der Karte: ›Sehr entlegen!‹, gab er zu bedenken. ›Prima!‹, sagte ich, ›gekauft!‹«

Im Frühjahr 1983 kommt Götz Hanisch in Rose Harbour an.

»Zwei Jahre lang erkundete ich im Boot die Inselwelt und wohnte nur im Zelt. Danach war klar: Den Rest deines Lebens verbringst du hier!«

Noch im selben Jahr 1985 fällt er Bäume für seine Blockhütte. Im Jahr darauf zieht er ein.

Angst vor dem *cabin fever*, dem berüchtigten Hüttenkoller, hat er nicht.

»Bis heute nicht!«, bekennt der inzwischen Grauhaarige mit den blauen Augen und dem langen, zu einem Zopf geflochtenen Bart. Mit seinem Stirnband und dem von einem dünnen Lederriemen am Hals zusammengefassten roten Hemd wirkt er wie »Lederstrumpf«.

»Damals lehnte ich alles Moderne ab; hatte kein Radio, wollte keine Regenbekleidung oder irgendwelche Motoren. Ich wollte so leben wie die Urbewohner vor mir. Ich war hier, um das Erbe der Menschheit anzutreten ...«, sagt er lächelnd.

Doch die Realität holt Götz Hanisch schnell ein. Wenige Monate später bekommt er Nachbarn.

»Ich hörte immer das laute ›Rrrmmrrrmm‹ der Motorsäge, wenn Susan und ihr Mann, die Eltern von Heron, mit dem ihr ja schon Bekanntschaft gemacht habt, Bäume für ihre Hütte fällten. Bald stapelte sich dort auch ein Haufen Feuerholz für den Winter, während ich mich mit meiner Handsäge abquälte. Also legte ich mir doch technische Hilfsmittel zu ...«

Mit einem satellitengestützten Internetanschluss ist Götz heute dem Rest der Welt sogar sehr nahe gekommen.

Wo früher Waltran floss, blühen jetzt herrlich bunte Blumen. In Götz’ Gewächshaus gedeihen Tomaten, Gurken, Basilikum, Rosmarin, Pfirsiche, Feigen, Weintrauben, Aprikosen und Nektarinen. Draußen zieht er Blumen-, Rot- und Weißkohl. »Alles im Einklang mit der Natur.«

Wobei er neidlos zugibt, dass der Kohl von Herons Mutter Susan viel größer ist als seiner.

»Susan kompostiert die von Fischern angelieferten Fischreste. Dagegen kann ich im wahrsten Sinne des Wortes nicht anstinken«, lacht er. »Ich dünge mit Brennnesseln.«

Die Gefahr, dass Susans Fischreste ungebetene Gäste anlocken, ist gering: »Zurzeit lebt kein Schwarzbär auf Kunghit Island.«

Im Sommer ist es hier weniger einsam, als man glauben könnte. Dann wohnen meistens ein paar Besucher in seinem Gästehaus. Gegessen wird bei Nachbarin Susan, die gut und reichlich kocht. Im Winter ist Götz der einzige Mensch hier.

»Glücklicherweise komme ich bestens mit der Einsamkeit und mir selbst klar«, sagt er. »Meine Gitarre hilft mir, die nötige innere Balance zu finden.«

Götz hat unter dem Namen »Tassilo« eigene CDs aufgenommen und wird schon mal im kanadischen Rundfunk gespielt.

»Die Gefahr, durch zu viel Einsamkeit verrückt zu werden, sollte nicht unterschätzt werden«, weiß er. »Du hast einen Gedanken im Kopf, er kreist und kreist, und ohne das Gespräch mit einem anderen wirst du ihn nicht los. Dann greife ich nach meiner Gitarre, und schon verschwindet er.«

»Haben deine Eltern dir den Ausstieg in die Wildnis inzwischen verziehen?«

»Ja, aber es war für sie schwierig und hat lange gedauert. Natürlich verstand ich sie: Sie hatten den Krieg mit all seinen Entbehrungen überlebt. Aber ich musste meine eigenen Erfahrungen sammeln. Sieben Jahre lang blieb ich fort. Als ich sie besuchte, Zeitungen über mich berichteten und Menschen mich auf der Straße ansprachen, da wurde ihnen wohl bewusst, dass ich den Traum von vielen verwirklicht hatte.«

Ähnliches verspürte er während der Anfangsjahre, als ihn die ersten bildungsbeflissenen deutschen Reisegruppen erreichten. »Die Generation meiner Eltern: Ärzte, Angestellte, Rechtsanwälte, Lehrer, Handwerker, Kaufleute. Zunächst guckten die etwas merkwürdig, so nach dem Motto: ›Was, in das kleine Boot sollen wir alle reinpassen?‹ Aber nachdem wir miteinander warm geworden waren, klopften sie mir auf die Schulter und sagten: ›Du hast dir unseren Jugendtraum erfüllt.‹

Je weiter ich nach Süden komme, umso wärmer wird es. Doch ich begegne weiterhin tagelang keiner Menschenseele.

Einer der zauberhaftesten Plätze meiner Kajakexpedition: Über dem stillen Meer schweben feine Nebel, aus denen die Spitzen der fernen Berge ragen.

Während der Morgennebel meine stille Home Bay von dem Pazifik abzuschotten scheint, dreschen bei Cape Caution meterhohe Wellen auf mich ein.

Buckel-, Grau-, Schweinswale und Orcas sind meine ständigen Begleiter. Um sie mit der Kamera einzufangen, riskiere ich Kopf und Kragen.

Die allabendliche Quälerei: Boot sicher verstauen, Lebensmittel bärensicher unterbringen, einen ebenen Platz fürs Zelt schaffen …

Von Wind und Wetter gegerbt, erreiche ich die Queen Charlotte Strait auf der Höhe der Nordspitze von Vancouver Island.

Cape Caution: einer der gefährlichsten Abschnitte der gesamten West Coast.

Mit der Natur auf Du und Du: Wal mit Jungtier neben dem Kajak. Der Blas liegt wie eine Nebelfontäne in der Luft.

Der Jachthafen in der Sullivan Bay ist ein Tummelplatz der Reichen.

An der Südküste Britisch Kolumbiens ist es heiß und trocken; fast sind die eisigen Tage in Alaska vergessen.

Nach zweieinhalb Millionen Paddelschlägen und 2600 abenteuerlichen Kilometern im Kajak erreiche ich Vancouver – mein Ziel.

›Warum habt ihr ihn euch nicht selbst erfüllt?‹, wollte ich wissen.

›Ach, meine Frau würde da nie mitmachen ...‹

Später sprach ich mit der Frau: ›Das ist schon toll‹, meinte sie, ›aber mein Mann ...‹

›Ja‹, sagte ich, ›ihr seid 40 Jahre miteinander verheiratet und habt 40 Jahre nicht miteinander geredet!‹«

Wir gingen rüber zu Susan, wo sechs Besucher beim Abendessen saßen; die Hausherrin servierte *dungeness crabs*, wir nennen sie Kalifornische Taschenkrebse, frische Salate, selbst gebackenes Brot und Kuchen als Nachtisch. Dazu schenkte sie hausgemachten Wein aus.

Mit einem Mal hatte ich nicht mehr das Gefühl, fernab am Rand der Welt zu sein.

Mein »Taschenkrebs« hatte einen 25 Zentimeter breiten Rückenpanzer und wog ein Kilo. In den seichten Ufergewässern war er gewiss ein Prachtexemplar gewesen, aber – er möge mir verzeihen – auf meinem Teller machte er sich noch viel besser!

Am Abend saßen wir bei Götz, schauten über seine Bucht, leerten ein weiteres Glas Rotwein und lauschten seinem Gitarrenspiel. Hier zu leben ist ein Privileg.

Er bemerkte meinen schweifenden Blick und legte die Gitarre zur Seite.

»Alles Handarbeit, auch diese sieben Zentimeter dicke Tischplatte! Treibholz vom Feinsten: Mahagoni und Teak aus exotischen Ländern vom Pazifik direkt vor meiner Tür abgeladen. Ich brauche es nur noch zu sägen.«

Gibt's denn keine Schattenseiten? »Was ist, wenn du krank wirst?«

»Dann nehme ich die Medizin, die auch die Haida nutzten; Pflaster aus Fichtenharz, echte Kamillecreme, Gewürznelken bei Zahnschmerzen oder Teebaumöl. Ich bin mein eigener Arzt, denn sonst

Aussteiger Götz Hanisch: Er lebt auf Haida Gwaii den Traum, den viele träumen.

ist hier keiner. Aber«, sagt er und lächelt, »wenn du mit dir selbst im Reinen bist, wirst du nicht krank!«

Einmal aber fällt doch ein Schatten auf sein Paradies, und zwar im Juli 1998, als sich im Sturm ein Schlauchboot von Parks Canada, der Nationalparkverwaltung, aus seiner Halterung löst und selbstständig macht. Götz hatte die Offiziellen zuvor noch gewarnt, war aber ausgelacht worden. Jetzt sieht er das teure Boot auf das felsige Ufer zutreiben, packt beherzt zu und sichert es in einer geschützten *Creek*-Mündung. Anstatt zu danken, zeigt der *park warden* ihn wegen Diebstahls an. Tags darauf verhaftet ihn ein *police officer* der RCMP.

Der Kampf des David gegen den mächtigen Goliath, die angesehene kanadische Polizei, scheint aussichtslos. Götz wagt ihn dennoch mithilfe eines bekannten Medienanwalts aus Vancouver, der zuvor einmal im *Rose Harbour Guest House* gewohnt hatte.

Nach jahrelangem Rechtsstreit nennt der Richter des Obersten Gerichtshofs von British Columbia die Umstände, unter denen Götz Hanisch verhaftet wurde, »empörend« und sieht die Gründe dafür auch in der von der Nationalparkverwaltung geführten »andauernden Debatte« um den Verbleib der letzten Bewohner von Rose Harbour im Nationalpark. Manchen Parkoffiziellen sind sie ein Dorn im Auge. Aber sie sind zweifelsfrei Eigentümer ihres Landes und dürfen nach dem Gesetz als »Insel« im Nationalpark bleiben.

Der Richter findet scharfe Worte für den *park warden* und spricht Götz Hanisch die außerordentlich hohe Entschädigungssumme von 77 500 Dollar zu.

Anderntags treffen wir erneut Brian und Manami aus Vancouver. Nach dem Dauerregen haben sie das Handtuch geworfen und wollen ihre Kajaktour in Rose Harbour abbrechen. Einen Winter lang hatten sie Mahlzeiten vorgekocht und gefriergetrocknet, Karten aus dem Internet heruntergeladen, bergeweise Informationen über Haida Gwaii studiert.

Aber ein gutes, Wasser abweisendes Zelt hatten sie nicht dabei! Auch ihre Oberbekleidung hielt dem Dauerregen nicht stand.

»Unser Trip fiel buchstäblich ins Wasser!«, sagt ein sichtlich demoralisierter Brian.

»Kommt«, rief Götz, »Frühstück ist gleich fertig.«

Den Hafer dafür hatte er selbst gemahlen. Seine alte Kaffeemühle zerkleinerte Sesam, Mohn, Sonnenblumen- und Kürbiskerne, Hanfsamen, Mandeln und Aprikosenkerne. Es gab Rosinen, getrocknete Preiselbeeren und frisches Obst. Darüber gossen wir etwas Hanföl, Reismilch und Joghurt.

»Damit kann ich jahrein, jahraus überleben«, sagte Götz. Dem ist nichts hinzuzufügen.

Wir beobachteten durchs Fenster den heftiger werdenden Seegang. Da braute sich was zusammen ... Das *marine radio* hatte für die
nächsten Tage eine Unwetterwarnung ausgegeben. Doch anders als
gestern schien zeitweise die Sonne.

Ich sah auf die Uhr. In einer Stunde würden wir den Houston Stewart Channel durchfahren.

»Wenn ihr zu lange wartet, drückt die Strömung mit sechs Knoten, also elf Stundenkilometern, gegen euch«, warnte Götz. »Durch
diesen Kanal strömt der gesamte Pazifik!« Das mag zwar hochge-
griffen sein, doch ist die Situation ähnlich der in den berühmten
Burnaby Narrows, wo die Gezeitenströme massenhaft Nährstoffe
anschwemmen und eine Meeresfauna ermöglichen, wie man sie
sonst nur in tropischen Breiten findet.

Zwischen blühenden Margeriten lagen mannshohe Walknochen,
ein *sitka deer* graste neben verrosteten Maschinenteilen aus der Wal-
fangzeit. Der Bewuchs war sattgrün, nur über der Bucht zogen sich
graue Wolken zusammen. Ich hörte den nervösen Pulsschlag des
Meeres.

Wir stiegen in unsere Boote und winkten Götz zu. Zwischen Seelöwen, Walen, Sitkahirschen und Adlern hat er gefunden, was viele
suchen.

»Definitiv keinen Reichtum! Oft ackerst du zehn Stunden, nur um
die alltäglichen Dinge auf die Reihe zu kriegen. Der nächste Handwerker ist vier Bootsstunden entfernt, und der Lebensmittelhändler
sitzt in Vancouver. Ich bin mein eigener Elektriker, Gärtner und
Zimmermann.« Er hatte innegehalten: »Aber dafür lebe ich meinen
Traum!«

27 IM KAJAK DURCHS PARADIES

Ich ziehe den Hut vor dem Atlantiküberquerer Hannes Lindemann; in seinem 5,20 Meter langen Serienfaltboot, nur 87 Zentimeter breit und 27 Zentimeter tief, mit 92 Kilo Ersatzteilen und 80 Kilo Konserven beladen, saß er während seines Alleingangs zu den karibischen Jungferninseln gut zehn Wochen lang ununterbrochen auf der Stelle.

Wie es wohl seinem Hinterteil erging? Wenn ich zehn Stunden still im Kajak sitze, die Füße auf die Ruderpedale geheftet, schmerzen mir Po und Oberschenkel.

Lindemann kämpfte auf seiner Atlantikreise vor mehr als 50 Jahren mit autogenem Training gegen die Schmerzen an. »Mit Hilfe des Autogenen Trainings ›sandte‹ ich vermehrt Blut zur Sitzfläche. Dies war eine der wenigen Übungen, die ich während der Fahrt mit gutem Erfolg durchführen konnte ...«, schrieb er in seinem Buch *Allein über den Ozean*.

Sogar, als er am 57. Tag kentert und neun Stunden ans Boot geklammert im Wasser treibt, motiviert er sich mit formelhaften Vorsätzen wie »Ich schaffe es!«, »Nicht aufgeben!« – und überlebt.

Auch wenn die aufgewühlte Hecate Strait hohe Wellen über den Bug meines Kajaks warf, waren wir von die Leistungsgrenze sprengenden Extremen weit entfernt. Aber auch ich glaube daran, dass man dem Körper mit der Kraft der Vorstellung Energie zuführen kann.

Während unserer insgesamt zwölfjährigen Weltreise war ich nicht einen Tag lang krank, obwohl wir ein Extremabenteuer ans andere reihten und in den exotischsten Restaurants Südamerikas, Afrikas und insbesondere Indiens aßen. Daheim hatten wir keinerlei materielle Absicherung und drehten jeden Pfennig dreimal um; trotzdem fühlte ich mich als glücklichster Mensch auf Erden. Das musste ich mir nicht einreden – jeder neue Tag bestätigte mich darin! Dass irgendetwas meinen Körper gefährden könnte, kam mir nicht in den Sinn. Ähnliches hatte auch Götz aus Rose Harbour über sich gesagt. Positive Einstellung gibt Kraft!

Auch während meiner Alaska-Abenteuer des vergangenen Sommers hatte ich so empfunden und war von Tag zu Tag stärker geworden.

Am Abend flaute der Wind ab, doch das nervöse Meer klatschte noch immer gegen unsere Seekajaks. Rechts vor uns war die Hecate Strait, links die Kette der Küstenberge: unspektakulär, gänzlich ohne Gletscher und nur 500 Meter hoch.

»Hübsch ...«, sagte Juliana und schränkte mit ihrem typischen Sinn fürs Praktische ein: »Aber es ist an der Zeit, einen sicheren Platz für die Nacht zu finden.«

Nach acht Stunden Paddelei entdeckten wir hinter scharfkantigen Felsen einen schmalen Uferstreifen. Ich torkelte aus dem Boot, der starke Seegang hatte meinen Gleichgewichtssinn durcheinandergebracht. Aber an »Feierabend« war nicht zu denken ...

Ich versuchte, zwischen umgestürzten Bäumen einen ebenen Platz fürs Zelt zu finden. Ein hoffnungsloses Unterfangen! Weiches Moos bedeckte die tiefen Löcher in dem extrem unebenen Boden; mein Fuß knickte um, Juliana stürzte und ein spitzer Ast bohrte sich in ihren Gummistiefel.

Der einzige geeignete Fleck war ein ehemaliges Bärenklo. Nachdem ich den dicken Haufen wegkatapultiert hatte, keimte Hoffnung auf. Jetzt waren nur noch die Löcher zwischen den wie Kamelhöcker hochstehenden Grasbüscheln auszupolstern. Beim Verstauen unserer Lebensmittel glitt ich aus und schlitterte den Hang hinunter. Endlich im Zelt angekommen, sah ich auf die Uhr: 0:45. Das war das Letzte, was ich in dieser Nacht bewusst wahrnahm.

Die Wetterprognose lautete »*periods of rain*«. Stattdessen weckte uns Sonnenschein, was Juliana zu der tiefgründigen Bemerkung veranlasste: »Dieser Morgen ist Balsam für die Seele.« Erfreut sprangen wir in einen Bach und kippten uns kochtopfweise kaltes Wasser über die Körper. Dann erkundete ich den Strand.

Ich hatte noch nie so viel Plastiktreibgut gesehen wie hier: Da war zunächst der bunte *fun flyer*, eine Art Frisbee. War er beim Spielen ins Meer geweht worden?

Wer hatte den danebenliegenden Nike-Turnschuh über Bord geworfen? Teile eines grünen Kunststoff-Fischernetzes hingen an einem Treibholzstamm. Winterstürme hatten eine Getränkekühlbox mit japanischen Schriftzeichen ins Lehmufer gedrückt. Daneben lagen zwei Plastikflaschen aus China.

Was die Phantasie des Strandgutsammlers auf große Fahrt schickt, ist in Wirklichkeit eine maritime Müllhalde, der »*Asian trash trail*« 2000 Kilometer nordöstlich von Hawaii – ein Müllstrudel so groß wie Mitteleuropa. Greenpeace-Experten vermuten, dass unter anderem jährlich mindestens zehn Millionen Tonnen Plastikabfälle in die Weltmeere gelangen. Besonders schlimm sind winzige Pellets, eigentlich ein Rohmaterial für die Kunststoffherstellung, das in die Meere und damit in den Ernährungskreislauf gelangt. Mikroorganismen zum Abbau dieser tückischen Minipartikel sind nicht bekannt.

Zwei Millionen Tonnen Kunststoffmüll stammen von Schiffen und Ölplattformen, der Rest vom Festland: 70 Prozent sinken auf den Meeresboden, 30 Prozent kreiseln im Meer oder lagern sich auf Stränden ab, wie hier auf den Queen Charlotte Islands. Verheerend für Tiere, die das Zeug für Nahrung halten. Laut Greenpeace entdeckte man im Magen-Darm-Trakt einer hawaiianischen Meeresschildkröte mehr als tausend Plastikteilchen. Millionen Seevögel und hunderttausend andere Tiere krepieren so. Das Vermüllen unserer Weltmeere ist eine ernste Gefahr für das maritime Ökosystem mit noch unerforschten Auswirkungen für den Menschen.

Mit einem Mal finde ich meinen Strandbummel gar nicht mehr erbaulich.

Behutsam tasteten wir uns durch das Labyrinth der Buchten und Inseln.

Ob wir die Burnaby Narrows noch heute befahren würden, hing von unserer Ankunftszeit dort ab. »Am besten bei *high slack tide*«, raten Insider, also bei Höchststand der Flut vor einsetzender Ebbe.

Es kam anders.

»Zeit fürs *lunch*!«, rief Juliana. Wir steuerten einen langen Kiesstrand an: »Traumhaft«, schwärmte sie und breitete unter dem Baldachin einer riesigen Zeder Brot, Käse, Wurst, Knoblauch, Zwiebeln, einen Apfel und Schokolade aus.

Ich durchstöberte den Urwald, kletterte über umgestürzte Baumriesen, deren Wurzeln wie zehn Meter breite, flache Scheiben in den Himmel ragten, und versank bis über die Knöchel im Moos. Zurückgekommen, drückte Juliana mir einen heißen Cappuccino in die Hand.

Nachmittags prallte der unbändige Wind auf die auslaufende Flut und bauschte sie zu meterhohen Wellen. Zwei Stunden später wütete ein richtiger Sturm.

»Es hätte uns schlimmer treffen können ...!«, gab Juliana sich gelassen und spielte auf unser reizvolles Camp an.

Aus den Zweigen der Zeder über uns klatschten dicke Tropfen auf unsere Regenjacken.

Lunch mit Wildnisflair und Brot aus Dimpflmeiers Backhaus in Toronto.

»Ein Hoch auf Goretex«, rief ich. »Hauptsache trocken!« Rauch kitzelte meine Nase, ich musste niesen. Wir lachten. Nebel und Regen begrenzten die Sicht jetzt auf 200 Meter.

Tags drauf notierte ich im Tagebuch: *27. Juni, Samstag: Fühle mich wie ein Höhlenbewohner von Neandertal. Meine Behausung ist das Wurzelgeflecht mehrerer übereinandergestürzter Bäume.*

Mit etwas Phantasie nennen wir die »Höhle« nebenan unsere »Küche«, während ich hier im »Kaminzimmer« sitze. In einem großen Steinring flackert ein munteres Feuer.

Auf jedem Meter unseres Zauberwaldes entdeckte ich Neues: hier die im Winter von Eichhörnchen zerbröselten Tannenzapfen, dort Steine im Wurzelgeflecht umgestürzter Bäume.

Wie lange sie wohl noch in dem engmaschigen Wurzelnetz gefangen bleiben müssen? Irgendwann werden die Wurzeln verrottet sein, die Steine zu Boden kullern, der nächste Baum wird sie umklammern und weitere 200 Jahre auf den Boden drücken. Eines Tages beginnt der Kreislauf von vorn ...

Leben, Zerfall und Wiedergeburt schufen hier Kunstwerke, wie sie in unseren fast lupenreinen heimischen Monokulturen nicht existieren: zum Beispiel den zwei Meter dicken Zedernstamm, dessen intakte Vorderseite noch hundert Jahre stehen könnte, würde sich nicht seine Rückseite Stück für Stück auflösen.

Der große Haida-Künstler Bill Reid schrieb über die Rotzeder: »Hätte der Mensch in der Stunde null um ein für alle Lebenslagen geeignetes Material ... gebeten, ein wohlmeinender Gott hätte ihm nichts Besseres als die Zeder geben können.«

Für die Haida ist sie der Baum schlechthin; die Zeder lieferte das Material für ihre großen Kanus, Langhäuser und Totempfähle.

Am Rand unseres Zedernwaldes entdeckte ich Rebhuhnbeeren, Himbeeren, Kanadischen Hartriegel und Pilze. Und sollte hier ein Bär leben, wäre auch er Teil dieses Ökosystems; denn ein einziger Bär schleppt im Laufe seines Lebens 700 Lachse, rund 1600 Kilo, 150 Meter weit an Land, um sie dort zu fressen. Forschungen belegen, dass die Überbleibsel kompostieren und zum Gedeihen des Waldes beitragen.

Am Strand lag wie kunstvoll arrangiert hellgrüner, brauner und weißer Seetang. Dazwischen leuchteten orange Krebse, rote Seesterne und die langen, grünen Arme der gigantischen *bull kelp*.

Als ich in unsere »Höhle« zurückkehrte, dachte ich: Schön, dass der Sturm die Regeln für diesen Tag bestimmt, und setzte mich zufrieden auf meine »Bank« aus Treibholz.

Die krächzende Frauenstimme im *marine radio* ließ dennoch hoffen: »Das Barometer steigt!« Die Wellen an der West Coast und im Dixon

Entrance schlugen noch sechs Meter hoch, morgen sollten es nur noch zwei Meter sein.

Also blieben wir im Camp, wo sich die Szenen des Vortags wiederholten. Doch wie bei jeder Wiederholung brannte sich das Bild umso tiefer in die Erinnerung ein: wir beide als bunte Farbkleckse am Feuer zwischen umgestürzten Baumstämmen. Um uns herum lagen ein paar rote, gelbe und blaue Packsäcke. Ständig sammelten wir Holz und schoben Äste in die Glut. Und wenn ich nicht gerade fotografierte, schlenderte ich zum Strand, um das Wetter zu prüfen. Am Nachmittag riss der Himmel auf, und plötzlich wehte von Westen her eine laue Brise. Wir dösten auf einem Treibholzstamm, während fünf Sitkahirsche neben uns grasten.

Als wir tags darauf früh aufbrachen, blieb ein Stück »Heimat« zurück.

So wie nach dem Winter die Sinne für den Frühling geöffnet sind, so war es jetzt nach dem Unwetter. Wir hörten förmlich die Stille, in die hinein mit lautem Plumps Lachse sprangen. Erstmals seit Tagen vernahm ich den Schrei des *bald eagle*. Als wir die geschützte Burnaby Strait erreichten, huschten die Bilder unserer Kajaks mit uns über das spiegelglatte Wasser.

Ḵ'iid lautet der Haida-Name für die Burnaby Narrows. Starke Strömung, hoher Salzgehalt und ein natürlicher Schutz vor Wellen sind hier die günstigen Voraussetzungen für eine der weltweit höchsten Dichten wirbelloser Wassertiere.

Wir blieben im Kajak, denn jedes noch so behutsame Auftreten zerstört unweigerlich Hunderte winziger Organismen. Leider entdeckten wir nur wenige Seesterne, stattdessen tanzten gelbe und orange Quallen in filigraner Schönheit durchs glasklare Wasser. Sonnenhungrige Seepflanzen streckten ihre Köpfe vor, und dort, wo die Ebbe für ein paar Stunden das Land trockengelegt hatte, leuch-

267

tete der Boden verschwenderisch rot, gelb und hellgrün: Ich sah Muscheln, Seesterne, Seeigel, Krabben und Krebse. Jedes Lebewesen hier ist wichtig für das andere; ähnlich dem Räderwerk einer Uhr, wo nichts läuft, wenn auch nur ein Teilchen fehlt.

Das Leben klammerte sich sogar an einen nur bei Flut ins Wasser ragenden Zweig, an dem Miesmuscheln und Seepocken hingen.

Jedes Frühjahr treffen in den geschützten Lagunen von Haida Gwaii riesige Heringsschwärme ein, um zu laichen. Alle anderen warten dann schon aufs große Fressen: Unzählige Möwen säumen die Ufer, Weißkopfseeadler stoßen im Sturzflug nieder, Herden hungriger Seelöwen und Seehunde tummeln sich, genauso wie Delfine, Buckel- und Grauwale. Und wenn der Hering abgelaicht hat, finden auch seine Eier dankbare Abnehmer: Krabben, Schnecken, Seesterne, aber auch Haida, für die der Heringsrogen auf Seetang, der K̲ʼaaw, eine Delikatesse ist.

Was für ein Tag!

Später riss der Himmel auf, und weiches Sonnenlicht tröpfelte ins Grau. An einem glucksenden *creek* fassten wir Trinkwasser. Und während wir Roggenbrot aus der Dimpflmeier Bakery in Toronto mit *pepperoni sticks* und Knoblauch futterten, ruhten unsere Kajaks auf Millionen messerscharfer Seepocken, die nur darauf warteten, deren Böden einzuritzen.

So plötzlich, wie die Sonne gekommen war, verschwand sie, und mit einem Mal überzog wieder soßiges Grau die Burnaby Strait und das Meer, dessen Farbe übergangslos in das Grau des Horizonts und des Himmels überging.

Die Burnaby Strait lag längst hinter uns, als 20 Meter vor mir ein Walbuckel auftauchte. Das Ausatmen des Riesen klang wie sorgenvolles Stöhnen.

»Ganz anders als beim Buckelwal … Ob das ein Grauwal ist?«
Julianas Boot lag jetzt an meinem.

Da! Erneut tauchte der Wal auf!

»Für einen Grauwal zu dunkel«, vermutete ich.

Der Grauwal gehört zu einer der 20 Wal- und Delfinarten, die im Sommer in Haida Gwaii zu Gast sind. 20 000 Kilometer pendelt er zwischen dem Winterquartier vor Mexiko und der nördlichen West-küste. 30 Prozent seines Körpergewichts hat er seit dem letzten Herbst verloren, wenn er zwischen Mai und Juni hier ankommt.

Auch der Grauwal ist heute in Kanada geschützt. Der Killerwal ist sein einziger Feind. Zum Glück haben sich die Bestände erholt.

Oder war dies einer jener seltenen Finnwale, die sich gelegentlich im Süden der Queen Charlotte Islands blicken lassen? Bis zu 120 Ton-nen schwer und doppelt so lang wie ein Reisebus, ist dieser nächste Verwandte des Blauwals das zweitgrößte Lebewesen auf Erden.

Ich war mir allerdings nicht sicher, denn unser Wal zeigte nicht die für den Finnwal charakteristische weißliche Unterseite. Er blies nicht und zeigte, anders als Buckelwale, beim endgültigen Abtau-chen auch keine Schwanzflosse. Aber die Rückenfarbe stimmte. Es könnte also einer gewesen sein …

Nach den Sturmtagen erlebten wir hier eine Kajaktour durchs Para-dies. Wir hatten längst den Juan Perez Sound erreicht; rechts von uns war offenes Meer, wir paddelten wie auf einem Ententeich.

Es ist eine Freude, an solch stillen Tagen das Leben am Ufer zu be-obachten.

Auf einem Felsen saß regungslos ein mächtiger Weißkopfseeead-ler. Der seit Kurzem fallende Nieselregen bedeckte seinen weißen Kopf und das braune Federkleid. Die dunklen Augen hatte er auf uns geheftet.

Ich bemerkte den kurzen inneren Kampf zwischen Fluchtinstinkt und dem Bedürfnis, Kraft zu schonen. Aber blitzschnell breitete er die Flügel aus, bis sie vorn weit über seinen Kopf hinausragten, und schoss vor, dass das Wasser aus seinen Federn spritzte.

Die in Haida Gwaii lebenden See-Elefanten sahen wir in diesem Küstenabschnitt ebenso wenig wie Steller- oder Kalifornische Seelöwen.

Obwohl es die wieder gibt ... Noch bis 1970 keulte man in British Columbia Seelöwen und -hunde wegen ihrer Pelze. Zwischen 1900 und dem Ende der Seelöwenjagd fielen allein in dieser Provinz 55 000 Steller-Seelöwen den Schlächtern zum Opfer. Am Ende lebten entlang der gesamten kanadischen Westküste nur noch 4000. Ähnlich erging es dem Seehund: Nach dem Gemetzel von einer halben Million waren nur noch zehn Prozent des ursprünglichen Bestandes am Leben.

Ich richte meinen Blick gern nach vorn und freue mich darüber, dass allein in Haida Gwaii heute wieder 4500 Steller-Seelöwen und 9500 Seehunde existieren. Wir vermeiden es, den hochsensiblen Tieren zu nahe zu kommen. Aufgeschreckte Seehunde zerdrücken in Panik oft ihre Jungen.

Dasselbe gilt für Seelöwen.

So stellte die Nationalparkverwaltung fest, dass eines Tages nach einem Sturm ein Drittel des Steller-Seelöwen-Nachwuchses auf Cape St. James nicht mehr lebte. Vielleicht hatten die Alttiere ihren Nachwuchs auf der Flucht zu Tode gequetscht.

Auch zu ihrem Schutz beschlossen kanadische Regierung und Council of the Haida Nation, den Gwaii Haanas National Park um die Fläche des angrenzenden Meeres zu einem *National Marine Conservation Area Reserve* zu erweitern. Zu dem 3400 Quadratkilometer großen Schutzgebiet werden sowohl Abschnitte des bis in 2500 Meter Tiefe abbrechenden Queen Charlotte Shelf als auch Teile der deutlich flacheren Hecate Strait gehören. In einigen Jahren wird sich hier ein Schutzgebiet von der doppelten Größe Luxemburgs erstrecken.

Der Regen ließ nach, die oft turbulente Hecate Strait wurde mild und sanft, auch der Himmel riss auf. Mit einem Mal war er tiefblau. »Ein prächtiger Tag, um die sieben Kilometer breite Querung nach Hotspring Island zu unternehmen ...«, bemerkte ich wie beiläufig.

Juliana biss an! Vermutlich, weil auch ihr die Vorstellung gefiel, abends in einer 40 Grad heißen Quelle zu faulenzen!

Paddelschlag für Paddelschlag kamen wir im Paradies voran; das »Pitsch, pitsch, pitsch« unserer Paddel war die Begleitmusik zum geheimnisvollen Blasen der Wale. Halb rechts lag Ramsay Island, der kleine, grüne Punkt links davon musste Hotspring Island sein. Dazwischen wedelte ein Buckelwal mit seiner Schwanzflosse. Zwei Tümmler schwammen wie in einstudierter Choreografie vorbei: Rücken hoch, Rücken unter, Rücken hoch, Rücken unter ... Schon waren sie verschwunden.

Von Norden näherte sich das Dröhnen einer Beaver. Wir hörten das sonore Brummen, lange bevor wir das Wasserflugzeug sahen. Es zog eine Schleife und landete bei Hotspring Island.

Jetzt hatte ich wieder Augen für den Wal, der ein letztes Mal unsere Route kreuzte, laut pustete, die Schwanzflosse senkrecht stellte und dann endgültig abtauchte.

Es folgte einer der schönsten Momente meiner Kajakabenteuer.

28 EIN SOMMERTRAUM – DIE QUEEN CHARLOTTE ISLANDS

Von Hotspring Island blickten wir über den Juan Perez Sound und auf die fernen Berge. Der Himmel war klar, kein Lüftchen säuselte, und abgesehen vom Ruf des Raben war es still.

Wir saßen in dem von Natursteinen gesäumten Becken und genossen das Wellness-Erlebnis in unserem kleinen »Pool«. Das heiße Wasser reichte bis über Julianas Schultern, den Kopf hatte sie zurückgelegt, und ich meinte zu hören, wie sie den guten alten Ohrwurm summte: »So ein Tag, so wunderschön wie heute ...«

Unterhalb von uns dümpelte an einem Stahlseil das Motorboot der Haida-Gwaii-*watchmen*. Vom Sund her drang das fauchende Ausatmen eines auftauchenden Wals.

»Der Weltenschöpfer Rabe schenkte uns Hotspring Island zur Erbauung von Geist und Körper«, hatte uns Dave, der junge Haida-*watchman*, gesagt. »Wir nennen die Insel G̲andll K'in Gwaay.yaay.« Schon vor fünftausend Jahren genossen die Haida die Thermalwärme und staunten über Bilder und Laute wie diese.

Wie in Ninstints war für die im Sommer hier lebenden Haida ein Holzhaus nach historischem Vorbild gebaut worden. Dave, der auf Haida Gwaii geboren wurde und heute in Vancouver lebt, verbrachte hier einen Arbeitsurlaub.

»Das Wasser kommt mit 70 Grad Celsius aus dem Boden«, wusste er. »Und wenn es über Rohre in einem der drei Pools ankommt, ist es auf angenehme 40 Grad abgekühlt.«

Das Vergnügen, sich beim 360-Grad-Panoramablick in den *hot springs* zu rekeln, ist heute kein Insidertipp mehr. Wenn Heron mit Gästen dazustößt, wird es im Wasser schon mal eng.

272

Aber jetzt waren wir allein!

Ich genoss die Wärme und hätte viel dafür gegeben, über Nacht bleiben zu können. Doch um den natürlichen Charme zu erhalten, darf niemand auf Hotspring Island campen. Für uns hieß das: Eine halbe Stunde zur Nachbarinsel paddeln, Platzsuche, Zeltaufbau, Kochen ... kurzum: das komplette Abendprogramm.

Die Sonne ging unter.

Unsere Körper drückten mehr als tausend Worte aus, was sie vom Umzug hielten.

Dave registrierte unser Schneckentempo: »Wir haben beratschlagt«, sagte er. »Ihr könnt in der Hütte dort übernachten.«

Dass Dave damit seine Kompetenz großzügig auslegte, war uns klar. Mit ihm waren zwei Haida-Frauen hier. Eine von ihnen war just von der verlassenen Siedlung Skedans zurückgekehrt.

»Habe dort zwei Landsleute von euch getroffen«, sagte sie. »Da der Sturm nachgelassen hat, sollten sie jetzt auf dem Weg nach Süden sein.«

Bei den beiden Paddlern konnte es sich eigentlich nur um Jörg Knorr und seinen Sohn Hannes handeln, von denen wir wussten, dass auch sie hier unterwegs sein mussten. Wir hatten mit den Lettmann-Kajak-Fans bereits in Deutschland telefoniert und uns lose für einen zünftigen Abend am Lagerfeuer verabredet ... Wir würden von nun an die Augen offen halten!

Durch die *cabin*-Tür sah ich an der Stirnwand unserer Hütte das Wappen des Häuptlings von Skidegate. Darüber stand ein handschriftlicher Gruß: »*Welcome to my cabin – Dempsey*«. Ein Bild zeigte ihn mit den Insignien des Häuptlings: einem Stab mit dem geschnitzten Raben am oberen Ende.

Vor Kurzem war Chief Skidegate Dempsey Collinson 78-jährig gestorben. »Er starb, wo er am liebsten war: in seinem Boot auf dem Wasser«, las ich in einem Nachruf. Sein Fischerboot war aufgelaufen, er wurde eingeklemmt und ertrank. Ein Foto zeigte das erstaunlich junge Gesicht eines weißbärtigen Mannes mit europäischen Zügen.

»Schon in den Achtzigerjahren kämpfte er für die Sache der Haida«, erzählte Dave. »Sein Motto: Wenn wir zusammenhalten, erreichen wir alles!«

Das Schönste an Chief Skidegates Hütte war das Fenster mit Blick aufs Meer, über dem der Himmel sich jetzt rotgolden färbte. Langohrige Fledermäuse, die hier nahe der warmen Quellen ihren Nachwuchs zur Welt bringen, huschten durch die Luft.

Wir hatten nur einen Stuhl, die Betten waren grobe Holzgestelle, und an der Wand hing ein handgezimmertes Regal. Aber wir genossen den rustikalen Charme. Um Mitternacht schob der fahle Mond sich über den Horizont, sein Spiegelbild flimmerte auf dem Meer.

»Bis später«, sagte ich, öffnete die knarrende Tür, schlenderte zum Wasserbecken, setzte mich noch mal rein und ließ mich von der Nacht verzaubern. Der Mond kletterte immer höher, bis die Sichel hell über mir stand. Kein Windhauch wisperte in den Zweigen, keine Welle klatschte gegen die Felsen; bis auf das Glucksen des Poolwassers war es still.

Je weiter meine Reise von Alaska gen Süden führt, umso dichter und undurchdringlicher werden die kelp-Dschungel im Wasser. Es heißt, die Seetangfelder unserer Weltmeere seien größer als Europa. Auf jeden Fall aber sind sie die maritime Entsprechung der Regenwälder. Ähnlich ist ihr Einfluss auf das Weltklima. Und so riesig wie die Bäume an Land sind auch die Braunalgen unter Wasser: Sie wachsen auf dem Meeresboden und werden zehn, 40, manchmal sogar 70 Meter lang. Zwischen den schützenden Riesenwedeln des Meeresdschungels gedeiht eine große Artenvielfalt: Plankton, Seeigel, Hummer, Seeschne-

Begegnungen mit anderen Paddlern wie diesen in ihren grönländischen Kajaks sind sehr selten.

cken, Fische – vor allem junger Hering –, Rochen, Haie, Delfine, Wale, Seelöwen, Seehunde, Seeotter und viele andere.

Doch Erderwärmung, Schadstoffbelastung, die Ernte von Seetang für die asiatische Küche und die komplette Entfernung einzelner Elemente aus diesem Ökosystem gefährden die *kelp*-Bestände der West Coast. So weiß man, dass der Pelzhandel, der im 19. Jahrhundert den Seeotter fast ausrottete, erhebliche Mitschuld trug. Der Seeigel, Beutetier des Seeotters, hatte jetzt kaum noch Feinde und machte sich verstärkt über den *kelp* her. Die Reduzierung des braunen Riesentangs veränderte die unterseeischen Lichtverhältnisse und gefährdete viele Arten. Das Ökosystem geriet aus den Fugen.

Am Logan Inlet bemerkte ich anderntags im Auf und Ab des auf den Wellen tanzenden Riesenseetangs ein Blitzen.

Reflektierende Paddel?

»Das könnten Jörg und Hannes sein«, spekulierte ich.

Nein, stattdessen trafen wir zwei Kajaker aus Seattle in grönländischen Kajaks ganz ohne Steuerung. Mit ihren extrem schmalen Paddeln bewegten sie ihre schlanken Boote mit überraschender Leichtigkeit.

Dies war unser einziger Kontakt zu Kajakfahrern auf den Wassern von Haida Gwaii. Während meiner insgesamt gut zweieinhalbtausend Kilometer langen Reise begegnete ich kaum mehr als einer Handvoll anderer Paddler.

Jörg Knorr treffe ich später in Deutschland, wo er mir seine Geschichte erzählt: »Schon als 14-Jähriger fuhr ich mit einem Pouch-Faltboot über die Mecklenburger Seen.«

Doch richtig los geht's, als der gebürtige Rostocker Ende der Neunzigerjahre von seiner Wahlheimat Flensburg nach Oslo paddelt. Die folgenden Sommer reiht er ein Paddel-Highlight ans andere: zum Beispiel 2004 entlang der deutschen Ostseeküste. Zwei Jahre später umrundet er Vancouver Island. Das bringt ihn auf den Geschmack: »Nach dieser Tour schenkte mir mein kanadischer Freund Edwin eine Haida-Gwaii-Karte, die mich nicht losließ!«

Drei Jahre bereitet er sich auf diesen Kajaktrip vor. Sein 21-jähriger Sohn Hannes ist mit von der Partie, gemeinsam paddeln sie in den aus Deutschland mitgebrachten Booten von Queen Charlotte City südwärts nach Ninstints. Doch das unberechenbare Wetter und die unzugängliche Westküste halten sie davon ab, entlang West-Moresby Island gen Norden zu paddeln. Noch mal folgen sie der Ostroute, diesmal nach Norden, von wo aus sie in entgegengesetztem Uhrzeigersinn Graham Island umrunden.

Es gibt Tage, von denen Jörg sagt: »Da wären wir besser im Camp geblieben!«

Zwischen Ingraham und Otard Bay zum Beispiel; denn die See ist rau und die Sicht miserabel. Dann verlieren sie zwischen vier Meter hohen Wellenkämmen die Küste aus den Augen. »In solchen Situationen gibt es nur noch den elementaren Wunsch, am Abend wieder wohlbehalten im Zelt zu liegen!«

Sie schaffen es! Dank eines guten Zeitpuffers gönnen sie sich später einen Verwöhnurlaub in der Gudal Bay: im Fluss baden, am Ufer bummeln und Strandgut sammeln.

»Das Schönste aber«, sagt Jörg Knorr, »war die intensive Gemeinschaft mit meinem Sohn.«

Dessen Beurteilung ist kurz und bündig: »Geiler Urlaub!«

Dass dies nicht ihr letzter Trip hier war, steht fest: »Die Leute sagen, wer aus der Saint Mary's Spring südlich von Tlell trinkt, kehrt nach Haida Gwaii zurück«, erinnert sich Jörg Knorr. »Wir überlegten nicht lange, fuhren hin, und jeder von uns nahm einen kräftigen Schluck!«

Unsere Reise entlang der Queen Charlotte Islands offenbarte an Lyell Island jene Narben, die die Holzfäller vor langer Zeit geschlagen hatten. Jahrzehnte später sind die Hänge noch nicht wieder zugewachsen.

Ein eigentümlicher Dunst lag über der Insel, so als würden Warm- und Kaltluftfronten zusammenstoßen. Es war warm; am Abend vermerkte ich im Tagebuch: »Heute erstmals ohne langes Unterhemd gepaddelt.«

Am zehnten Tag verließen wir den Gwaii Haanas National Park und umrundeten Talunkwan Island. Viel änderte sich dadurch nicht – außer dass in der Ferne Motorsägen kreischten.

Im Dana Inlet entdeckten wir einen halb im Gebüsch versteckten verrotteten Lastkahn, dessen rostige Schrauben dick mit Seepocken überzogen waren.

Später erzählte uns Heron Wier dazu folgende Geschichte: »Mit dem Ding zogen sie damals Baumstämme vom Hang runter ins Wasser. Neben der verlassenen *barge* ankerte ein Schleppboot, in dem der Bootsführer wohnte. Wenn es ihm im Winter zu kalt wurde, warf er zum Heizen den Motor an. Eines Tages fand man ihn tot. Der Sprit war ihm ausgegangen – er war auf dem eigenen Schiff erfroren!«

Die Spuren der Holzfäller sind allgegenwärtig: Im Selwyn Inlet entdecken wir eine von der Salzluft zerfressene Maschine, deren stählerne Zahnräder förmlich miteinander verschmolzen sind.

Ein *bald eagle* strich über uns hinweg, schlug blitzschnell auf der Wasseroberfläche zu, flog schwer flügelschlagend mit seinem Fang zu einem Felsen und kröpfte dort seine Beute. Wo Bergkuppen hinter uns die Strahlen der Abendsonne blockierten, fiel dunkler Schatten auf die uns gegenüberliegende Bucht. Im rotgolden schimmernden Wasser blies jetzt ein Wal; er krümmte den Buckel, zeigte die Schwanzflosse und verschwand wie in Zeitlupe im Meer. Dies war die Abschiedsvorstellung im Galapagos des Nordens.

Ein runder Abschied, aber da war noch Julianas kleiner Stolperer: Während wir einige Tage später unsere Boote zum Camper trugen, entglitt ihr der Kajak und schlug hart auf den weit und breit einzigen Felsen.

»Ein Loch im Fiberglas!« Heron sah aufs Boot und dann in unsere bedepperten Gesichter: »Kopf hoch, so was habe ich schon Dutzende Male geflickt!« Klar, wir auch, aber noch nie zuvor ein solch schönes und noch immer fast neues Boot ...

Aber Herons Optimismus steckte an. Noch am selben Abend behoben wir den Schaden mit Reparaturharz und Fiberglasmatten.

Ende gut, alles gut!

29 MEIN COUSIN IN KANADA

Im März 1961 wandert mein Cousin Dieter Wagner von Hannover nach Kanada aus. Vier Jahre lang lebt der gelernte Schlosser mit seiner jungen Frau Christel in Edmonton/Alberta, sattelt zum Techniker um und zieht an die Küste British Columbias.

Wo der Kitimat River in den Douglas Channel der Inside Passage mündet, war wenige Jahre zuvor der Ort Kitimat aus dem Boden gestampft worden.

Als Christel und Dieter in Kitimat ankommen, leben dort 15 000 Menschen, viele von ihnen eingewanderte deutsche Fachkräfte. Fast alle arbeiten bei ALCAN, der Aluminum Company of Canada Limited, heute als Rio Tinto Alcan der weltweit größte Aluminiumproduzent.

Aluminium kann nur dort entstehen, wo extrem viel Elektrizität zur Verfügung steht. Die aber schlummert noch ungenutzt in den Küstenbergen. Und so verändert der Aluminiumriese das Land: Er staut den Nechako River zum Nechako Reservoir, einem der größten Dammprojekte seiner Zeit. Von dort leitet er das Wasser durch einen 16 Kilometer langen und zehn Meter breiten Tunnel, an dessen Ende es 800 Meter tief in die Turbinen des eigens dafür angelegten Ortes Kemano stürzt. Dessen Verwaltungschef ist Dieters Bruder Hans Wagner.

Der Strom gelangt von Kemano in ausschließlich hierfür verlegten Starkstromleitungen durch eine der wildesten Landschaften der Welt ins 80 Kilometer entfernte Kitimat.

Dort entsteht seitdem Aluminium.

Ich hatte all die Geschichten viele Male zu Hause gehört. Auch von Dieter Wagners Mutter, meiner Tante Margarethe, die uns bei Kaffee und Kuchen begeistert vom Leben an der Westküste erzählte. Und ich hörte ebenso begeistert zu, wenn sie von den Segeltörns ihrer Söhne durch die Inside Passage schwärmte. Noch begeisterter aber war ich, wenn sie den mitgebrachten Räucherlachs mit uns teilte. Dann schlug meine Phantasie Purzelbäume.

Dieter und Christel leben nach wie vor in Kitimat. Ihr Haus würde während meines Kajak-Alleingangs nach Vancouver mein Basiscamp sein.

Zunächst aber trafen wir uns mit ihrem ältesten Sohn. Norman betreibt unweit von Queen Charlotte City ein direkt am Meer gelegenes Gästehaus, das *Chateau Norm*.

Drei Dinge bleiben mir von diesem ersten Abend in Erinnerung: der Blick von seiner Terrasse auf das Skidegate Inlet, über dem die Sonne untergeht. Traumhaft! Dazu passend nippten wir süffigen australischen Wein. »Hebt euch ein Glas für nachher auf!«, legte er uns ans Herz.

Wir glitten in den heißen Whirlpool und sahen aufs Meer. Dämmerlicht lag über dem Archipel, aus dessen wolkenlosem Himmel der silberhelle Mond leuchtete. Ein verzauberter Moment, wie auf Hotspring Island, und diesmal hatten wir sogar ein Glas Rotwein in der Hand.

Normans Eltern gaben die eigene Abenteuerlust an ihre drei Kinder, zwei Söhne und eine Tochter, weiter. Während seine Geschwister beruflich durch alle Kontinente jetten, pendelt Norman regelmäßig zwischen Vancouver Island, wo er derzeit arbeitet, und hier.

Aber nicht nur das: »Schon vor Jahren«, sagt er, »segelte ich gemeinsam mit Onkel Hans von Kitimat nach Hawaii.«

Christel und Dieter Wagner leben seit einem halben Jahrhundert in Westkanada.

Die beiden verstehen zwar einiges vom Segeln, waren bislang aber nur in der Inside Passage unterwegs. Schon in der Hecate Strait geht's zur Sache: »Mit zehn Meter hohen Wellen und 60 Knoten starkem Wind!«

Es kommt noch dicker. Drei Tage lang kriegen sie kein Auge zu. Norman schmunzelt: »Wenn alles nur glatt läuft, spricht später keiner mehr darüber. Aber wenn du tagelang nass bist, es dir dreckig geht, du dann aber dein Ziel doch noch erreichst, sind das die Highlights in deinem Leben!«

Später überführt er Jachten in die Karibik. Irgendwann hat er genug Geld fürs eigene Boot, kauft sich einen Trimaran und segelt in den Süden der mexikanischen Baja California, nach Cabo San Lucas.

Dort will Norman sein Schiff an Touristen verchartern.

Doch die ortsansässigen Unternehmer wollen den Kuchen nicht mit ihm teilen. Während Norman mit der Überführung einer fremden Jacht nach San Diego sein Taschengeld aufbessert, kappen Unbekannte die Ankertaue des Trimarans. Sein Boot zerschellt am Strand.

Jahre später kommt Norman, von Beruf Lehrer, auf die Queen Charlotte Islands, um an der hiesigen Schule zu unterrichten.

»Eigentlich wollte ich nur ein Wohnhaus mieten. Doch der Zufall will's, dass just an dem Tag dieses Gebäude zum Kauf angeboten wird. Grundstücke am Meer, noch dazu in Ortsnähe, sind auch auf Haida Gwaii rar. Ich griff sofort zu.«

Normans weltoffene, gastfreundliche Art kommt auch bei den Haida gut an.

Nur wenige Monate vor unserem Besuch wird er im Rahmen eines Potlatch von der Häuptlingsfamilie adoptiert und gehört jetzt zum Eagle Clan. Nachmittags lernen wir Normans Haida-Familie kennen.

Im September des Vorjahres war der Haida Sidney Crosby bei einem großen Potlatch unter dem traditionellen Namen Wigaanad zum Häuptling des Adler-Clans »Gidins of Skidegate« ernannt worden. Dieter und Christel, die als Gäste geladen waren, hatten mir Tage später, am 9. Oktober, gemailt:

Der Eagle Clan hat einen neuen Chief! Es ist der Bruder von Percy, Normans bestem Freund auf den Charlottes. Etwa 1200 Gäste waren anwesend und wurden aufs Tollste bewirtet: Wildbret, verschiedene Lachse, Heilbutt, Tintenfisch, Krebse … Jeder Gast erhielt zudem einen Beutel mit Geschenken.

Stammesmitglieder, die noch keinen traditionellen Haida-Namen hatten, bekamen ihn an diesem Tag verliehen. Dabei wurde auch Norman von der Häuptlingsfamilie in den Clan aufgenommen.

Als Adoptivbruder des Häuptlings von Skidegate trägt er jetzt den in-

dianischen Namen Gyaa Diidaw Gaay-ya, was so viel bedeutet wie ›liebenswürdiger Gastgeber‹.

Der Potlatch kostete die Adler-Familie Crosby mindestens 100 000 Dollar. Auch 55 Tänzer und Trommler aus unserem benachbarten Kitamaat Village waren eingeladen. Die Gastgeberfamilie trug die Fahrkosten, die Unterbringung, kurzum: alles. Der Potlatch dauerte von zwei Uhr nachmittags bis fünf Uhr morgens.

Der Potlatch ist eine in der Kultur der nordwestlichen Küstenvölker tief verwurzelte Zeremonie, bei der Wohlstand gezeigt, aber gleichzeitig auch umverteilt wird. Rangfolge der Beschenkten und Umfang der Gaben sind von großer Bedeutung: Entsprechend der Größe des Potlatch und dem Wert der Präsente steigen Ansehen und Stellung des Schenkenden, was durch die Anwesenheit aller Würdenträger verbrieft wird.

Anders als bei normalen Festen halten selbst wohlhabende Personen einen Potlatch allenfalls ein- oder zweimal im Leben ab. Spätere Generationen werden noch von diesem herausragenden Ereignis berichten.

Nicht selten überschreitet der Gebende die Grenzen seiner finanziellen Möglichkeiten. Der Wunsch der Beschenkten, es ihm gleichzutun, und die Bereitschaft, sich hoch zu verschulden, führte Ende des 19. Jahrhunderts zum Verbot von Potlatches durch die kanadische Regierung. Wohl auch, weil ›die heidnischen‹ Riten den Missionaren ein Dorn im Auge waren.

Vor gut einem halben Jahrhundert wurde das Verbot aufgehoben.

»Gastfreundschaft ist für die Haida von großer Bedeutung«, bestätigt Norman. »Als sie beim Potlatch verkündeten, sie würden mir den Namen Gyaa Diidaw Gaay-ya geben, hätte jeder der Anwesenden widersprechen oder ein traditionelles Anrecht darauf geltend ma-

Norman Wagner wurde beim großen Potlatch vom Eagle Clan des Haida-Volkes adoptiert.

chen können. Niemand tat es. 1200 Haida können es bezeugen. Nun ist es Gesetz: Ich bin der Einzige, der den Namen ›liebenswürdiger Gastgeber‹ tragen darf. Ein starker Name!«

Norman erinnert sich an das Fest: »Auch der Sohn des vorherigen Häuptlings tanzte für Chief Wigaanad und bekundete so seine Loyalität. Anschließend schenkte er seinen Tanz dem neuen Häuptling.

Nachdem die Gäste aus Kitamaat Village ihre Tänze beendet hatten, erhielten sie von Wigaanad zum Dank riesige Trommeln. Das war so ... *powerful*! Eine überwältigende Zeremonie. Der Gastgeber erteilte den Tänzern das Recht, die in Skidegate vorgetragenen Lieder auch bei anderen Veranstaltungen zu singen.«

Norman beweist an diesem Abend, dass er würdig ist, seinen neuen Namen zu tragen. Er bewirtet in seinem Haus 40 Gäste, die den Geburtstag seines Freundes Percy feiern wollen.

Betty, die Häuptlingsmutter, bittet mich, zwischen ihr und dem Geburtstagskind zu sitzen. Es folgt eine Nacht inspirierender Gespräche, mit herzlichem Gelächter und köstlichen Speisen. Wobei ich zwischen Geburtstagstorte (nach deutschem Rezept!), traditionell zubereitetem Lachs und den von Norman auf seinem großen Grill gebrutzelten Steaks hin- und hergerissen bin. Mein an Tütenkost gewöhnter Magen wird mir später das Schlemmen nur widerwillig verzeihen ...

Wie schon auf der Herfahrt knatterte die rot-weiße Flagge mit dem Ahornblatt am Heck der *Northern Adventure*. Derweil verfärbte sich der Himmel von Hellblau zu Grau. Und als wir nach langer Fährfahrt Prince Rupert erreichten, fiel leichter Regen.

Ich musste den Schalter im Kopf erneut umlegen: von »Reise zu zweit« auf »Alleingang«.

»In vier Tagen geht dein Flug!«, sagte ich.

Natürlich half Juliana mir bei den Vorbereitungen fürs Finale meines West-Coast-Abenteuers.

Wir mixten und portionierten die zum Schluss gekauften Lebensmittel wie alte Hasen. Wobei jede unserer Bewegungen aufmerksam beobachtet wurde ... Und wenn wir mal nicht aufpassten, sauste einer der uns belagernden Diademhäher pfeilschnell auf den Picknicktisch und stibitzte Nüsse. Bei allem, was zu Boden fiel, hatten die *blue jays* keine Chance, denn dort räumten ratzfatz die Erdhörnchen alles ab.

Juliana vermerkte in meinem Notizbuch: »Das erste Fresspaket geht nach Bella Bella, das nächste nach Sullivan Bay und das letzte nach Powell River.«

Ich war wieder froh, sie auch beim Packen an meiner Seite zu haben!

Dort, wo der Nordarm des breiten Douglas Channel auf die Küstenberge trifft, lebt seit Jahrhunderten der Haisla-Stamm, eine mit 1500 Angehörigen vergleichsweise kleine First Nation. Die Hälfte lebt in Kitamaat Village, ein Ortsname, der von den Tsimshian stammt und »Schneevolk« bedeutet.

Auch heute noch pflegen die Haisla die Bräuche und Traditionen ihrer Vorfahren; sie jagen, sammeln Beeren und fischen. Jedes Frühjahr treffen sie sich am Kemano River, wo sie *oolichan,* den Kerzenfisch, fangen. Der ist zur Laichzeit so fett, dass die Küstenvölker ihn früher trockneten und als Kerze verwendeten.

Nur wenige Kilometer nördlich von Kitamaat Village liegt das Städtchen Kitimat. Es entstand als *company town* auf dem Reißbrett von Städteplanern: großzügig und mit vielen Grünflächen. Es ist ein Ort mit hoher Lebensqualität zwischen Meer, Bergen, Wäldern und Flüssen.

»Und jetzt«, sagt Dieter Wagner, »überlegen sie sich, eine Pipeline von den riesigen Ölsandvorkommen bei Fort McMurray/Alberta quer durch Westkanada nach Kitimat zu verlegen, um das Öl von hier aus nach Asien zu bringen! Mit all den damit verbundenen Risiken für unsere Umwelt ...« Er fügt hinzu: »Eigentlich wollte ich meinen Ruhestand genießen und mit Christel und unserer Hündin Hanna durch die Wälder spazieren. Aber diese Geschichte treibt mich um!«

Also engagiert er sich bei einer Bürgerinitiative gegen den Pipelinebau.

»Das Öl müsste tausend Flüsse und Seen kreuzen. Und ab Kitimat brächten es Supertanker durch die schmalen Arme der Inside Passage. Eine Havarie wie damals im Prince William Sound würde nicht nur Lachs und Hering vernichten, sondern neben Wal und Bär auch die gesamte Meeresfauna gefährden!«

Die meisten Bewohner seien dagegen, sagt er. Auch die First Nations. »Ich denke, wir werden den Kampf gewinnen!«

35 Jahre lang segelte Dieter entlang der Küste durch eine der schönsten Fjordlandschaften der Welt, ab 1972 auf seinem eher kleinen Holzboot. Das nächste ist die neun Meter lange *Foolish Fancy*. Ein paar Jahre später steigt er auf die elf Meter lange *Madrigal* um: »Mit ihr schipperten wir 17 Jahre durch die Inside Passage.«

Inzwischen haben Christel und Dieter das Schiff verkauft, träumen aber noch heute davon.

Dieter sieht ins flackernde Feuer: »Unsere Kinder Norman, Olaf und Iris wuchsen quasi auf dem Wasser auf, zumindest am Wochenende und in den Ferien.«

»Und abends am Strand am Lagerfeuer«, ergänzt Christel und schenkt Wein nach.

»Ein guter Tropfen«, sage ich.

»Alles selbst gemacht. Wir kaufen echten Traubensaft, bringen ihn zu *you brew*, wo er binnen acht Wochen zu Wein vergoren und dann in Flaschen verfüllt wird. Ein Jahr warten wir, dann dürfen wir ihn verkosten.«

Reife Kirschen schaukeln im Abendwind am Baum. Aus dem Gewächshaus heraus lachen uns dicke Pfirsiche an.

Seit mehr als 45 Jahren genießen die beiden dieses Leben, aber noch gut erinnern sie sich an den Schneerekord vom ersten Winter: »Zehn Meter! Auch wenn's seitdem weniger geworden ist, gehört Schneeschaufeln im Winter zum Alltag.«

Viele hier träumen deswegen von der Sonne.

»Bevor wir nach Kitimat zogen, gab's eine Volkszählung: 40 Prozent der Einwohner waren damals Deutsche, die hier lebten, um gutes Geld zu verdienen. Im Ruhestand aber zogen die meisten in die Sonne: ins Fraser oder Okanagan Valley zum Beispiel.«

Dieter und Christel blieben: »Hier gibt's doch alles: Hallenbad, Eislaufhalle, Tennisplatz, heiße Quellen und den Golfplatz.«

Er schmunzelt: »Auf dem treibt sich gelegentlich sogar ein Grizzly rum.«

Erst kürzlich kletterte ein Bär über seinen Gartenzaun und wühlte im Kompost. »Bären sind überall! Unsere Nachbarskinder konnten einen ganzen Tag lang nicht im Garten spielen, weil ein Schwarzbär es sich auf ihrem Apfelbaum gemütlich gemacht hatte.«

Natürlich wollte auch Dieter damals nach seiner Ankunft hier jagen. »Unsere Kinder wurden mit Elchfleisch groß.« Heute stehen seine Gewehre und Angeln meist ungenutzt im Schrank. In einem Punkt aber ist er noch der zähe Kämpfer: »Wenn's darum geht, die Ölpipeline und -tanker von Kitimat und der Spur der Wale fernzu-halten!«

Auf dem Foto lächelt Juliana unter dem vorgestreckten Kopf eines weißen Bären hinweg in meine Kamera.

»Ein seltener Kermodebär«, sagt Dieter Wagner.

Wir stehen auf dem Northwest Regional Airport Terrace/Kitimat neben der Vitrine mit dem ausgestopften Bären.

»Möge dieser *spirit bear*, wie die First Nations sagen, dir beim Alleingang Glück bringen!«, sagt Juliana und lächelt ein wenig trau-rig. »Vergiss nicht, mir wieder von unterwegs zu schreiben!«

Nur noch eine Stunde bis zu ihrem Abflug.

Unsere Fahrt von Kitimat bis zum Airport hatte durch weite Wälder geführt, an deren Rändern ein Elch graste. Ich hielt während dieser letzten Stunde Julianas vom Paddeln rau und rissig gewordene Hand. Aus Dieters Autolautsprechern klang André Rieu: »Adieu, mein klei-ner Gardeoffizier …«.

Den Refrain »und vergiss mich nicht …, sei das Glück mit dir« be-zog ich auf uns beide. Das war sehr romantisch, fast kitschig, passte aber zu diesem Moment. Wieder mal ein Abschied …

Wenn ich während der nächsten Wochen allein im Kajak sitze und meine Gedanken schweifen lasse, werde ich oft dieses Lied summen. Den Text kenne ich nicht, aber die Melodie reicht mir, um dieses Bild vor Augen zu haben: Julianas auf Haida Gwaii braun gebranntes Gesicht mit den vom Salzwasser aufgeplatzten Lippen unter dem Kopf des »heiligen weißen Bären« der Küstenvölker.

Als sie mich Stunden später von Vancouver Airport anruft, schwärmt sie von einem »traumhaften Flug« über die Coast Range. Aus wolkenlosem Himmel hatte sie all die Wasserarme, Gletscher und Inseln gesehen, an denen entlang ich mich nach Süden vorarbeiten werde.

Sie hatte zwei Stunden benötigt. Ich würde sieben Wochen unterwegs sein ...»Kurs Süd« ist mein Motto.

Tags darauf begleitet mich Dieter Wagner zum Kitimat Jachthafen, wo ich meinen Kajak seeklar mache.

Ich wundere mich über mich selbst: 1200 Kilometer Alleingang liegen vor mir. Aber ich bin völlig locker, entspannt, ja sogar richtig gut drauf.

»Wird schon schiefgehen!«, sage ich lachend zu Dieter. Mein Zeitpuffer ist ausreichend, und ich weiß, auf was ich mich einlasse. Mit dem Baikal von Lettmann verfüge ich über den besten Kajak, den ich mir für dieses Abenteuer wünschen kann. Auch die übrige Ausrüstung ist optimal und im wahrsten Sinne des Wortes sturmerprobt. So wie du selbst, denke ich. Meine Schultern, Oberarme und Handgelenke sind durchtrainiert und schmerzfrei. Und dass ich, abgesehen von kleinen Unterbrechungen, rund 50 Tage mit mir allein auskommen muss, ist völlig okay.

Wenn mir jetzt gelegentlich heiß wird, dann auch nur, weil ich wieder mal meine, niemals alles im Boot unterzukriegen. Letztlich aber passen sogar noch Christels selbst gebackenes Brot und Dieters geräucherter Lachs rein.

Die beiden werden meine Lebensmittelpakete zeitversetzt an die drei genannten Adressen entlang meiner Route schicken. Und dort hatten sich Menschen bereit erklärt, sie bis zu meiner Ankunft zu verwahren ...

Meine Abenteuer haben schon seit Jahrzehnten viele Mütter und Väter. Da sind meine Eltern, die während unserer großen Weltreisen zusammenrückten, damit unsere Siebensachen in ihr Haus passten. Sie und mein Bruder Hilmar erledigten über viele Jahre tausend Gänge für uns: zu Behörden, Banken oder auch zu Zeitungen, die über uns berichteten. Und wenn wir knapp bei Kasse waren, versorgten sie uns von unserem Ersparten auch im hintersten Eckchen der Welt mit Geld ...

Andere ließen uns monatelang unseren VW-Bulli oder Camper in ihrer Grundstückseinfahrt parken, wenn uns der Sinn nach Abstechern in andere Kontinente stand.

Danke, ihr verlässlichen Freunde, Verwandte und Bekannte, die ihr mit großen und kleinen Handreichungen zum Gelingen jedes Abenteuers beitragt!

Dieter sah mir geduldig beim Packen zu. Endlich war ich fertig. Wir verabschiedeten uns, er stieg in meinen Pick-up-Camper, fuhr nach Haus und parkte ihn in seiner Grundstückseinfahrt.

Ich war jetzt völlig auf mich allein gestellt.

30 IM LABYRINTH DER TAUSEND INSELN

Etwa zu der Zeit, als Julianas Lufthansa-Maschine in Frankfurt abhob, passierte ich Kitamaat Village. Und als ich knapp eine Stunde später meine Regenjacke auszog, weil mir zu warm wurde, landete sie in Hannover. Die Unterschiede zwischen unseren Welten hätten größer nicht sein können ...

Während Bettina und Philip sie am Flughafen empfingen, warf starker Südwind mir hohe Wellen über den Bug.

»Du kannst deine Uhr danach stellen: Pünktlich gegen Mittag frischt der Südwind auf, pass auf!«, hatte Dieter mich gewarnt.

Am Nordende des Douglas Channel, dort, wo das Meer von fern eigentümlich grau ausgesehen hatte, wurde mir klar, was er meinte. Schnörkellos rauschte der Wind von vorn auf mich zu, grabschte ins ablaufende Wasser, bauschte es zu hohen Wellen auf und warf es über meinen Kajak.

Fjorde sind wie Windkanäle. Mit dieser Eigenwilligkeit muss ich von nun an leben. Ob ich allerdings Dieters Rat folgen und mit dem ersten Sonnenstrahl aufbrechen würde, um die Morgenstille zu nutzen, ließ ich erst mal offen. Für den Segler reduziert sich der Aufbruch aufs Ankerlichten, für den Seekajakfahrer ist es ein stundenlanger Balanceakt über glitschigen Seetang und tausend messerscharfe Muscheln.

Kaum anderswo bietet die West Coast so reizvolle Buchten wie im Fjordland. Ein Grund für mich, nicht in Prince Rupert, dem südlichsten Punkt meines letzten Kajaksommers, sondern von Kitimat aus zu starten. Der zweite: Bei Christel und Dieter stand mein Camper sicher.

291

Stunde um Stunde drosch ich das Paddel ins Wasser und kam meinem Zwischenziel näher: In zehn Tagen wollte ich in der Siedlung Bella Bella ankommen. Diese letzte Inside-Passage-Etappe würde ganz anders sein als die vorausgegangenen. Je weiter ich nach Süden käme, auf umso mehr Menschen, Boote und Siedlungen träfe ich. Und am Ende stand die Millionenmetropole Vancouver ...

Das ist nicht so mein Ding, ich bin eher ein einsamer Wolf, der sich in den menschenleeren Weiten Alaskas und Nordkanadas am wohlsten fühlt.

Ich stoppte in einer windgeschützten Bucht, schlemmte geräucherten Lachs und schlürfte heißen Cappuccino. In meiner Begeisterung fand ich: Du bist der glücklichste Mensch der Welt, lebst das Leben, von dem du schon als 14-Jähriger träumtest!

Ich spülte meinen Trinkbecher mit Meerwasser aus, nahm Kurs Süd und fuhr weiter. Statt Träumen war jetzt hartes Paddeln angesagt.

Die Inside Passage zeigt hier andere Bilder als zuvor: glatte, von der Brandung polierte Granitufer, ähnlich denen im Canadian Shield. Oben krallten sich die breiten Wurzelgeflechte dürrer Fichten in hauchdünne Humusschichten. Hier und da hatte der Sturm die Bäume über den Felshang gefegt.

Warmer Wind blies von vorn. Die Wellen gingen zwar nur einen halben Meter hoch, doch mir war, als paddelte ich gegen eine Wand. In acht Stunden schaffte ich gerade mal 30 Kilometer.

Eine malerische Bucht war am Abend meine Belohnung.

Der Kajakboden kreischte diesmal nicht so laut, denn eine Welle trug mich in die Bucht und schob mich samt Boot über den feinen Kies. Ich sprang raus, zog meinen Kajak höher und fand gleich einen ebenen Zeltplatz. Lange nachdem die Sonne hinter den Bergen versunken war, lag noch ein rot-gelb-violetter Schein am Himmel. Unendlich langsam verblasste er. Dann wurde es Nacht.

Ich träumte wirres Zeug, hörte neben mir ein Schnaufen und schreckte auf. Ein Bär! Nein – die Laute kamen vom Wasser. »Ein Seelöwe«, beruhigte ich mich und drehte mich wieder um. Obwohl ich mir den Schlafsack über den Kopf zog, hörte ich weiterhin das Schnaufen.

So wie vor Jahren in Alaska, unmittelbar am Zelt ... Danach hatte ich aufrecht gesessen: Durch das Zelt ging eine Erschütterung. Ich griff nach dem Gewehr, das ich damals noch mitführte. Wer oder was immer da draußen war, es verharrte. Ich hielt die Luft an, öffnete behutsam den Eingang ... und schaute einem 500-Kilo-Elch ins Gesicht. Der Dussel hatte beim Äsen meine Zeltheringe herausgerissen.

Auch dies war eine geisterhafte Nacht. Rhythmisch schwappten Wellen ans Ufer. Es raschelte im Urwald. Das beunruhigte mich nicht, beschäftigte aber meine Phantasie und das Unterbewusstsein. Kurz vor dem Aufwachen träumte ich in Bildern, die so klar und bunt waren wie ein Abenteuerfilm:

Drei Männer in zerschlissenen Wildnisklamotten stützen sich schwer atmend auf ihre Stöcke: George Washington Carmacks, Skookum Jim und Tagish Charley. Jetzt schultern die drei erneut ihre Rucksäcke und folgen weiter dem Bach mit dem Allerweltsnamen Rabbit Creek.

Keiner ahnt die historische Dimension, als Skookum Jim sich an diesem Augusttag des Jahres 1896 zum Trinken hinabbeugt und Nuggets findet: das Klondike-Gold!

»Das glänzende Zeug lag da wie Käse im Sandwich!«, soll Skookum Jim gesagt haben.

Anfangs blieb der Goldfund vom »Karnickelbach«, schon bald in »Bonanza Creek« umbenannt, ein Geheimtipp unter den heimischen Goldsuchern und Trappern. Die steckten bereits im ersten Monat 200 Gold-Claims ab.

Doch als im Juli des Jahres 1887 die Dampfer *Portland* in Seattle und *Excelsior* in San Francisco anlegen, wird eine wahre Lawine losgetreten. In ihren Schiffsbäuchen liegt, was Zeitungen als »eine Tonne puren Goldes« bezeichnen. Mit der Überschrift »*Gold! Gold! Gold! Gold!*« macht der *Seattle Post Intelligencer* seine Leser heiß.

Es beginnt der verrückteste Goldrausch aller Zeiten. Einer der Glückssucher ist der erst 21-jährige Jack London, der sich bislang als Austernpirat, Fabrikarbeiter, Seemann und Landstreicher durchgeschlagen hatte. Im Sommer 1897 macht er sich auf den Weg zum Klondike-Gold. In seinen Erzählungen *Ruf der Wildnis* und *Wolfsblut* leben seine Erinnerungen fort.

Ob in San Francisco, Schanghai oder Berlin: Bauern verlassen ihre Felder und Arbeiter die Fabrik, um dem Klondike-Schatz nachzujagen. Einige kommen übers Beringmeer und dann den Yukon River aufwärts, andere folgen von Edmonton aus dem Athabasca und Mackenzie River. Die Inside-Passage-Route von Seattle nach Skagway aber ist die meistbefahrene. An ihrem Ende beginnen die letzten tausend Kilometer zum Gold.

Wie Maultiere schleppen im Frühjahr 1898 Zehntausende ihre Ausrüstungskisten auf dem Buckel über den Chilkoot Pass, bauen sich Boote, mit denen sie die restlichen 900 Kilometer zurücklegen. Schnell wird ihre Hoffnung enttäuscht: Fast alle Claims sind vergeben, und 18 000 desillusionierte Menschen drängen durch Dawson Citys Straßen. Begierig werden sie nun jedem Gerücht nachjagen, das Gold verspricht.

Der Klondike-Goldrausch verfliegt so rasch, wie er begann. Die Inside Passage und ihr Labyrinth der tausend Inseln aber kennt jetzt jeder!

Am Abend des zweiten Tages schreibe ich in mein Tagebuch: »Manchmal birgt der Reisealltag größere Überraschungen, als die Phantasie es sich beim Morgenkaffee vorstellen kann!«

Im Klartext: Beim Frühstück war es zwar leicht windig, aber durchaus freundlich gewesen. Ein schöner Tag: Wo am Abend die Sonne untergegangen war, blitzten jetzt große Schneefelder. In den Bergtälern lagen, wie leicht darübergehaucht, weiße Nebelschwaden. Nur die schmale Windwolke über mir trübte ein wenig das Bild: Doch dass sich da was zusammenbraute, ahnte ich nicht ...

Ich saß auf einem Treibholzstamm, trank mein Käffchen und genoss das Fünfsternepanorama. Dann breitete ich die Karte aus und legte meinen Kurs fest.

Im Nachhinein weiß ich, dass ich besser noch ein oder zwei Nächte in diesem schönen Camp geblieben wäre. Denn danach beginnt der kilometerbreite Devastation Channel: Der Name steht für Verwüstung, Zerstörung. Allerdings lagen dort die Weewanie Hot Springs. Und in diesen heißen Quellen wollte ich heute Abend sitzen ...

Während der Wind anfangs noch von Süden kam, droschen Sturm und Wellen bald von allen Seiten auf mich ein. Den breiten Douglas Channel hatte ich bei Maitland Island hinter mir gelassen. Nun öffneten sich links der Loretta und der Sue Channel. An Staniforth Point teilte sich der Devastation Channel; er hieß nun im Osten Gardner und im Westen Ursula Channel. Wind und Wellen genossen dies Verwirrspiel der Wasserwege. Es gibt nichts Paradiesischeres für sie, als ungezügelt durch ein solches Labyrinth zu wirbeln.

Der Adler auf dem Felsen sah das anders. Konzentriert hackte sein großer Schnabel in den silbernen Lachs, der in seinen kraftvollen

295

Krallen festsaß wie in einem Schraubstock. Er plusterte sein Gefieder auf, ließ vom Lachs ab und schwebte davon. Adler mögen diesen Wind, denn der trägt sie in den Himmel.

»Bin nahe an meinem Limit!«, steht in meinen Aufzeichnungen. Der Salzschmier auf der polarisierenden Brille erschwerte mir die Orientierung. Vielleicht fand ich deswegen die Weewanie-Quellen nicht!

»Bist zu weit gepaddelt!«, werfe ich mir vor und wende. Obwohl die Böen immer heftiger werden, surfe ich mit Rückenwind zurück.

Ich will in den heißen Quellen baden! Vielleicht sind sie ja hinter der weißen Sandbank? Ich halte darauf zu. Der Kajakbug fräst sich in den weichen Sand und sitzt fest. Die nächste Welle trifft mich wie eine Ohrfeige, legt das Boot um und füllt es mit Wasser. Zum Glück bin ich schon draußen und kann es gerade noch halten, bevor die zurückrollende Welle es ins Meer reißt.

Devastation Channel ... Das Gewässer macht seinem Namen langsam alle Ehre!

Ich werfe mich den Wellen entgegen, fasse den Süllrand mit beiden Händen und ziehe den jetzt tonnenschweren Kajak an Land.

Meine untergetauchte Ortlieb-Fototasche schwimmt zwar im Wasser, doch die wertvolle Kamera drinnen ist trocken geblieben. Was man von mir nicht sagen kann.

So gut es geht, paddele ich ein Stück weiter und trockne in einer anderen Bucht meine pitschnasse Kleidung. Erstmals zeigt die Lenzpumpe, was sie kann. Im Nu ist mein Kajak leer gepumpt. Derweil steigt das Wasser und schlägt mit hohen Wellen über das Treibholz, auf dem ich eben noch gesessen hatte.

»Vergiss die *hot springs*!«, sage ich laut und ziehe meinen Kajak an Land.

Am Ende eines unscheinbaren Pfades erreiche ich eine mit hüfthohen Gräsern bestandene Niederung, an deren Rand eine Hütte steht. Auf dem an die *cabin* gelehnten Campingstuhl hat lange keiner gesessen. Niemand da.

Wer viel in der nordamerikanischen Wildnis herumkommt, weiß, dass er irgendwann mal vor der Hütte eines Einsiedlers stehen wird und dann auf Überraschungen gefasst sein muss. Mehr als einmal entdeckte ich tief im Wald *Private Property!*-Schilder: Privatbesitz, Zutritt verboten! Irgendein griesgrämiger Weltflüchtling hatte sich dort eingeigelt und teilte das in aller Deutlichkeit jedem vorbeistreichenden Wolf, Bären und Reisenden mit. Ganz anders der Hinweis hier:

»Diese Fallenstellerhütte gehört Sammy Robinson von der Haisla Nation. Die Schätze dieses ehrwürdigen Bodens sind seit Jahrtausenden Bestandteil der sozialen und wirtschaftlichen Kultur der Haisla.«

Es folgte eine Einladung, die Hütte zu nutzen, sie dann aber so zu verlassen, wie man sie vorgefunden hatte. Der Text schließt mit einem Willkommensgruß *»Enjoy your stay, and welcome to traditional Haisla Tribal Territory.Thank you. Kitamaat Village Council«.*

Es war wie so oft beim Reisen: Zunächst war's dumm gelaufen, doch dann versöhnte Reisegefährte Zufall mich mit meinem Schicksal.

Ich rollte meinen Schlafsack aus und blieb. Am Nachmittag saß ich auf der Veranda und belauschte winzige Kolibris, die mit langen Schnäbeln Nektar aus Blütenkelchen naschten.

Am darauffolgenden Tag klingelte mein Wecker um vier Uhr. Es war noch dunkel, als ich in Sammy Robinsons Hütte aufstand und erwartungsvoll über den schmalen Pfad zum Devastation Channel ging. Noch immer donnerte das Wasser meterhoch gegen die Ufer. Ich brummte etwas nicht Druckreifes in meinen Dreitagebart und legte mich wieder hin. Vier Stunden später war dem Wind auf einmal die Luft ausgegangen. Ich packte in Rekordzeit und war kurz darauf auf dem Wasser.

Am Mittag ist der Sturm zurück. Im Schutz von Dorothy Island überquere ich den Devastation Channel und taste mich am Westufer nach Süden. Als ich zwischen zwei großen Inseln dem Wind auszuweichen versuche, gerate ich auf Sandbänke und liege fest.

Der Gezeitenplan sagt: auflaufende Flut. Ich werde also warten und die Tide für mich arbeiten lassen.

Tausend Kleinstlebewesen huschen über den Boden und verstecken sich im Seetang. Möwenschwärme lärmen über der Sandbank, die mich ans Wattenmeer erinnert. Überall blubbert und schmatzt es. Wo schon genug Wasser ist, planschen bereits Seehunde. Und von oben beobachtet ein Adler, wie die »Hüterin der Gezeiten« nach zwölf Stunden Abwesenheit den Tisch wieder neu deckt.

Langsam gleite ich durch dieses Mysterium, dessen stiller Zauber nur durch das Lärmen der Möwen und das durchdringende »Kraah, kraah, kraah« der Raben unterbrochen wird.

Dass Paradies und Hölle dicht beieinanderliegen, erfahre ich bei Moody Point, wo drei Wasserarme aufeinandertreffen; und jeder kocht hier sein eigenes Süppchen.

Trotz Turbulenzen genieße ich die wilde Schönheit: Auf den Gipfeln im Westen liegt noch etwas Schnee. Kleine Wolken hängen dort wie Frau Holles aufgeschüttelte Daunenbetten. Der Himmel ist tiefblau, die Fernsicht brillant.

Als sich das Wasser etwas beruhigt, fotografiere ich.

Das ist nicht ungefährlich: Die Wahrnehmung ist auf den kleinen Ausschnitt im Sucher reduziert, der Gleichgewichtssinn dadurch extrem eingeschränkt. Außerdem fehlt das Paddel als Stabilisator. Trotzdem plumpse ich nicht ins Wasser.

Die Sonne war untergegangen, weiches Abendlicht vergoldete das Ostufer. Von nun an würde es täglich früher dunkel werden: weil ich gen Süden paddelte und weil der Sommer voranschritt. Ich denke gern an die »weißen Nächte« im Prince William Sound zurück, wo das Paddeln zu jeder Nachtzeit möglich ist.

Nach zehn Stunden erreiche ich Monkey Beach, einen weißen Sandstrand mit Abermillionen von der Brandung zermahlenen Muschelfragmenten. Das Lagerfeuer dort ist eine weitere Überraschung.

Ich lege an, baue mein Zelt auf und gehe zu der Gruppe am Feuer: ein Mann und sieben Jugendliche.

»Setz dich!«, sagt Hesham Navih, der Älteste. Beim Becher Tee erzählt er mir eine interessante Geschichte.

Geboren in Ägypten, kam Hesham vor 30 Jahren nach Kanada, studierte Ozeanografie und blieb in Vancouver hängen. Seit Jahren kümmert er sich auch um die Belange der First Nations.

»Vielen Kindern hier ist die traditionelle Lebensform ihrer Vorfahren inzwischen völlig fremd. Sie kaufen Blaubeeren im Supermarkt, anstatt sie zu pflücken. Sie stopfen sich lieber mit Schokoriegeln und Softdrinks voll, anstatt zu fischen. Viele sind übergewichtig und haben Diabetes. Deshalb«, sagt Hesham, »habe ich ein mit der kanadischen Regierung und den First Nations abgestimmtes Programm entwickelt, durch das die Kinder lernen, im Einklang mit der Natur zu leben.«

»Pops wie Coke oder Root Beer haben mir anfangs gefehlt. Aber jetzt habe ich mich gut an Tee und Fruchtsaft gewöhnt«, sagt ein stämmiger 15-Jähriger, der gerade Holz aufs Feuer legt.

Hesham zeigt zu einem großen Fischerboot, mit dem er und die jungen Leute gekommen waren: »Wir bringen ihnen auch bei, wie man fischt und selbst kocht. Und ganz nebenbei erleben sie ihre Umwelt.«

Hesham sieht über die Bay, von der die Positionslampen des Schiffes hell zu uns herüberleuchten.

»Vorhin, vor Beginn der Dämmerung, sind große Heringsschwärme durch die Bucht geschwommen, und auf einmal versammelten sich auch Seehunde und Möwen. Nur Adler haben wir heute
nicht entdeckt, denn die fangen jetzt an den Flüssen Lachse. Wir
waren fasziniert!«

Das Feuer war erloschen. Ich war der Einzige draußen und schaute
in den Himmel. Sterne funkelten. In meiner Tasche steckte Heshams
Visitenkarte: »Falls du in Vancouver Hilfe brauchst«, hatte er gesagt.

Dieter Wagner hatte mich an die heißen Quellen von Bishop Bay erinnert, die wir gemeinsam vor fast 30 Jahren mit seinem Segelboot
besucht hatten. Da fahre ich wieder hin, hatte ich beschlossen, obwohl das eine zusätzliche Strecke von gut zehn Kilometern bedeutete. Aber das war es mir wert.

Eine große Motorjacht ankerte dort. Alan und Judy aus Kitimat
hatten das Schiff gerade auf Vancouver Island gekauft und überführ-
ten es nach Hause.

»Wie viele Pferdestärken?«

»Wir haben zwei Motoren mit je 330 PS.«

Donnerwetter, denke ich: 660 PS!

»Und was verbrauchen die?«, fragte ich neugierig.

»110 Liter Super pro Stunde. Allerdings nur, wenn ich nicht mit
Vollgas fahre!«

Was bin ich froh, in der gleichen Zeit gerade mal eine Müslistange
für 50 Cent zu verbrennen!

Alan ist nett, auch wenn er einen Putztick hat: Ich sehe, wie er im
Becken der *hot springs* mit seiner Taucherbrille verschwindet. Als er
den Ablaufstöpsel gezogen hat und das heiße Wasser rausgluckert,
merke ich, dass er hier sauber machen will.

»Die Algen müssen raus«, sagt er, »ich mache das immer so.«

Mich hatte er allerdings nicht gefragt, und so fällt mein Bad etwas kurz aus.

Inzwischen hat eine 17 Meter lange Jacht mit britischer Flagge an der gegenüberliegenden Seite des Anlegers festgemacht. Ich gehe hin und komme mit Skipper Nick Pochin aus Manchester ins Gespräch.

Seine *Discovery*-55-Jacht trägt den Namen *Festina Lente*.

»Das bedeutet ›Eile mit Weile‹«, klärt Nick den Nichtlateiner auf. »Ist seit einigen Jahren mein Lebensmotto.«

»Bis zu meinem 55. Lebensjahr hatte ich mit dem Segeln nichts am Hut«, sagt er. »Ich liebte meine Frau, meine beiden Kinder und meinen Beruf.« Aber dann starb seine Frau.

»Es war, als wäre auch mein Leben zu Ende gegangen. Aber ich riss das Ruder rum und machte was völlig anderes.«

Nick lernte zu segeln und kaufte sich vor fünf Jahren seine *Discovery*.

»Seitdem«, sagt er in seiner ruhigen Art, »bin ich 53 000 Seemeilen um den Erdball gesegelt. Die Reise führte mich von Europa über die Kapverdischen Inseln nach Brasilien und weiter zu den Falklandinseln.«

Ich setzte mich auf den Bootssteg zwischen meinen Lettmann-Kajak und die *Festina Lente*, goss mir einen Cappuccino auf, machte mir einen Bagel mit Käse und Knoblauch und biss dazu in einen knackigen Apfel.

Wo sonst auf der Welt kannst du so außergewöhnlichen Menschen begegnen, dachte ich und genoss meinen Snack.

Als ich mir viele Stunden später am Rand der Ziegenbucht mit beiden Händen wedelnd die *mosquitoes* vom Hals hielt, kam doch noch Hektik auf. Just in dem Moment, als mein Kartoffelpüree im Topf zu blubbern begann, sah ich in den hüfthohen Gräsern an der Goat-River-Mündung etwas Schwarzes. Es bewegte sich langsam hin und her. Im Dämmerlicht verschwammen Farben und Konturen, aber mein Fernglas beseitigte jeden Zweifel: ein Schwarzbär, nur hundert Meter entfernt. Bestimmt war er genauso hungrig wie ich, also schlang ich schnell mein Püree mit Corned Beef hinunter. Inzwischen war ein zweiter Bär aufgetaucht.

Während ich das Schattenboxen gegen Mücken halbherzig fortsetzte, prüfte ich noch schnell mein *bear spray*: alles in Ordnung!

Die beiden Bären zogen irgendwann weiter. Außer meinem Adrenalinschub blieb nichts zurück. Ich schlief traumlos bis zum Sonnenaufgang.

Am nächsten Morgen waren die *mosquitoes* wieder da – zum Glück aber keine Bären. Feiner Niesel lag in der Luft, und an den Bergen beiderseits der Bucht klebten Nebelschwaden. Wieder dieses romantische Bild: schwer, fast düster, aber voll Poesie. Gräser wuchsen oben an meinem Strand, unten lugten Hunderte mit Seetang, Seepocken und Muscheln bedeckte Felsen aus dem Wasser. Wo gestern Nacht die Bären gewesen waren, stritten jetzt Möwen. In der spiegelglatten Bucht stöhnten, rülpsten, schnaubten und fauchten elf Seehunde.

Im Princess Royal Channel, einem rund 50 Kilometer langen und zwei Kilometer breiten Fjord, paddelte ich zwischen senkrecht in die Höhe ragenden Uferfelsen. Sie wirkten wie gemalt, in unterschiedlich breiten Pinselstrichen: unten ein halbmeterdicker Saum blauer Miesmuscheln, darüber gelbgrüner Seetang und noch weiter oben, wie mit einer Airbrush-Kanone gesprüht, fein voneinander abgegrenzte Gesteinsschichten in Anthrazit, Grau und Weißgrau.

Über die einst von Gletschern glatt gehobelten Felswände fielen wie Brautschleier 50 Meter breite Wasserfälle, imposanter als alles, was ich je gesehen hatte.

Und überall an den Felsen waren Seesterne: Die lila- und burgunderfarbenen *starfish* von knapp 20 Zentimeter Durchmesser klebten oft sogar in Zweier- und Dreierlagen übereinander.

Ich bugsierte meinen schlanken Kajak in einen Spalt zwischen den Felsen, stieg vorsichtig aus und balancierte auf glitschigen Steinen, um das Naturschauspiel mit der Kamera einzufangen.

Überall war Schönheit im Überfluss.

Bald danach stieß ich in einer kleinen Bucht auf ein baufälliges Holzhaus ohne Fensterscheiben, das auf verrotteten Baumstämmen ruhte. Vor Jahrzehnten hatte jemand in großen Lettern »*ice cream*« auf die Frontseite gepinselt. Gleich um die Ecke musste also der Geisterort Butedale sein. Inzwischen regnete es. Ich paddelte entlang einem breiten Wasserfall und erreichte nach wenigen Hundert Metern die *ghost town*.

Das Dorf, dessen 500 Einwohner einst ausschließlich von der Fischverarbeitung gelebt hatten, wurde durch 50 Jahre Regen, Schnee und Nebel beinahe völlig zerstört. Es sieht fast aus wie nach einem Bombenangriff: 80 Prozent der einst stattlichen Häuser sind zusammengestürzt.

Am wackeligen Anleger lese ich auf einem Schild in krakeliger Schrift: »*Welcome*«.

Jetzt schüttet es in Strömen.

Auf dem morschen, glitschigen Steg steht ein Angler im blauen Regenanzug neben zwei Kajaks. Wir kommen ins Gespräch, und ich höre sofort den deutschen Tonfall heraus. So lerne ich Bernhard kennen. Er und sein englischer Freund Ron hatten sich mit einer Fähre ins Fjordland bringen lassen, um hier auf eigene Faust zu kajaken. Beide leben und arbeiten als Wissenschaftler in Vancouver.

»Aber aufgewachsen bin ich in München ...«

1992 geht der studierte Geophysiker mit seiner Frau nach Fairbanks/Alaska, um zu promovieren. Als es ihm später trotz eines guten Jobs in Deutschland zu eng wird, wandert er mit seiner Familie nach Kanada aus.

In dieser Nacht schlafen wir alle drei unter einem Dach; in Bernhards Zimmer tropft das Wasser durch die Decke, sodass wir sein Bett zur Seite rücken. Bei mir fehlt ein Drittel der Fußbodendielen ... Aber Hauptsache trocken!

Für diesen Luxus zahlt jeder von uns 20 Dollar an Luke, das Faktotum des Geisterortes. Eigentlich müsste er auf die tausend überall lauernden Gefahren hinweisen: dass einem irgendwo eine Decke auf den Kopf fallen oder man durch einen morschen Fußboden hindurch ins Meer stürzen könnte. Tut er aber nicht: Butedale ist auch ein Landeplatz für Schutzengel.

»Von 1909 bis 1966 war dies ein geschäftiges Städtchen«, weiß Luke. »Hier im Ortskern lebten die weißen Kanadier, dort drüben die chinesischen Arbeiter und jenseits der Bucht die First Nations.«

Anfangs wurde hier nur Lachs verarbeitet, später auch Hering. Irgendwann kaufte ein kalifornischer Investor den Geisterort, ließ ihn aber dann verfallen.

»Nun ...«, sagt Luke, »bin ich im Auftrag des Eigentümers im neunten Jahr als *caretaker* hier, bin Aufpasser und Mädchen für alles. Mit meinem Hund Bird«, setzt er hinzu. »Im Sommer kommt das eine oder andere Segelboot. Die Anlegegebühren und die gelegentlichen Mieteinnahmen aus dem Gästehaus bringen etwas Geld in meine Kasse. Davon lebe ich. Außerdem verkaufe ich selbst gemalte Bilder nach Vorlagen der First Nations.«

Bernhard und Ron beschlossen, wegen des Dauerregens noch einen Tag in Butedale zu bleiben. Ich hatte bereits gepackt und verabschiedete mich von ihnen.

Luke saß in seinem fabrikhallengroßen Wohnzimmer.

»Danke für alles und bis irgendwann mal!«, sagte ich zu ihm.

»Im nächsten Jahr bin ich wohl nicht mehr hier«, antwortete er. »Vielleicht wird Butedale bald abgerissen, ist einfach zu gefährlich zwischen all den Ruinen.«

»Du fühlst dich doch sicherlich einsam, wenn du im Winter hier völlig allein bist?«

»Nein, es gibt immer was zu tun.«

Luke hat gelernt, anzupacken. Geboren in Quebec, zog es ihn schon früh in den Westen; zunächst nach Vancouver, dann nach Fort Nelson am Alaska Highway.

»30 Jahre lang lebte ich in Calgary«, erzählte er. »Habe Pipelines gebaut. Aber jetzt habe ich hier meine Ruhe. So was hätte ich damals nie machen können«, sagte er mit Blick auf das Bild, das er gerade malte. Es zeigte einen Killerwal bei Sonnenaufgang.

Ich brach im strömenden Regen auf, und als ich mich in der Mitte des Princess Royal Channel noch einmal umdrehte, sah ich den einst stolzen Ort Butedale, heute ein Riesenhaufen Holz- und Eisenschrott.

Neun Stunden später legte ich bei einem triefnassen Wald an, zwischen umgestürzten Bäumen, morschen Ästen, klatschnassen Büschen, Flechten und Farnen. Ein herrliches Gefühl, wenn das Zelt endlich aufgebaut ist! Ich war froh, wieder »zu Hause« zu sein. Während ich den ersten Schluck Kakao trank, summte im Kessel das Wasser fürs Abendessen.

Der prasselnde Regen übertönte alles. Vielleicht war Bernhards und Rons Entscheidung, noch einen Tag in Butedale zu bleiben, clever gewesen ... Die beiden saßen jetzt halbwegs im Trockenen.

»Du doch auch«, sagte ich laut zu mir, denn die Tropfen perlten prächtig an meiner Regenjacke ab. Außerdem wollte ich Strecke machen. Noch lagen tausend Kilometer vor mir.

31 TAGEBUCHNOTIZEN: DURCHS WILDE BRITISH COLUMBIA

18. Juli
Der dritte Tag in Folge mit Dauerregen!

Es schüttet beim Aufstehen, es gießt beim Packen, und Regen prasselt, als ich später auf dem Princess Royal Channel nach Süden paddele.

Am Morgen sind meine Glieder wie Blei, der Nacken schmerzt. Hätte ich doch statt des zusammengerollten Trockenanzugs nachts auch mal ein weiches Kissen unter dem Kopf…

Am Mittag rutsche ich aus und ritze mir an messerscharfen Seepocken das rechte Handgelenk auf.

Am Nachmittag die Sensation: der erste Wal seit Langem! Nein, sogar drei. Killerwale! Selbst im tristen Grau erkenne ich die langen Rückenflossen und das Weiß ihrer Bäuche.

Ich lege das Paddel beiseite und zerre die Kamera heraus. Da verheddert sich mein Kajak im *bull kelp*. Und eine kleine Welle drückt mein Boot auf einen im Seetang gefangenen Baumstamm. Der dreht sich, und das Boot kippelt. Schnell schiebe ich die Kamera unters Spraydeck, stake wie ein Gondoliere mit dem Paddel durch den Riesen-*Kelp* – und komme frei.

Die Hiekish Narrows, eine schmale Wasserstraße, durch die Ebbe und Flut wie durch einen Trichter jagen, sind die Hölle. Am Finlayson Head kocht das Wasser derart, dass ich fürchte, nicht um die Landzunge herumzukommen. Man muss diesen seltsamen »Kap-Hoorn-Effekt« erlebt haben, um die Wucht dreier aufeinandertreffender Wasserstraßen zu begreifen.

19. Juli

Der auf einem Treibholzstamm dösende Seelöwe ist die erste Überraschung. Drei Meter von mir entfernt wacht er auf und platscht ins Wasser.

Die zweite: Das Wetter wird besser. Am Nachmittag scheint die Sonne!

Und mit einem Mal leuchtet es auf den Uferfelsen; orange Seesterne, neben denen zwischen Schnecken und tausend Seepocken grüne Seeanemonen liegen. An anderer Stelle war Masse statt Vielfalt angesagt: Auf zwei Quadratmetern ballten sich 200 bläuliche Seesterne.

20 Uhr: vor neun Stunden aufgebrochen, bin hundemüde! Da ich im Finlayson Channel keinen Platz fürs Camp finde, versuche ich's in einer namenlosen Bucht. Am oberen Ende eines schräg ansteigenden Ufers sehe ich eine Grasfläche, mein Camp.

Knapp oberhalb der Gezeitenlinie, Gras gedeiht nicht, wo Salzwasser ist ... Irrtum!

22:35 Uhr: Im Schein der Stirnlampe sehe ich, wie das Wasser Zentimeter um Zentimeter über das Gras hinweg dichter ans Zelt herankriecht. Noch 40 Zentimeter ... Ich ramme einen Zelthering in den Boden und sehe, wie der Pegel steigt. Das sieht nicht gut aus ...

23:07 Uhr: Nachdem ich Zelt und Schlafutensilien einen Meter aufwärts gerückt und provisorisch an einen Baum gelehnt habe, signalisiert meine »Messlatte«: *slag tide,* Höchststand der Flut, gleich zieht sich das Wasser zurück.

Ich warte ein wenig, bugsiere mein Zelt wieder auf seinen alten Platz und lege mich beruhigt zum Schlafen hinein.

20. Juli

Meine Handgelenke sind von Stichen übersät wie die Arme eines Junkies: Tausend *sand flies* tyrannisieren mich. Und mein Nacken schmerzte am Morgen so sehr, dass ich den Kopf nur mithilfe der Hände anheben konnte. Hexenschuss?

Die schmale Jackson Passage ist ein Traum; glasklar, türkisfarben, mal grün, dann wieder schimmert das Wasser hellblau. Auf einem Granitfelsen stoppe ich zum *lunch*.

Plötzlich Motorengeräusch: Eine Motorjacht nähert sich und erreicht meine Insel.

»Wir dachten, hier sei ein Bär«, sagen Diane und Les.

»Seit wann tragen Bären hellgrüne T-Shirts?«, frage ich. Wir lachen und fotografieren uns gegenseitig.

Ein Tag wie im Bilderbuch. Ihr Schiff *Seas'N Ticket* liegt still vor mir, während die Skipper auf dem Bug sitzend mit den Beinen baumeln und mit mir plaudern.

»In zwei Stunden wollen wir in Bella Bella sein«, verkünden sie. »Wir könnten dich und dein Boot mitnehmen.«

Zwei Tage paddeln oder zwei Stunden Luxustrip auf der Motorjacht ..., denke ich über die Verlockung nach. Aber ich sage: »Nein danke!«

Die wie ein spärlich bewachsener Schädel aus dem Wasser ragende Granitinsel reizt mich sofort. Ein Vier-Sterne-Übernachtungsplatz. Oben bin ich weit genug von der Gezeitenlinie entfernt und kann später dort mit herrlicher Rundsicht am Lagerfeuer sitzen. Gesagt, getan!

Eine Dreiviertelstunde benötige ich, um den leeren Kajak die 45-Grad-Steigung bis zur Felsenspitze hochzuhieven. Dabei gehe ich vor wie die alten Ägypter beim Bau der Pyramiden: lege Holz in Meterabständen hintereinander und rolle darauf den Kajak hoch. Not macht erfinderisch.

Eine Kraftanstrengung: Auf Treibholzstämmen wuchte ich den Kajak hoch zu meinem Traumplatz.

21. Juli

Ich verstehe euch Raben, die ihr mich morgens um sechs aus eurem Paradies vertreiben wollt. Hier möchte auch ich für immer bleiben.

Kein Lufthauch ging, kein Blatt bewegte sich, ein neugieriger Sonnenstrahl hatte sich durch die Sträucher gezwängt und streifte mein Zelt.

Und die Raben schimpften weiter. Mal »Kraah, kraah, kraah«, dann »Klong, klong«. Sie wechselten die Tonarten, redeten alle durcheinander, und dann war da die tiefe Stimme vom Boss, der das Palaver dominierte. Keine Ahnung, ob sie mir guten Morgen sagten oder mich als Eindringling in ihr Paradies zum Teufel wünschten. Dem Raben, Weltenschöpfer der First Nations, wäre beides zuzutrauen.

Von allen Plätzen meiner Kajakexpedition war dieser einer der zauberhaftesten. Über der zum offenen Meer hin gelegenen Seite schwebten feine Nebelschwaden, zwischen denen nur die Spitzen der fernen Berge zu sehen waren. Dort, wo ich gestern angelandet war, lagen jetzt zwischen grünen Algen bunte Seesterne, Seeschnecken und lange, orange Seegurken.

Ich musste das Wunder aus der Nähe sehen. Behutsam kletterte ich den Felsen hinab zur Seegurke. Dort glitt ich auf algenbesetzten Felsen aus und griff versehentlich in einen Seeigel, dessen Stacheln ich mir schnell wieder aus der Hand ziehen musste. Das war der einzige Schatten im Paradies.

Ich blieb länger, als ich eigentlich wollte. Und bei meinem Aufbruch hatte die Sonne die Nebel längst aufgelöst. Jetzt huschten zentimeterhohe nervöse Wellen über das Wasser. Ich stieg in den Kajak und überließ die Insel den Raben.

Der Südwestwind schlägt mir hart ins Gesicht.

Es wird immer unwahrscheinlicher, heute noch Bella Bella zu erreichen. Als ich im Blair Inlet Mittagspause mache, ist es bereits fünf Uhr nachmittags … Das Wasser ist glasklar und still, die Ufer sind von goldgelbem Seetang eingefasst. Es ist zauberhaft und friedlich, doch 500 Meter entfernt branden hohe Wellen gegen die Uferfelsen.

Vier Minuten nach Mitternacht: Das Licht der Stirnlampe fällt auf mein Tagebuchblatt. »Bin froh, mit heiler Haut davongekommen zu sein«, notiere ich. »Es war ein Teufelsritt!«

Als ich auf zwei Meter hohen Wellenkämmen surfte und die vordere Hälfte meines Bootes frei schwebend über dem Wellental in Richtung Osten fliegen sah, feuerte ich mich an: »Kurs Vancouver!« Meine Gedanken wanderten zu Juliana und Bettina, ich wurde ruhiger.

»Komm heil durch!«, hörte ich sie sagen.

Es war, als würde der gesamte Pazifik durch den nur vier Kilometer breiten Seaforth Channel drängen, um sich dahinter im Labyrinth der bei Bella Bella sich verästelnden Wasserarme zu verteilen.

Das Meer wogte wie verrückt. Ich sah die an die Felsen klatschende Gischt und hörte das Donnern der Brandung. Der Wind blies von hinten, griff damit aber gleichzeitig in die ablaufende Flut und bauschte die Wellen auf. Noch folgte ich dem Südufer der Don Peninsula, aber nur wenn ich den Seaforth Channel überquerte, würde ich Bella Bella erreichen; vier Kilometer, die es in sich haben.

Ich setzte alles auf eine Karte. Aber während die Wellen mich vorhin vor sich hergeschoben hatten, trafen sie mich jetzt von der Seite.

Radio und Spot Messenger steckten sicher in der Schwimmweste, das Paddel hatte ich mit einer Leine am Handgelenk gesichert. Ich konzentrierte mich auf den Rhythmus der Wellen und meinen Paddelschlag – und kam durch.

Morgens halb eins: Es ist still im Camp; hinter einer Treibholzbarriere steht mein Zelt, davor eine Sandbucht, von der aus bizarre Felsen ins Wasser ragen. Vorhin habe ich sie bei dem zauberhaften Sonnenuntergang fotografiert. Das Meer war ganz still, keine Wellen klatschten, nur ein leichter Wind säuselte in den Bäumen.

Die Reise durch die Inside Passage ist ein permanentes Auf und Ab …

22. bis 23. Juli

Mit 1400 Einwohnern ist Bella Bella, Hauptort der Heiltsuk First Nation, die größte Siedlung hier.

Der Freude, mein Paket aus Kitimat vorzufinden, folgte die bange Frage: Wie kriegst du das alles im Kajak verstaut?

Die Zeiten, als wir in den USA und Kanada mit Münzfernsprechern kämpften und mit den Fäusten hämmerten, wenn der Quarter wieder mal stecken geblieben war, sind passé. Mit meiner 30-Dollar-*Phonecard* könnte ich problemlos elf Stunden mit Juliana telefonieren. Ich eilte zum *public phone* und rief sie an.

Beschwingt machte ich mich eine Stunde später ans Packen. Es lag sowieso eine freundliche Atmosphäre über Bella Bella, vermutlich auch, weil die Sonne aus wolkenlos blauem Himmel schien. Fast alle die ich hier traf, gehörten zur Heiltsuk Nation. Eine junge Mutter in Shorts und leichter Bluse schob ihr Kleinkind im Kinderwagen, während die fünfjährige Tochter im luftigen rosa Kleidchen sie auf dem Kinderfahrrad begleitete. Vor dem Supermarkt unterhielten sich eine Frau und zwei Männer neben dem Totempfahl des Ortes.

24. Juli

Ich bin ja nicht abergläubisch, doch der Zahl 13 traue ich nicht, seit ich vor vielen Jahren an einem »Freitag, den 13.« einen schweren Verkehrsunfall hatte. Und heute ist der 13. Reisetag seit Kitimat.

Umso mehr erfreut mich morgens ein kolossales Schnaufen in meiner Bucht: ein Wal, nur 50 Meter von mir entfernt!

Glück und Pech liegen heute dicht beieinander ...

Es ist heiß, ich muss etwas trinken. Als ich nach meiner hinter dem Steuerpedal verklemmten Wasserflasche greife, entdecke ich mit Entsetzen, dass beide Kunststoffpedale der Steuerung angeknackst sind. Sollten sie brechen, wäre mein Kajak manövrierunfähig! Und das ausgerechnet jetzt, kurz vor einem meiner gefährlichsten Reiseabschnitte.

Vielleicht kann Dieter in Kitimat die Pedale aus Julianas Boot ausbauen und sie nach Sullivan Bay schicken, wo ich das nächste »Fresspaket« erwarte. Allerdings sind es noch acht Tage bis dahin ...

Die Uferfelsen südlich von Kitimat sind ein einzigartiges Kunstwerk.

Ich muss ein Telefon finden und Dieter anrufen. Der nächste Ort ist Namu. Je eher ich dort bin, umso besser. Also los.

Trotz allem ist dieser Tag ein Geschenk; mitten im breiten Burke Channel ertönt plötzlich das Blaskonzert von sechs Walen. Dass die Meeressäuger einige Hundert Meter entfernt und somit außer Reichweite meiner Kamera sind, ist auch gut: Ich lege das Paddel vor mich aufs Boot und lausche. Mit einem Mal bin ich wieder ganz dicht an der Schöpfung dran!

Namu ist eine herbe Enttäuschung: Die Fischfabrik machte vor einem Vierteljahrhundert dicht, und wie vergessen liegt das verrostete Schiff *Chilcootin Princess* am desolaten Dock vor Anker. So ähnlich könnte Butedale ausgesehen haben, bevor es zusammenstürzte.

Zwei große Motorboote und eine Segeljacht ankern in der alten Hafenanlage.

Unverhoffte Begegnung: Der Heiltsuk-Stamm baute in der Warrior Cove ein *longhouse*.

»Gibt es hier irgendwo ein Telefon?«, frage ich einen Skipper.

»Keine Ahnung, frag den *caretaker*.«

Der zieht gerade mit einem riesigen Gerät Schrauben an einem wackeligen Steg nach.

»Kein Telefon!«, sagt er.

Trotz des Preises – fünf Dollar! – hätte ich gern die Dusche benutzt, doch sie ist besetzt. Also paddele ich weiter.

Am Nachmittag entstehen aus dem Nichts hohe Wellen. Ausgerechnet jetzt, wo meine Steueranlage den Geist aufgibt!

Das Meer spielt verrückt, zudem sehe ich, wie im Süden – dünn wie die Rauchfahne eines alten Dampfers – Nebel über den fünf Kilometer breiten Hugh Sound ziehen. Ich brauche einen Platz für die Nacht, und zwar schnell!

Eine halbe Stunde später, als ich die Warrior Cove, die Bucht der Krieger, erreiche, traue ich meinen Augen nicht: ein traumhafter Sandstrand mit einem traditionellen *longhouse* der Küstenvölker. Davor spielen 20 Kinder.

Man sagt mir, dass diese Bucht dem Heiltsuk-Stamm gehört. »Freitags treffen wir uns hier. Manche von uns sind mit ihren Motorbooten aus Bella Bella angereist, andere haben die Anfahrt von Bella Coola auf sich genommen.«

Ich erkundige mich, ob ich hier mein Zelt aufschlagen kann.

»Frag Larry«, sagt mein Gegenüber, »er ist der Manager.«

So komme ich mit Larry Gorgenson ins Gespräch. Vor 35 Jahren kam er, der kein Indianerblut in den Adern hat, nach Bella Bella.

»Ich hatte mein Unidiplom in der Tasche und sollte für den Heiltsuk-Stamm soziale Projekte managen.«

Larry heiratete eine Heiltsuk-Frau, und aus dem geplanten Sommerjob wurde lebenslanges Engagement.

Vor Jahren kaufte der Stamm in dieser Bucht eine Lodge. Sie wurde umfunktioniert, heute finden hier Tagungen und Lehrgänge der Heiltsuk statt.

»Du kannst in einer der Arbeiterhütten übernachten«, sagt Larry. »Am Strand sind jetzt zu viele Bären.«

Von seinem Laptop mit Satellitenanschluss schicke ich Dieter Wagner schnell eine Mail. Dann gibt Larry mir noch einen guten Rat: »Du solltest möglichst früh aufbrechen, mittags kommt im Hugh Sound immer Sturm auf.«

Ich stelle meinen Wecker auf sechs Uhr.

32 AM LIMIT: IM HEXENKESSEL VON CAPE CAUTION

Das Wasser kroch bis ans Zelt. Ich öffnete den Reißverschluss und spürte sofort die Feuchtigkeit hereindringen.

Es war 3:30 Uhr morgens.

Die Sterne funkelten am Himmel und auf der Wasseroberfläche des Penrose Archipelago. Im letzten Abendlicht hatte ich einen Nachtplatz gefunden. Und was für einen! Es war die Spitze einer winzigen Insel, deren bizarre Felsen im Gezeitenbereich von Myriaden scharfer Miesmuscheln und Seepocken bedeckt war. Gepäck und Boot hatte ich sieben Meter bis hierher hochgehievt, das ansteigende Wasser immer auf den Fersen. Danach war ich – vor nur vier Stunden – erschöpft in den Schlafsack gesunken.

Ich saß im Dunkeln vor meinem Zelt und beobachtete, wie die Flut näherkroch, plötzlich vor mir innehielt, um dann, etwa zehn Minuten später, mit der Ebbe wieder abzulaufen, als hätte man einen Stöpsel gezogen. Die Gefahr fürs Zelt war gebannt.

Die Welt schlief noch. Man hätte eine Adlerfeder fallen hören, so still war es ... Nicht mal das Meer atmete. Jetzt spiegelten sich die Tannen oberhalb der kleinen Bucht im Wasser, die Sterne reflektierten in ihren Ästen wie Weihnachtskugeln. Der Himmel war von seltener Klarheit, und obwohl ich nur kurz geschlafen hatte, war ich hellwach. Solche Momente, in denen die Welt den Atem anhält, sind Adrenalin für mich. Jetzt zu schlafen wäre mir wie eine Verschwendung von Zeit, von Leben vorgekommen.

So erging es mir immer wieder in der Inside Passage: Ich war hin- und hergerissen zwischen völliger Erschöpfung und Euphorie, wenn sich die »Seelenakkus« wieder aufgeladen hatten. Dann hätte ich Bäume ausreißen können.

Ich schreckte auf, als mir kurz die Augen zufielen. Es war jetzt 4:30 Uhr.

Meine Akkus waren also doch noch nicht voll. Ich legte mich noch mal aufs Ohr und schlief eine weitere Stunde. Als ich erneut aus dem Zelt sah, war das Wasser schon auf dem Rückzug. Ich musste mich sputen. Jedes Zögern erhöhte den Vorsprung der Tide und hätte mehr Kraftaufwand beim Abstieg und Packen auf spitzen, algenüberwucherten Steinen bedeutet.

So hielt die West Coast mich auf Trab.

Am Morgen um acht Uhr verließ ich meine Felseninsel. Es war dunstig und windstill. Das Wasser war glatt wie Glas, nur am Ufer sah ich Gräser und Algen in anmutiger Leichtigkeit in der unterseeischen Strömung tanzen.

Dieser Küstenabschnitt vereint Superlative. Und es dürfte schwerfallen, auch nur einen Menschen zu finden, der diese Superwildnis wie seine Westentasche kennt.

Auch für mich war die Central Coast eine Terra incognita. Seit ich aus der Warrior Cove in den Nebel hinausgepaddelt war, veränderte sich meine Welt. Ich erlebte nun undurchdringliche, weiße Küstennebel, die bis mittags den Hugh Sound in Watte packten. Es war geisterhaft, unheimlich.

Kaum hatte die Sonne die Küstennebel vertrieben, blies von Süden her der Wind ...

Es geschah, wo die Fairmile Passage mich in das Insellabyrinth des Fish Egg Inlet führte: Der Atem stockte mir, als sich plötzlich 25 Meter vor mir ein 40-Tonnen-Buckelwal – Bauch nach oben, Seitenflossen in den Himmel gereckt – aus dem Wasser katapultierte, parallel zur Oberfläche nach vorn schoss und dann krachend in einer Gischtwolke versank.

Nach dieser Begegnung hatte ich keine Eile mehr, voranzukommen, verweilte auf der Spur der Wale, fotografierte.

Wieder brannte die Sonne aus dem blauen Himmel. Zügig überquerte ich das breite Rivers Inlet, an dessen Ende sich das gleichnamige First-Nation-Dorf befand. Irgendwo in den Bergen dahinter liegt das Ha-Iltzuk Icefield, das größte Gletschergebiet südlich des Alaska Panhandle mit dem 2800 Meter hohen Mount Silverthrone.

Ich wunderte mich darüber, in diesem stillen Küstengebiet das dauernde Donnern von Propellerflugzeugen zu hören.

»Bin im falschen Film«, entfuhr es mir, als ich später meinen Kajak am Anleger eines Jachthafens festmachte. Dort, wo auf meiner Karte die Siedlung Duncanby Landing vermerkt ist, steht heute ein im Stundenrhythmus angeflogenes *fishing camp*, die *Duncanby Lodge*. Ich sah herausgeputzte Damen in Begleitung vornehmer, angelnder Gentlemen und fühlte mich ziemlich deplatziert.

Erst mal setzte ich mich an den Rand des Anlegers, futterte Schwarzbrot mit Käse und beobachtete die startenden und landenden *floatplanes*. Die *Grumman Goose*, eine zweimotorige Amphibienmaschine, faszinierte mich besonders. Der »fliegende Lasttesel« glitt beim Landen mit dem Rumpf übers Wasser, parkte wie ein Motorboot ein und sah aus wie ein Relikt aus fernen Zeiten. Tatsächlich wird die »Eiserne Gans« schon seit 1937 gebaut und war sogar bei der Landung der Alliierten in der Normandie im Einsatz. Sie fliegt nach wie vor zuverlässig ...

Es ist geradezu surreal: Von den luxuriösen Motorbooten tönt laute Musik, während die *fishermen* sich gegenseitig ihre Lachse vorführen. Wenn man aus der tiefen Einsamkeit der Natur kommt wie ich jetzt, wirkt *Duncanby Lodge* wie eine Art Raumstation im Orbit oder eine im Nichts auftauchende Forschungsstation in der Antarktis.

»Das Tageslimit ist 150 Kilo Lachs pro Person«, reißt mich eine Stimme aus meinen Gedanken. Auf einer Tafel steht der Name des heutigen Siegers: Ein Don Coe hat einen über 15 Kilo schweren Königslachs an Bord gezogen.

Verlässt man diesen künstlichen Kosmos, ist man zurück in der realen Welt. Und die Realität ist manchmal hart, so wie ein paar Kilometer westlich der *Duncanby Lodge* …

Mich beunruhigte das eigenartige Heben und Senken des Meeres, die von weit aus dem Pazifik anrollende Dünung, die das Wasser ganz langsam anhebt und ebenso langsam absinken lässt. An den Küsten entfesselt dieser *swell* eine solch ungestüme Kraft, dass seine Wellen förmlich an den Felsen explodieren.

Meine Karte bezeichnet diesen Teil des Stillen Ozeans als South Passage des Queen Charlotte Sound. Für den einen ist sie reine Magie, für den anderen eine Teufelsküste. Hier beginnt jener West-Coast-Abschnitt, der für die gefährlichsten Strömungen, Nebel und Winde bekannt ist.

Das Radio hatte eine Sturmwarnung ausgegeben. Und ich paddelte mit gebrochenen Ruderpedalen …

In der *Duncanby Lodge* hatte ich leere Plastikflaschen ergattert, die ich heute im Camp zerschneiden und mit *duct tape* um die Pedale wickeln wollte.

Während ich noch darüber nachdachte, tauchte unvermittelt wie vor zwei Tagen ein Wal auf. Er streckte etwa 20 Meter von mir entfernt den Kopf aus dem Wasser, als wollte er die Lage peilen. Deutlich sah ich die großen Blaslöcher, aus denen eine weiße Sprayfontäne schoss. Wasser sprudelte aus seinen Barten. Ich saß im Kajak und drückte auf den Auslöser meiner Kamera.

Nach einer halben Stunde trennten sich unsere Wege.

Die Halbinsel, an deren Nordflanke ich durchs Rivers Inlet westwärts paddelte, hat die Form einer ausgestreckten Faust. Als ich das Ende des gekrümmten ersten Fingergliedes erreichte, zeigte mir das Meer, wie winzig und machtlos ich war. Es hob und senkte sich, und ich tanzte wie eine Puppe auf der riesigen Dünung. Wellen brachen krachend am Ufer, während von Südwesten der mir bekannte Nachmittagswind sein Lied pfiff. Draußen vor der Küste warteten schon graue Nebel.

»Nicht heute«, sagte ich zu mir selbst und paddelte ein paar Kilometer zurück. In einer Bucht mit dem verheißungsvollen Namen Home Bay fand ich, was ich für die Nacht brauchte: einen weichen Sandstrand, einen Platz für mein Zelt und ein Rinnsal mit klarem Trinkwasser.

Ich blieb zwei Nächte, denn der Sturm musste sich erst austoben. In meiner zauberhaften Bucht bekam ich davon zum Glück wenig mit.

Ich sehe, wie die Segeljacht *Duchess* in meine Home Bay einläuft, der Skipper den Anker auswirft, in ein Dingi steigt und zielstrebig zu mir herüberpaddelt. Im Arm trägt er ein flauschiges, freundliches weißes Wollknäuel.

»Unser Hund Murphy! Ein größerer passt nicht auf unser Schiff«, sagt der Mann lachend. »Ich heiße Greg.«

Seine Frau Karin ist auf der acht Meter langen *Duchess* geblieben.

»Nicht groß«, sagt Greg, »aber für uns drei reicht's.«

Greg und Karin, so um die 60, stammen aus Alberta, aber ihre Liebe zur Inside Passage hat sie schon vor vielen Jahren immer wieder nach British Columbia gebracht. Seit ihrer Pensionierung verbringen sie jeden Sommer im Segelboot an der West Coast.

»Früher arbeitete ich in der Siedlung Ross River.«

Skipper Greg mit Murphy von der Segeljacht *Duchess*.

»Da war ich auch mal!«, sage ich. »Kennst du zufällig meinen alten Bekannten Sam Miller?«

Er sieht mich verwundert an: »Sam von der *Oldsquaw Lodge*?«

»Genau den!«

Unglaublich! Da kreuzen sich zufällig zwei Wege, weil der Sturm verrückt spielt, und zwei, die sich nie zuvor gesehen haben, unterhalten sich über einen gemeinsamen Bekannten, der weiter von ihnen entfernt ist als Frankfurt von Athen. »*Small world*«, sagt Greg.

Wir plaudern später auf der *Duchess* weiter. Karin serviert dazu frisch gefangenen Lachs, den wir uns natürlich mit Murphy teilen.

Als die Sonne untergeht, rudert Greg mich zurück. Ich will morgen noch vor den Raben und Adlern aufstehen.

Um 3:30 Uhr war ich auf den Beinen und packte.

»Gegen acht ziehen die Nebel vom Meer an die Küste und bleiben bis zum Mittag«, hatte Greg gesagt. »Das ist hier meistens so.« Die Morgenstunden wollte ich nutzen.

Meine Sicht reichte weit über das Ende der Bay hinaus. Die Sonne war noch nicht aufgegangen, doch kräftiges Burgunderrot überzog bereits das Meer und den Himmel, vor dem sich die kleine Insel in der Mitte meiner Bucht wie ein Scherenschnitt abhob.

Aber ich traute dem Frieden nicht, denn die Brandungswellen dröhnten bis zu mir.

Sollte ich den *dry suit* anziehen?

Noch zögerte ich, es würde vermutlich warm werden, und ich hatte wenig Lust, im eigenen Saft zu schmoren. Gut, dass ich mich am Ende doch für den Anzug entschied, denn ich erlebte einen Tag, der alles bisher Erlebte übertraf: voller Gefahren, voller Euphorie, voller Höhen und Tiefen.

Ich kenne die Gefahr von früheren Abenteuern: zum Beispiel, wenn meine Huskys auf langen Schlittentouren unseren *trail* verloren hatten und ich bei minus 30 Grad stundenlang vor ihnen durch hüfthohen Schnee stapfen musste, um einen neuen Pfad zu ebnen. Ich war in Gefahr bei Saharadurchquerungen und Kanuabenteuern. Doch in diesen Situationen hatte ich bis zu einem gewissen Grad immer noch selbst die Regeln bestimmt.

Hier fühlte ich mich dem Meer ausgeliefert; den Felsen, dem Nebel und den *Bull-Kelp*-Feldern, die in zehn Meter hoher Dünung mit mir Ringelreihen tanzten. Was ich dabei empfand, nannten unsere Altvorderen »Demut«.

Als ich am Abend dieses aufwühlenden Tages an einem unberührten, kilometerlangen Sandstrand am Lagerfeuer saß und meine Eindrücke sortierte, hatte ich das Bedürfnis, Juliana zu schreiben. In Sullivan Bay oder beim darauffolgenden Stopp in Powell River könnte ich den Brief abschicken.

Ich legte Treibholz in die Glut und wartete, bis die Flammen höher schlugen. Dann begann ich zu schreiben.

Neuneinhalb Stunden im Boot ... Wie die vielen kleinen, sich tausendfach wiederholenden Eindrücke in Worte fassen? Das kochende Meer, die Dünung, die Krater ins Meer riss und Wasserberge auftürmte, den tanzenden kelp und den Nebel, der mich aufsog ...

Als ich heute Morgen in der Home Bay aufbrach, lag roter Schimmer am Horizont. Ein paar Motorboote der Duncanby Lodge waren bereits mit Anglern unterwegs. Dort, wo ich vor zwei Tagen umgekehrt war, zählte ich ein halbes Dutzend Boote. Der frühe Vogel fängt den Lachs ...

Aber bald hatte ich die Angler hinter mir gelassen und war wieder allein. Du weißt, wie es ist, wenn das Meer sich wie die Brust eines schlafenden Riesen hebt und senkt. Doch hier betrug der Hub nicht nur zwei oder drei Meter, die Dünung war zehn oder 15 Meter hoch!

Stell Dir vor: Das Meer zieht sich zurück, verharrt, um dann mit voller Wucht erneut anzurollen.

Ich spürte die Wogen unter dem Kajak und hörte sie wild an den Uferfelsen aufschlagen.

Ich fand bald meinen Rhythmus und arrangierte mich mit der Wucht der Elemente. Doch alles änderte sich gegen sieben Uhr, als eine dichte Nebelwand von Westen her aufzog. Die Natur machte die Vorhänge dicht ... Ich sah nichts mehr.

Gefährlich sind die überall vor der Küste lauernden Riffs, die bizarren Felsen und kleinen Inseln, um die herum das Meer kocht. Es ist atembe-

raubend, wie der swell dort zehn Meter tiefe Löcher saugt, sie mit der nächsten Welle zuschüttet und noch eine zehn Meter hohe Schaumkrone daraufsetzt.

Der Kompass war meine einzige Hilfe, doch damit ließ sich nur die grobe Richtung bestimmen. Und die änderte sich ständig: Mal führte die Küstenlinie mich nach Süden, dann nach Westen oder sogar nach Norden.

Die Karte kann man in solchen Situationen vergessen: Meine Hände hielten das Paddel fest umklammert, und ich musste mich so aufs Steuern konzentrieren, dass ich Kartendetails gar nicht erkannte.

Du fragst Dich, ob ich Angst hatte?

Ich weiß es nicht, und ich hatte auch gar keine Zeit, darüber nachzudenken. Alles Überlebenswichtige, auch den Spot Messenger, trug ich am Körper, denn mir war wohl bewusst, dass einer dieser rollenden Zehnmeterbrecher mich und mein Kajak jederzeit unter sich begraben könnte. Und es gehört wenig Phantasie dazu, sich auszumalen, mit welch tödlicher Gewalt ich dann an eine der Felswände geschleudert würde …

Ertappte ich mich bei solchen Gedanken, brüllte ich mindestens so laut wie das Tosen der Brandung: »Aufhören!« Dann dachte ich an Dich und Bettina und daran, dass Hannes Lindemann während seines 72-tägigen Kajaksolos noch viel mehr durchgemacht hat.

Das Ende der Open Bight ist eine weit ins Meer ragende Landzunge. Von dort paddelte ich im dichten Nebel wieder zurück nach Süden. Ich begriff schnell, dass der Landvorsprung Kelp Head seinen Namen nicht ohne Grund trägt. Der Riesentang war zu stadiongroßen Flächen verknotet und trieb überall … Manchmal gab's für mich kein Zurück, dann musste ich durch: zog das Steuerruder mit einem Ruck aus dem Wasser und stakte mit dem Paddel über die oft feuerwehrschlauchdicken Schlingen. Ich versuchte, die zumeist in Küstennähe treibenden Tangfelder zu meiden, und paddelte ihretwegen schon mal mehrere Kilometer weit aufs

Meer. Doch damit tauschte ich nur eine Gefahr gegen die andere aus – der Nebel war dort am dicksten.

Mit einem Mal war der Spuk vorbei. Binnen Minuten lichtete sich der Nebel, und die Sonne brannte mir ins Gesicht. Ich überquerte den sieben Kilometer breiten Smith Sound.

Weit in der Ferne meinte ich den Nordzipfel von Vancouver Island zu erkennen. Aus der Richtung drang das dumpfe Tuten eines Nebelhorns … kein Wunder! Nebel zog von dort heran und verschluckte nicht nur das Geisterschiff, sondern auch mich.

Ich saß jetzt seit acht Stunden im Boot. Die nächste Bucht ist deine, sagte ich mir, aber da war nur Steilküste.

Ich näherte mich Cape Caution. Durch einen riesigen Trichter quetscht sich hier das gesamte Wasser der Queen Charlotte Strait, die ihrerseits die vielen Hundert sich verästelnden Wasserarme zwischen Vancouver Island und Festland versorgt. Das und eine erstaunlich geringe Meerestiefe bewirken gefährliche Strömungen und hohe Dünung. Schon Captain Vancouver hatte hier um ein Haar sein Schiff Discovery *verloren.*

Wie ein Blinder tastete ich mich mehr nach Gehör als nach Sicht um Neck Ness herum, eine schmale Landzunge mit vom Sturm gerupften, jämmerlichen Bäumchen.

Das Meer tanzte wilder denn je. Mal war ich tief unten im Wellental und sah nichts als aufsteigende Wasser. Dann war ich so hoch wie der First eines Einfamilienhauses und schaute tief hinab.

Ich nahm das alles sehr bewusst, mit Respekt vor der Natur und großer Ehrfurcht auf.

Am späten Nachmittag wurde der weiße Nebel schmuddelig, dunkel. Ich musste einen Platz für die Nacht finden! Aber wo?

Es gab einen Gedanken, bei dem meine im Abenteuer eigentlich immer präsente Zuversicht der Angst wich: Was, wenn du im kochenden Meer zwischen bull kelp *und Riffs die Nacht im Boot verbringen musst?*

Ich faltete für einen Moment die Hände.

Eine halbe Stunde später wischte goldene Abendsonne den Nebel fort. Ich paddelte um Neck Ness herum und entdeckte eine geschützte Sandbucht. Dort war von der Dünung wenig zu spüren. Dein Robinson war auf seiner rettenden Insel angekommen ...

Ich steckte den Schreibblock in meine Fototasche und legte noch etwas Feuerholz nach.

Beim Blick in die Flammen ließ ich den gefährlichsten und bewegendsten Tag meiner Reise noch eine Weile Revue passieren. Noch nie war ich so dankbar gewesen, wieder festen Boden unter den Füßen zu haben.

Cape Caution erreiche ich anderntags im Nebel. Das Meer war noch kabbelig, die Dünung aber nicht annähernd so herrschsüchtig wie zuvor. Dann war es, als zöge jemand einen Vorhang zur Seite: Mit einem Mal löste sich der Nebel auf.

Die Sonne eroberte sich ihren Platz und brannte auf mich herab. Mein Gesicht wurde von Tag zu Tag roter, die Lippen spröder, die Nase war längst schon verbrannt.

Was niemand im regenreichen Südostalaska oder im Fjordland bei Kitimat für möglich gehalten hätte, trat ein: Der heiße Sommer hatte hier die *creeks* ausgetrocknet. Ich fand kaum noch Trinkwasser.

Also richtete ich mich nach den auf der Karte eingezeichneten Bächen und Flüssen. Oft mit Erfolg, aber nicht immer. Am Bremner Point, eine Tagesreise südlich von Cape Caution, war die Meeresdünung so stark, dass ich nicht wagte, an Land zu gehen. Während ich noch überlegte, wurde ein Luxusmotorboot mit vier Anglern plötzlich von einer hohen Welle in Richtung Strand geworfen. Drei Mann Besatzung sprangen von Bord und konnten gerade noch das Schlimmste verhindern.

Ich hörte, wie sich ein kleines Motorboot näherte.

Drinnen saßen Bess und Alan. Sie waren auf dem Weg zu ihrem Segelschiff, das unweit von hier ankerte.

»Wir kommen gerade von einem herrlichen Sandstrand da hinten!«, schwärmten sie. Auf meine Frage nach einem zugänglichen *creek* schenkten sie mir kurzerhand ihre letzten beiden Flaschen Mineralwasser.

Gewöhnlich paddelte ich täglich sieben bis neun Stunden. Jeden Morgen verstärkte ich die *Duct-Tape*-Umwicklung meiner Steuerungspedale und dankte aufs Neue meinem Schutzengelteam, dass die abenteuerliche Konstruktion hielt.

Am 20. Tag nach meinem Aufbruch in Kitimat wachte ich morgens in einer uralten, völlig desolaten Holzhütte am Rande von Blundon Harbour auf, einer geschützten Bucht mit malerischen Inselchen. Greg und Karin hatten mir den Tipp gegeben, denn auch Segler ankern hier gern über Nacht.

Heute Abend sollte ich Sullivan Bay erreichen. Obwohl die Steuerungspedale aus Julianas Boot und meine Lebensmittel angekommen waren?

Nebelschwaden lagen flach über dem Wasser, die Inselspitzen und die Masten der Segelboote lugten daraus hervor. Ein Dutzend Möwen pickten vor meiner Bruchbude am Ufer. In der Ferne kreischten Adler. Ich stand auf und reckte mich. In dieser vor Jahrzehnten aufgegebenen und gewöhnlich nur von Mäusen bewohnten Hütte hatte ich wie ein Bär geschlafen.

7:02 Uhr: Der große Rabe im Baum hinter mir erinnerte mich mit eindringlichem »Kraah, kraah, kraah« daran, dass es Zeit zum Packen war.

Ich blickte über die im Morgennebel versteckte Bucht und fragte

Allein an Cape Caution: ›Robinson‹ hat seine rettende Insel erreicht.

mich, ob ich aufbrechen sollte. Oder war es besser, zu warten, bis der Nebel sich aufgelöst hatte? Das allerdings konnte dauern ...

Bis Sullivan Bay sind's nur 50 Kilometer, überzeugte ich mich und paddelte los.

Anfangs folgte ich der 30 Kilometer breiten Queen Charlotte Strait nach Süden. Gegen Abend knickte ich ins Broughton Archipelago ab, ein etwa hundert Kilometer langes und 50 Kilometer breites Insellabyrinth.

Dort lag auch die Sullivan Bay Marina mit meinen Lebensmitteln. Juliana hatte bereits vorab von Deutschland aus mit den Verwaltern Debbie und Chris vereinbart, dass sie meine Sachen lagerten.

Nach neuneinhalb Paddelstunden erreichte ich Sullivan Bay.

Die Luft war drückend. Am Himmel brauten sich Gewitterwolken zusammen.

Sullivan Bay war in heller Aufregung:

»Ein Unwetter!«, sagte Chris, der Manager. Blitze zuckten und Donner krachte.

Sullivan Bay, Sommerresidenz der Millionäre, fasziniert auch, wenn man keiner ist. Jede der Motorjachten, die hier vor Anker lagen, war ein oder zwei Millionen Dollar wert, wenn nicht mehr.

Später erzählt mir Debbie, dass Jimmy Pattison sie neulich besucht habe, einer der reichsten Männer British Columbias.

»Er lud uns alle auf seine 20-Millionen-Dollar-Jacht *Nova Spirit* ein«, schwärmte sie. »Keiner hier wird das je vergessen.«

So wie für mich der erste Eindruck von Sullivan Bay unvergesslich bleibt: Auf der Dachterrasse eines Hauses parkte ein Hubschrauber ...

Während sich über Sullivan Bay die Gewitterwolken anhäuften, brachte mir Debbie die Pakete von Christel und Dieter aus Kitimat: das Fresspaket und die Kiste mit den Steuerungspedalen!

»Du brauchst nicht im Zelt zu schlafen«, sagte Chris. »Mike, unser Koch, hat in seinem Haus ein Zimmer frei.« Gesagt, getan.

Meine Stimmung war prächtig, und die Bierchen, die Mike und ich abends becherten, waren kalt.

»Noch vor Jahren«, sagt Chris später, »war Sullivan Bay einer von vielen *fuel stops*, eine Tankstelle für Wasserflugzeuge und Boote. Doch eines Tages verkaufte der damalige Eigentümer einen Teil des Grunds an amerikanische und kanadische Investoren. Sie machten Sullivan Bay zu einem Sommerdomizil der Reichen.«

Ich bleibe noch einen weiteren Tag hier, um in Ruhe zu packen und mein Boot zu reparieren. Mein Dankeschön an Debbie und Chris ist deutsche Schokolade.

33 KILOMETER 2600 : ZIEL ERREICHT !

Ich pfiff »*Born to be wild*« und paddelte los. Knapp 500 Kilometer lagen bis Vancouver noch vor mir.

Nach den Abenteuern bei Cape Caution und in der ungeschützten Queen Charlotte Strait genoss ich jetzt wieder »die Entdeckung der Langsamkeit«. Denn obwohl ich kräftig und lange paddelte, kam ich in den verschnörkelten Wasserwegen des Broughton Archipelago nicht so recht voran. Mal führten mich die *channels* nach Nordosten, dann kam plötzlich eine Kehrtwendung in die völlig andere Richtung. Eben noch sah ich im Osten den 4000 Meter hohen Mount Waddington, dann die Hügel von Vancouver Island.

Alternativ hätte ich hier der gradlinig verlaufenden Johnstone Strait folgen können. Doch zweierlei sprach dagegen: der mittags aufkommende Nordwestwind und der starke Verkehr auf dieser Hauptschifffahrtsroute zwischen Alaska und den Metropolen Seattle und Vancouver.

Während ich in Alaska auf Bären und an der Central Coast immer wieder auf Wale gestoßen war, bestimmen hier im Süden der Inside Passage vor allem Menschen das Bild.

Im Broughton Archipelago nahm ich mir die Zeit, ein paar Seglertreffs zu besuchen.

Echo Bay ist eine winzige Siedlung in der gleichnamigen Bucht, die vor allem im Sommer Lebenskünstler und Kreative anzieht. Gelächter klang von der Terrasse der unscheinbaren Windsong Sea Villa an mein Ohr. Auf der Veranda plauderte angeregt eine Gruppe von Männern und Frauen. Es waren die Skipper der Motor- und Segeljachten. Keine Millionen-Dollar-Pötte wie in der Sullivan Bay, hier ankerten die Boote der kleinen Leute.

Ein braun gebrannter Weißbart rief mir übermütig zu: »Wenn in British Columbia Sommerferien sind, wird's auf dem Wasser eng. Halte die Augen auf!« Aber jetzt waren sie an Land gegangen, hoben einen und feierten sich und den Sommer an der West Coast. Es war eine Bombenstimmung.

»Die meisten kennen sich, wir treffen uns jedes Jahr hier. Ein Ritual«, sagte mir später einer von ihnen. »Wir sind gute Freunde.«

Ein Gebäude hier war mir sofort aufgefallen. Über der Haustür des phantasievoll in Form eines Schiffes gebauten Hauses las ich: »*Windsong Barge*«.

Ich baute gerade am Ende der Bucht mein Zelt auf, als ein stoppelbärtiger Bursche auf mich zugerudert kam, sich als Jack vorstellte und ein wenig mit mir plauderte. Jack lebte nicht allzu weit entfernt auf Malcom Island.

»Die ›*Windsong Barge*‹ gehörte einem Freund von mir«, erzählte er, »einem Piloten, der im Busch eine kleine Airline betrieb. Er war Geschäftsmann, blieb aber im Herzen zeitlebens ein Hippie. Man muss schon einen Spleen haben, um so ein verrücktes Haus mitten in die Wildnis zu setzen. Eines Tages verkaufte er es. Aber der neue Eigentümer ließ es verfallen.«

Auf dem stillen Seitenarm der Lagune trieb ein Dutzend schwerer Kanadagänse vorbei. In der Luft tanzten Schwalben.

Am nächsten Morgen fiel leichter Regen, den ich nach der Hitze der letzten Tage zunächst genoss. Dann kam Wind auf. Später drückte die starke auslaufende Flut im Knight Inlet gegen mich. Das Paddeln fiel schwer. Es war schon dämmrig, als ich den Jachthafen Lagoon Cove erreichte.

Steifbeinig klettere ich zehn Stunden nach dem Aufbruch in Echo Bay aus dem Kajak.

Marinas sind für mich eine neue Erfahrung. Als einziger Kajaker bin ich zwischen 22 großen, teilweise äußerst luxuriösen Schiffen ein Exot. Die meisten Skipper legen hier für ein oder zwei Nächte an, höre ich. Viele von ihnen sind Senioren und verbringen ihren Ruhestand rund um Vancouver Island auf dem Wasser. Und alle freuen sich über die Gastfreundschaft von Jean und ihrem Mann Bill, den Eigentümern der Marina.

Eine tolle Atmosphäre, obwohl einer der hier ankernden Amerikaner seine patriotischen Gefühle nicht im Zaum halten kann und pünktlich zum Sonnenuntergang von seiner Luxusjacht aus alle mit seiner Nationalhymne beschallt...

Die Stimmung in der Lagoon Cove aber ist locker. Das an einem Pfahl angebrachte große Schild eines Mannes auf Brautschau verkündet: »*Wanted: good woman.*« Die Wunschliste ist überschaubar: »Sie sollte kochen, nähen und Fische ausnehmen können.« Und: »Boot Voraussetzung. Bei Bewerbung bitte Fotos vom Motor beifügen!«

Als ich anderntags packe, kommt Jean auf mich zu.

Woher ich denn sei, will sie wissen.

»*Germany*«, sage ich.

»Ist das zu glauben!«, sagt die Mittsiebzigerin erfreut und verfällt sofort ins Deutsche: »Ich bin in Braunschweig zur Schule gegangen.«

Als Tochter einer Rumänin und eines Österreichers in Siebenbürgen geboren, kam Jean gegen Kriegsende nach Deutschland, wuchs dort auf und wanderte 1951 mit ihren Eltern nach Amerika aus. Hier heiratete sie, bekam Kinder und blieb. Sie war nie wieder in Deutschland.

»Eigentlich«, sagt sie, »heiße ich ja Eugenia, aber das kriegen die

332

Amerikaner nicht über die Lippen. Auch für meinen Mann bin ich Jean.«

Der ging vor 18 Jahren in den Ruhestand, konnte aber die Hände nicht in den Schoß legen und erwarb die Marina. Die beiden machten daraus den freundlichsten Jachthafen der südlichen Inside Passage.

Beschwingt paddele ich weiter.

Wer mit dem Boot von Alaska kommt und entlang der West Coast nach Vancouver reist, kommt nicht umhin, jetzt rund 50 Kilometer die Johnstone Strait zu befahren. Das gilt auch für mich.

Wie vorhergesagt, kam dort mittags starker Nordwestwind auf. Ich hatte schon Schlimmeres erlebt und genoss das Surfen auf hohen Wellenkämmen. Nach sieben Stunden näherte ich mich Port Neville.

Greg, der Skipper der *Duchess*, hatte mir in der Home Bay gesagt: »Port Neville ist ein einsames *post office* in der Wildnis. Ansonsten sagen sich da Fuchs und Hase Gute Nacht.«

»Und warum gibt's dann da ein *post office*?«

Darauf wusste er keine Antwort.

Ich sah, wie in der Mitte der Johnstone Strait ein klobig wirkendes, ungewöhnliches Boot unter vollen Segeln nach Südosten fuhr. Es bog in die Port Neville Bay ein, und als ich am Dock des *Port Neville Post Office* ankam, war das Boot bereits vertäut. Der Skipper plauderte mit einer auf dem Anleger stehenden Frau.

»Hallo«, sagte die und kam auf mich zu. »Ich bin Lorna und lebe hier.«

»Und ich bin Bill Harpster«, sagte der stämmige Mann auf dem Boot *Joshua*, benannt nach Joshua Slocum, dem Einhandsegler, der 1898 die erste Solo-Weltumrundung schaffte. Bill Harpsters Schiff

333

war ein Originalnachbau von Slocums Schiff *Spray*. »Natürlich alles von mir handgemacht.«

Er segelt, solange er denken kann. Sein erstes Boot baute er mit zwölf, andere folgten.

Lorna Chesluk, geborene Hansen, wie sie hervorhebt, ist die amtlich bestellte Postmeisterin von Port Neville.

»Wie viele Haushalte werden vom *post office* betreut?«

»Knapp zwölf«, sagt sie, »alle sind da hinten in den Wäldern verteilt. Aber auch Bootsreisende geben manchmal Post auf«, fügt sie lächelnd hinzu.

Der Job hat Familientradition. Schon ihr Großvater war Postmeister hier, er betrieb damals noch den *Port Neville Store*. Sie zeigt auf das große, heute leer stehende Holzhaus. »Allerdings nur bis 1960, da wurde er krank.«

Lorna zog nach ihrer Scheidung hier allein ihre Tochter auf. Heute ist sie die Einzige in der weitläufigen Anlage mit mehreren großen Gebäuden.

»Nein«, sagt sie auf meine Frage, einsam fühle sie sich nicht, Beschäftigung gebe es hier immer.

»Und da«, sie zeigt in Richtung der Wälder, »wohnen ja schließlich meine Nachbarn!«

»In meiner Kombüse ist eine Liege frei«, lud Bill mich ein. »Du kannst bei mir schlafen. Schieb die alten Putzlappen, Werkzeuge und Farbeimer einfach zur Seite.«

Wenn's weiter nichts ist ...

Ich machte es mir auf der *Joshua* gemütlich.

Mir fiel auf, dass Bill humpelte.

»Hast du dich verletzt?«

Er lachte, zog das eine Hosenbein hoch und zeigte mir eine Prothese.

»Das Original blieb 1967 in Vietnam zurück.«

Vietnam-Veteran Bill Harpster auf seinem Segelschiff *Joshua* ist einer jener ›Zugvögel‹ zwischen Seattle und Alaska.

Nachdem der Krieg für ihn vorzeitig aus war, bekam Bill als Invalide eine Anstellung bei einer US-Behörde. Mit fünfzig, also vor über zehn Jahren, ging er in den Ruhestand. Seitdem ist er einer dieser ›Zugvögel‹, die man jeden Sommer zwischen Seattle und Alaska auf dem Wasser trifft.

Von der Johnstone Strait wehte ein steifer, kalter Wind. Bill saß in seiner dicken Jacke auf einem Stuhl unter dem aufgerollten Segel. Die untergehende Sonne schien durch seinen struppigen, grauen Bart. Als hätte jemand das Rad der Zeit gut hundert Jahre zurückgedreht ... In der Kombüse kochte er auf einem holzbefeuerten kleinen Kanonenofen, und ein Transistorradio von 1980 war das modernste Stück Technik an Bord.

Es lag noch etwas Nebel über der Johnstone Strait, als Bill Harpster acht Stunden später Segel setzte und sich nach Süden aufmachte.

»Wenn du mal wieder hier vorbeikommst, besuch mich!«, rief er mir zum Abschied zu. »Mein Boot kennt jeder!«

Meine Reise vom Herzen Alaskas in den Süden von British Columbia war eine Reise durch die Gesichter Nordamerikas. Mehr als nur ein großes Abenteuer; sie war eine Begegnung mit der erwachenden Kultur der First Nations, ihrem aufkeimenden Stolz und Selbstbewusstsein. Eine ständige Begegnung mit spektakulären Naturwundern, die den weit gereisten Globetrotter in dieser Konzentration in ihren Bann schlagen.

Und ich erlebte, wie mutige Menschen Zeichen setzen, wie in Gwaii Haanas, wo durch Beharrlichkeit auch gegen Wirtschaftsinteressen ein »Naturerbe der Menschheit« bewahrt werden konnte.

Bei meiner Reise auf der Spur der Wale war ich hier wie ein Prospektor, der sich bückt, um einen Stein aufzuheben, und darunter einen Schatz findet.

Eines Abends traute ich meinen Augen nicht: Gregs und Karins Segelboot, die *Duchess*! »*Small world*«, begrüßten wir uns wie vor Wochen in der Home Bay, als wir feststellten, einen gemeinsamen Bekannten zu haben. Aber schon trennten sich unsere Wege wieder.

Gleich darauf erreichte ich die ersten Stromschnellen der Inside Passage. Diese *tidal rapids* entstehen, wo Ebbe und Flut sich durch extrem enge Durchlässe drängen. Legendär sind die Skookumchuck Narrows und die Seymour Rapids. *Tidal rapids* können äußerst gefährlich, bei *slack tide* aber auch lammfromm sein.

Mehrere Skipper hatten mir ans Herz gelegt, nur in dem engen Zeitkorridor zwischen Ebbe oder Flut hindurchzufahren. »Manchmal ziehen die Strudel der Yaculta Rapids ganze Baumstämme in die Tiefe!«

Nun lagen Green, Dent und Yaculta Rapids vor mir. Ich weiß, welche Kraft Wasser hat ... und nahm die Warnungen ernst.

Die Green Rapids befuhr ich ohne Probleme. Als ich die Dent Rapids erreichte, schäumte das Meerwasser so wild wie ein Gebirgsfluss. Ich legte an und wollte gerade das Zelt aufbauen, als ein Mann, um die 40, mit offenem, freundlichem Gesicht, mit seinem Boot um die Felszunge kam und mir zurief: »Links von den Stromschnellen bauen meine Leute gerade eine *fishing lodge*. Komm rüber: Du kannst bei mir wohnen.« So lernte ich Peter Geneau kennen.

Als ich mich am nächsten Morgen von ihm verabschiede, ahne ich nicht, dass wir uns schon in sechs Stunden wiedersehen werden.

»Du liegst im Zeitplan«, sagt Peter. »Bei den Dent Rapids links halten, die gefährlichen Yaculta Rapids passierst du danach bei *slack tide*.«

Problemlos komme ich durch die Green Rapids. Kurz vor den Yaculta Rapids aber passiert's ... Ich höre hinter mir ein Platschen, dann ist mein Kajak ohne Steuerung, das abgebrochene Ruderblatt treibt an seiner Schnur im Wasser.

Eine Weiterfahrt ohne Ruder wäre lebensgefährlich.

Während der nächsten Stunden kämpfe ich mich fast manövrierunfähig durch die jetzt gegen mich schäumenden Green Rapids zurück. Sie mit dem Strom zu befahren ist riskant, sie gegen die Strömung und dann noch ohne Ruder anzugehen ist der helle Wahnsinn. Aber was bleibt mir anderes übrig. Ich komme durch ...

Peter bringt mich mit seinem Motorboot nach Campbell River auf Vancouver Island, wo das gebrochene Ruder geschweißt wird.

Peter Geneau (2. v. r.) und seine Freunde heben die Gläser auf mein Wohl: noch zehn Tage bis Vancouver ...

Noch zehn Tage bis Vancouver.

Paddelschlag für Paddelschlag komme ich der Zivilisation näher.

Am 39. Tag nach meinem Aufbruch in Kitimat erreichte ich Keats Island im Howe Sound. Hinter einem Felsvorsprung, der wie eine halb geschlossene Tür eine wunderschöne kleine Sandbucht verbarg, lag ein Motorboot. Ich hielt darauf zu und erreichte mein letztes Camp. Der Mann, dem das Motorboot gehörte, hieß Pedro, er stammte aus Antigua in Guatemala, lebte aber seit 20 Jahren in Kanada.

Als er hörte, dass ich einmal in seiner Heimatstadt gelebt hatte, schenkte er mir sein letztes kaltes Bier. Diese Geste war mir mehr wert als ein Dom Pérignon in einem Fünfsternehotel in Vancouver.

Nachdem Pedro aufgebrochen war, saß ich noch lange am Strand. Grillen zirpten.

Neun Stunden hatte ich heute im Kajak gesessen, sieben oder acht Stunden wären es morgen bis Vancouver. Und danach?

Dann würde mir etwas fehlen ... Bestimmt nicht die tägliche Schlepperei über Steine und scharfkantige Muscheln! Oder die Tide, die mich ständig auf Trab gehalten hatte. Aber die Stille auf dem Wasser. Und die Bilder von Adler, Seelöwe, Delfin und Buckelwal. Die Vorstellung von Straßenlärm und Großstadthektik hingegen bedrückte mich.

Über mir funkelten die Sterne.

Ich lag im Sand, die Augen geschlossen. Irgendwann muss ich eingeschlafen sein, denn ich träumte vom Start am blauen Harriman Glacier in Alaska. Ich hörte das Eis knistern und sah die Risse – als wär's gestern gewesen.

Da wachte ich auf. Mich fröstelte. Ich blickte aufs Meer.

Meine letzte Nacht: Bald würde es an der Küste ungemütlich werden. Der Herbst stand vor der Tür. Und so wie die Wale nun von der Glacier Bay, der Stephens Passage oder der Chatham Strait zurück in ihre Winterquartiere vor Hawaii und Mexiko zogen, würde ich in ein paar Wochen zu Juliana zurückfliegen.

Aber wie die Wale werde auch ich irgendwann zurückkommen. Werde meinen Seekajak ins kalte Wasser schieben und mit leisem »Pitsch, pitsch, pitsch« erneut in die Inside Passage paddeln. Und hoffen, dass mir die Buckelwale dann wieder ihr geheimnisvolles Lied singen, so wie damals am Taku Inlet.

Ich kroch ins Zelt und zog mir den Schlafsack über die Ohren.

Das »Klong, klong, klong« der großen Raben riss mich lange vor dem Wecker aus dem Schlaf. Die Herren der Westküste pfiffen, sirrten, schnurrten, knarrten wie begnadete Imitatoren und stießen immer wieder ihr herrisches »Kraah, kraah, kraah« aus. Ich hörte vor meinem Zelt den Schlag ihrer Flügel. Es mussten fünf oder sechs

Nach zwei Sommern im Kajak Ankunft in Vancouver. Aber der Weg war mein Ziel ...

sein. Mir war, als verhandelten sie untereinander – vielleicht ging's um mich. Sie schwadronierten in nuancenreichen Tönen, mal hoch, dann tief, so wie sie es morgens in der »Stunde der Raben« oft tun. Ich widerstand der Versuchung, aus dem Zelt zu schauen. Sie sind wachsam und schlau und würden fortfliegen. So lag ich still und massierte meine vom Paddeln taub gewordene rechte Hand.

Ihr »Klong, klong, klong«, »Kraah, kraah, kraah« und »Rak, rak« steigerte sich, schwoll an und erstarb dann jäh, als einer den Befehl zum Abflug gegeben hatte. Ich hörte den Flügelschlag des listenreichen »Weltenschöpfers« ein letztes Mal.

Als ich später aus dem Zelt kroch und meine wie immer bärensicher versteckten Lebensmittelsäcke holte, sah ich, dass die klugen Raben sie gefunden und ein faustgroßes Loch in den Tagesvorratsbeutel gehackt hatten. Rosinen, Nüsse, vor allem bunte Smarties lagen verstreut auf dem Boden.

Ich musste lachen: War ich diese Reise nicht auch angetreten, um Ballast über Bord zu werfen? Wollte ich nicht nur das mit mir führen, was ich wirklich brauche? Vielleicht wollten die Raben mich auf den letzten Metern daran erinnern. Mein *Trail-Mix*-Beutel war jedenfalls leer.

Ich paddelte an der Südseite von Bowen Island gen Osten und sah auf der anderen Seite des Queen Charlotte Channel Vancouver liegen. Nach zweieinhalb Millionen Paddelschlägen und 2600 abenteuerlichen Kilometern glitt ich an den Totempfählen von Stanley Park vorbei auf Canada Place zu, das Wahrzeichen Vancouvers.

Es ist gut, anzukommen. Aber das wahre Ziel der Reise war der Weg selbst, ein Weg auf der Spur der Wale.

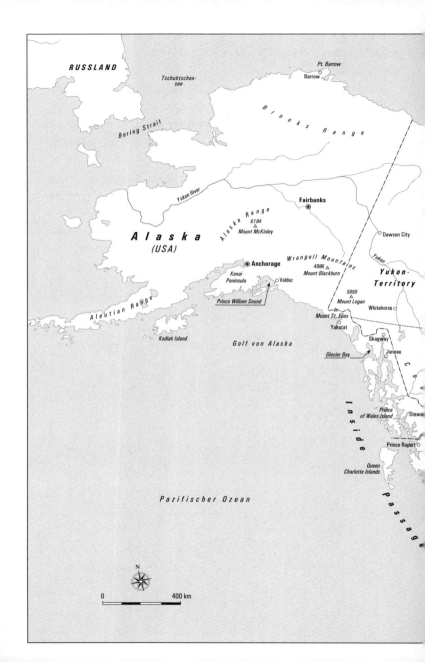

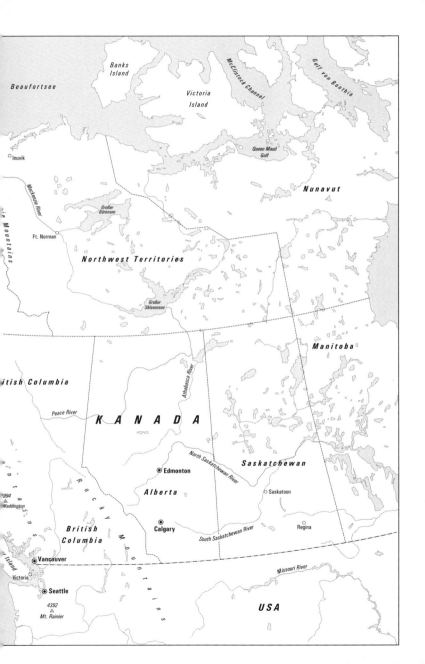

NÜTZLICHE KAJAKREISETIPPS

Eine Kajakreise an der West Coast ist eine Expedition und kein Aus-
flug. Erfahrung, Umsicht, gute körperliche Verfassung und hochwertige Ausrüstung sind überlebenswichtig. Die nachfolgenden Tipps,
Mosaiksteinchen meiner eigenen Erfahrung, sollen als Anregung
dienen und erheben keinen Anspruch auf Vollständigkeit.

ALLGEMEINE ADRESSEN

Fremdenverkehrsamt Alaska: www.alaska-info.de
Fremdenverkehrsamt British Columbia: www.hellobc.com

Bücher

Jürgen Gerlach, Der Kajak
Hannes Lindemann, Allein über den Ozean

Landkarten

Dr. Götze Land & Karte GmbH, Hamburg
www.mapshop-hamburg.de

UNTERKUNFT

Queen Charlotte Islands
Chateau Norm, Queen Charlotte City
www.chateaunorm.com
Rose Harbour Guest House, Rose Harbour
www.roseharbour.com

GEFÜHRTE KAJAK- UND KANUTRIPS

Bill und Kathi Merchant
www.alaskaultrasport.com

KAJAKS, AUSRÜSTUNG, KLEIDUNG

Lettmann GmbH, Moers
www.lettmann.de

Helmi-Sport
www.helmi-sport.de

KANU-OUT-DOOR
www.kanu-out-door.com

Mountain Equipment Co-op, Vancouver
www.mec.ca

Ecomarine Ocean Kayak Centre, Vancouver
www.ecomarine.com

CHECKLISTE

Seekajak

Lettmann »Baikal Touring Plus«

Bootszubehör

Paddel »Ergonom«, Spritzdecke, Lukendeckel
Bootswagen Zölzer Allover
Fiberglas und Reparaturharz
Reservepedale für Bootssteuerung
Decknetz, diverse Schnüre

Karten

Topografische Karten 1:250 000
Gezeitenkalender (*tide table,* in Sportgeschäften und Supermärkten erhältlich)
wasserdichte Kartentasche

Sicherheit

Schwimmweste mit Signalpfeife
leistungsfähiger Notsignalgeber (bzw. Signalpistole von Komet)
Paddelsicherung
Reservepaddel
Kompass (z.B. Silva 70 UN in Kugelform)
Radarreflektor (aus Metall, um vom Schiffsradar wahrgenommen zu werden)
Wurfsack (zum Bergen einer Person)
Lenzpumpe
VHF-Radio *(marine radio,* Kanal 16 ist international der Notrufkanal. Im Notfall dreimal »*Mayday*« sagen, dann Positionsangabe etc.)
Spot Messenger (www.findmespot.com)
wasserdichte Peliboxen für Dokumente und Wertsachen
Feuerzeug/wasserfeste Streichhölzer in wasserdichter Box (immer am Körper tragen)

Kleidung

Sportunterwäsche, Polartec-Unterwäsche
Funktionshose/Shorts
T-Shirts (Microfaser, keine Baumwolle)
Neoprensocken und -handschuhe
warme Socken für nachts
Halstuch
Schirmmütze, Fleecemütze
Trockenanzug Kokatat
Sandalen (z. B. Teva Toachi), Neopren-Kajakschuhe bzw. Gummi-
stiefel (z. B. EXTRATUF www.xtratufboots.com)
Regenjacke und -hose (z. B. Kokatat Paclite Anorak)
Paddelpfötchen (Handschuhe am Paddel)

Gesundheit

Rettungsdecke
Wundsalbe (z. B. Zinksalbe), Wunddesinfektionsmittel, Salben oder
Gels gegen Sportverletzungen, Insektenstiche, Verbrennungen
Schmerzmittel
Pflaster, elastische Binde, Mullbinde, Schere
Vitamintabletten

Körperpflege

Seife, Handcreme, Sonnenschutz, Zahnpflege, Pinzette, Spiegel,
Nagelknipser und -feile, schnell trocknendes Mikrofaserhandtuch,
Toilettenpapier

Campingzubehör

Zelt (regendicht und schnell aufzubauen, beste Erfahrungen mit Vaude Mark II), Bodenplane
Thermarest-Isomatte, Schlafsack, Wecker
Kocher mit Windschutz (hochwertig und stabil, z. B. Primus oder MSR), Gaskartuschen bzw. Brennstoffflaschen, Feuerzeug, Zündhölzer in wasserdichtem Behälter, Feuerstarter, Kochgeräteset, Alufolie, Edelstahlteller, Frühstücksbrettchen, Bundeswehrbesteck, Dosenöffner, Thermoskanne, Thermobecher, Topfschwamm, Geschirrtuch, Ziploc-Plastikbeutel

Sonstiges

Fernglas, ggf. Ersatzbrille, Sonnenbrille, Stirnlampe (sehr gut Petzl Myo XP), Taschenlampe, Schweizer Offiziersmesser, Leatherman Tool, *bear spray* (in Kanada oder Alaska besorgen; darf nicht im Flugzeug mitgeführt werden. US-*pepper spray* darf nicht nach Kanada eingeführt werden), Moskitonetz/Mückenschutzmittel, Nähzeug, Klebeband (z. B. *duct tape*, auch nützlich für kleine Bootsreparaturen), Weltstecker (z. B. Travelstar), Wasserflasche, Wasserbeutel (z. B. Ortlieb), Micropur-Tabletten, *dry bags* (wasserdichte Beutel), *bear cans* (stabile Kanister, die Bären nicht öffnen können; in den USA erhältlich)

Fotoausrüstung

Kamera, z. B. Nikon D300
wasserdichte Ortlieb-Fototasche
Speicherkarten, Akkus, Akkuladegerät, Stativ

Dieter Kreutzkamp bei
MALIK NATIONAL GEOGRAPHIC

Das Blockhaus am Denali
Leben in Alaska. 320 Seiten mit farbigem Bildteil, zahlreichen
Schwarz-Weiß-Abbildungen und 2 Karten.

Mitten durch Deutschland
Auf dem ehemaligen Grenzweg von der Ostsee bis nach Bayern. 386 Seiten
mit farbigem Bildteil, zahlreichen Schwarz-Weiß-Abbildungen und einer
Karte.

Spurensuche in Namibia
Entdeckungen zwischen Kalahari und Namib. 320 Seiten mit farbigem
Bildteil und einer Karte.

Weltreise
4300 Tage unterwegs auf fünf Kontinenten. 368 Seiten mit farbigem
Bildteil und 2 Karten.

Am schönsten Ende der Welt – Neuseeland
Outdoor-Träume mit Fahrrad, Pferd und zu Fuß. 256 Seiten mit farbigem
Bildteil und einer Karte.

Motorradsommer
Mit der Harley durch Südosteuropa. 320 Seiten mit farbigem Bildteil,
zahlreichen Schwarz-Weiß-Abbildungen und einer Karte.

Go East
Mit der Harley nach Sankt Petersburg. 288 Seiten mit farbigem Bildteil,
zahlreichen Schwarz-Weiß-Abbildungen und 2 Karten.

Rund um den roten Kontinent
Mit dem VW-Bulli auf Australiens Highway One. 288 Seiten mit farbigem
Bildteil, zahlreichen Schwarz-Weiß-Abbildungen und einer Karte.

Traumzeit Australien
Mit dem Fahrrad zwischen Outback und Pazifik. 256 Seiten mit farbigem
Bildteil, zahlreichen Schwarz-Weiß-Abbildungen und einer Karte.

Husky-Trail
Mit Schlittenhunden durch Alaska. 256 Seiten mit farbigem Bildteil,
zahlreichen Schwarz-Weiß-Abbildungen und 4 Karten.

Mit dem Kanu durch Kanada
Auf den Spuren der Pelzhändler. 192 Seiten mit farbigem Bildteil, zahlreichen
Schwarz-Weiß-Abbildungen und 2 Karten.

~editionen ins Unbekannte

Walter Bonatti
Meine größten Abenteuer
Reisen an die Grenzen der Welt

Ins Herz des venezolanischen Berglands, durch das Flusslabyrinth des Yukon Territory, zu den Quellen des Amazonas: Walter Bonatti eröffnet uns eine Welt von unendlicher Weite.

Andreas Kieling
Meine Expeditionen zu den Letzten ihrer Art
Bei Berggorillas, Schneeleoparden und anderen bedrohten Tieren

Abenteuer Tierschutz: Deutschlands bekanntester Tierfilmer berichtet von seinen packenden Erlebnissen in freier Wildbahn.

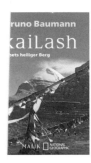

Bruno Baumann
Kailash
Tibets heiliger Berg

»Bruno Baumann gelingt es, ein Gefühl, das mitunter einer Sehnsucht gleicht, durch seinen sehr persönlichen Stil auf den Leser zu übertragen.«
Frankfurter Allgemeine Zeitung

Naturgewalten

Stefan Krücken/Achim Multha[upt]
Orkanfahrt
26 Kapitäne erzählen ihre best[en] Geschichten

»Ein Prachtband! Ein Buch f[ür] die sich fürs Meer interessie[ren] Deftige, lehrreiche, spannen[de] Geschichten.«

Martin Strel/Matthew Mohlke
Der Amazonas-Schwimmer
5200 Kilometer durch den gefährlichsten Fluss der Welt

Martin Strel durchschwimmt als erster Mensch den gesam[ten] Amazonas und bringt seinen Körper an die Grenzen desse[n] was ein Mensch ertragen kan[n]

Carla Perrotti
Die Wüstenfrau
An den Grenzen des Lebens

Carla Perrotti durchwandert a[uch] die Kalahari und die größte Sa[lz]wüste der Erde in Bolivien und findet unter den überwältigen[den] Eindrücken der Natur zu sich selbst.

MALIK NATIONAL GEOGRAPHIC